MICHAEL SIKA

AUS ERSTER HAND

Michael Sika

Aus erster Hand

Heiter-skurrile Protokolle eines Polizisten

Ibera

Die Deutsche Bibliothek – CIP-Einheitsaufnahme
Sika, Michael:
Aus erster Hand, Heiter-skurrile Protokolle eines Polizisten / Michael Sika. – Wien:
Ibera Verlag, 2003
ISBN 3-85052-172-9

Illustrationen: Michael Hendrich
Herstellung: Web- und Buchdesign
Druck: Ebner & Spiegel, Ulm

ISBN 3-85052-172-9

www. ibera.at

PROLOG

Dies ist ein „Meinungsbuch“, das die Ansichten eines ehemaligen Polizisten zu der mit seiner Laufbahn verwobenen Entwicklung von Polizei und Gesellschaft in der Rückschau wiedergibt. In der Rückschau auf fünfundvierzig Jahre. – Es ist also gewissermaßen ein „Laufbahnbuch“ mit augenzwinkernden Seitenblicken auf den Wandel des polizeilichen Lebens in einer sich immer schneller verändernden Welt.

Für Polizisten gilt seit jeher eine Abwandlung der landläufigen Definition von Humor: Humor ist, wenn man trotzdem nicht weint! Dieser Spruch war durch alle Jahrzehnte aktuell. Zu mancher Zeit traf er mehr zu, manchmal weniger. Je nachdem, was der gerade politisch Verantwortliche mit „seiner Polizei“ im Sinn hatte. Ob er sie in ihrer Position zu stärken suchte – oder zu einer Parkwächtervereinigung respektive einem Sparverein machen wollte.

Dieses Buch ist ein Rückblick auf eine anfangs mühsame Karriere, die zuletzt doch ganz nach oben führte, auf eine Polizei, die stets ihrer Zeit hinterher lief, auf menschliche Schicksale und tragische Ereignisse, auf amüsante Begebenheiten. Beobachtet mit einer verhaltenen Träne im Augenwinkel, von der man nicht weiß, ob sie aus dem Schmerz kommt – oder der Freude. Gemäß dem Motto: „Humor ist, wenn man trotzdem nicht weint!“

ERSTER KONTAKT ZUR KRIMINALITÄT

Meine erste Bekanntschaft mit der Kriminalität machte ich in den Jahren 1957/58 im Grauen Haus. Als Rechtspraktikant bei einem Untersuchungsrichter, der charmanten Damen im selben Maß zugetan war, in welchem er der Kriminalität elegant auswich. So hatte ich sie weitgehend für mich allein, die Kriminalität, was für meine berufliche Zukunft letztlich entscheidend sein sollte.

Meinem Richter war ein großer Fall zugewiesen worden, der schon damals wesentliche Merkmale organisierter Kriminalität aufwies. Eine ausländische Tätergruppe hatte hunderte Landsleute, die im Zuge des Ungarn-Aufstandes nach Österreich geflüchtet waren, in betrügerischer Weise um hohe Summen gebracht. Die Einvernahmen der Beschuldigten und Zeugen erstreckten sich über Monate.

Den Abschluss der Voruntersuchung erlebte ich gar nicht mehr, weil mein Praktikum vorher zu Ende ging. Ich verlor die Sache aus den Augen.

Ich erwähne diesen Fall nur, weil hauptsächlich er mich darin bestärkte, der Kriminalität treu zu bleiben. Wenigstens die folgenden vierzig Jahre …

Kleine Pointe am Rande: Als ich im Winter 1991, gerade ins Ministerium gewechselt, die erste Pressekonferenz an der Seite des Ministers bestritt, erkannte ich zu meinem Erstaunen in der Journalistenschar jenen eleganten, schmähgewandten Mann, gegen den mehr als dreißig Jahre zuvor als Kopf der erwähnten Betrügerbande ermittelt worden war. – Er hatte nun seinen Schmäh in den Dienst einer besseren Sache gestellt und arbeitete als Auslandskorrespondent in Wien.

Es war schon in den 50er-Jahren so, dass U-Richter entweder jung und unerfahren waren oder reif wie alte Jungfern und fern übertriebener Motivation. Diese ungünstige Mischung tat in erster Linie der Kriminalität gut, die ja eigentlich in den Bastionen der Justiz bekämpft werden sollte. Bis heute haben sich die

Verhältnisse – speziell an den großen Gerichten – nur unwesentlich geändert. Wer dies allerdings kritisiert, hat mit arger Schelte zu rechnen. Denn die Justiz agiert nach wie vor – auch da hat sich nichts geändert – sehr selbstbewusst und abgehoben …

Mir jedenfalls reichten meine Erfahrungen im Grauen Haus und ich kehrte im Frühjahr 1959 der Justiz den Rücken. Ich wollte näher ans Geschehen heran, die „Nacherzählungen" bei Gericht hatten mich nie befriedigt.

POLIZEIELEVE

Ich bewarb mich daher um eine Juristenstelle bei der Wiener Polizei und wurde mit 1. 6. 1959 in den Stand der Bundespolizeidirektion Wien aufgenommen – gerade noch in der Amtszeit des Innenministers Helmer, die bis Juli dauerte.

Meine „Lehrzeit" verbrachte ich mit fünf anderen „Eleven" im Polizeikommissariat eines noblen Randbezirkes. Der Leiter der Dienststelle, ein würdiger Hofrat, versammelte uns zu Beginn der Ausbildung in einer lauschigen Veranda des villenartigen Gebäudes und gab uns erste Verhaltensregeln.

So machte er uns darauf aufmerksam, dass ein sehr hoher Polizeifunktionär nahezu jeden Mittag ins Kommissariat komme, um hier eine im letzten Stock wohnhafte Dame zu besuchen. Sollten wir diesem Herrn zufällig im Stiegenhaus begegnen, dürften wir uns nicht unterstehen, ihn zu grüßen – sondern sollten so tun, als wäre er gar nicht vorhanden. Und die Dame sei für uns erst recht tabu … Eine eher skurrile Verkündung zum Einstand, die noch durch die Mahnung ergänzt wurde, über die Sache nicht zu sprechen.

Tatsächlich begegneten wir dem „Phantom" einige Male im Stiegenhaus, ebenso hin und wieder einer wunderhübschen Dame, deren Erscheinung unsere Phantasie anregte, obwohl wir natürlich auch sie nicht „wahrgenommen" hatten.

Nach einigen Wochen Einführungskurs, der aus dem Studium von Dienstanweisungen bestanden hatte, die unser Hofrat mit einschläfernd monotoner Stimme vorlas, wurde ich halbtags einem Gürtelkommissariat zugeteilt.

Als ich mich auf dieser Dienststelle meldete, schickte man mich zum Journaldienst weiter, denn außer dem „Journaldoktor" war – da frühmorgens – von den Chefs noch niemand anwesend.

Bei Betreten des Journalzimmers öffnete sich die Türe des anschließenden Raumes. Eine halbnackte junge Dame trat heraus und strebte – ohne mich eines Blickes zu würdigen – dem Gang zu. Ihr folgte ein Mann in Unterhosen, der vom Nachtdienst sichtlich gezeichnet war und ein Zahnputzglas in der Hand hielt. Er musterte mich mit hochgezogenen Brauen und gab sich nach meiner Meldung als Journaldoktor zu erkennen.

Dies war mein erster Kontakt mit der „Praxis".

Jener Journaldoktor, dem ich auf so ungewöhnliche Art begegnete, war ein Exzentriker und für seine lockere Lebensart bekannt. Er gehörte zu den Stars der Konzeptsbeamten. Ob seines scharfen Verstandes und der Leichtigkeit, mit der er sich Problemen näherte. Dass er sich mit dieser „Leichtigkeit" bisweilen auch über Probleme hinwegsetzte bzw. manchmal Grenzlinien überschritt, erkannte ich erst Jahre später, als er für einige Zeit mein Chef war.

UMGESTALTUNG ODER „UN"GESTALTUNG?

Die Wiener Polizei der ausklingenden Fünfzigerjahre hatte mit der Polizei, wie wir sie heute kennen, in vielerlei Hinsicht nichts gemein. Und schon gar nichts mit der Polizei, die wir in Zukunft kennen lernen sollen, wenn die heute am Ruder befindlichen „Manager" die Umgestaltung (oder – wie viele meinen – Verunstaltung) der Sicherheitsexekutive abgeschlossen haben werden.

Die Polizei jener Zeit bezog ihre Stärke von einem Korpsgeist, der aus einer straffen Hierarchie kam, aus einer gesünderen Einstellung zur „Dienstaufsicht“, aus dem Fehlen politischer Einflussnahme, wie sie im Lauf der Jahrzehnte zur Normalität geworden ist. Daraus resultierte eine im Schnitt bessere Berufs- bzw. Dienstauffassung, die das damals herrschende infrastrukturelle Manko weitgehend ausglich. Damals kam der Qualität des Menschen noch mehr Bedeutung zu als heute, wo in zunehmendem Maß die Technik das Tempo bestimmt. Allerdings hatte die Wiener Polizei in jenen Tagen, das soll nicht vergessen werden, ein immer wieder durchschlagendes Alkoholproblem und ein bisweilen rüdes Auftreten gegenüber dem Bürger. Hier hat sich im letzten Jahrzehnt viel zum Besseren geändert.

Wie verknöchert der Führungsstil in dieser Zeit sein konnte, zeigt sehr schön der folgende Dienstbefehl des Polizeigenerals Lehmann aus dem Jahre 1958, den ich ausgegraben habe:

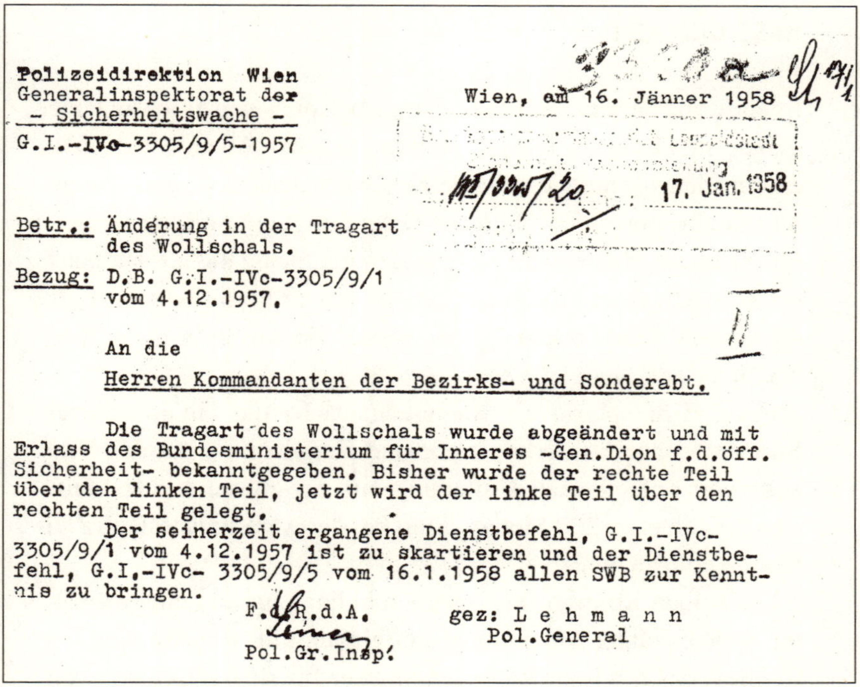

Polizeidirektion Wien
Generalinspektorat der
- Sicherheitswache -

G.I.-IVc-3305/9/5-1957

Wien, am 16. Jänner 1958

17. Jan. 1958

Betr.: Änderung in der Tragart des Wollschals.

Bezug: D.B. G.I.-IVc-3305/9/1 vom 4.12.1957.

An die
Herren Kommandanten der Bezirks- und Sonderabt.

Die Tragart des Wollschals wurde abgeändert und mit Erlass des Bundesministerium für Inneres -Gen.Dion f.d.öff. Sicherheit- bekanntgegeben. Bisher wurde der rechte Teil über den linken Teil, jetzt wird der linke Teil über den rechten Teil gelegt.

Der seinerzeit ergangene Dienstbefehl, G.I.-IVc-3305/9/1 vom 4.12.1957 ist zu skartieren und der Dienstbefehl, G.I.-IVc- 3305/9/5 vom 16.1.1958 allen SWB zur Kenntnis zu bringen.

F.d.R.d.A.
Pol.Gr.Insp.

gez: L e h m a n n
Pol.General

Dieser Dienstbefehl bedarf wohl keines Kommentars. Er spiegelt eine Zeit wider, in der das Kommissdenken vergangener Tage noch nicht verblasst war.

Die strengen Bekleidungsvorschriften bezogen sich aber nicht nur auf Uniformträger. Auch Kriminalbeamte fielen darunter. Ein Dienstantritt ohne Krawatte wäre für sie damals nicht möglich gewesen. So sah eine Kriminalbeamtengruppe in jener Zeit aus wie eine Versammlung von Buchhaltern …

Dieses Korsett von Förmlichkeit vermochte aber die Freude am Schmäh nicht zu bremsen, der den dienstlichen Alltag wie ein Schatten begleitete und eine wesentliche Voraussetzung für die Freude am Dienst war. Es wurde damals viel gelacht und gut gearbeitet. Und es gab skurrile Dinge, die heute undenkbar wären.

HASE UND IGEL

Irgendwann in den Sechzigerjahren beispielsweise, ich machte gerade in Mariahilf Dienst, entbrannte eines Abends zwischen einem dienstführenden Sicherheitswachebeamten und einem Kriminalbeamten ein erbitterter Disput um die jeweilige körperliche Fitness. Beide nicht mehr ganz jung, beide nicht mehr ganz schlank, schworen, topfit zu sein. Besser in Form jedenfalls als der andere! Und so kam es zur Wette. Sie wurde in der selben Nacht ausgetragen:

Um 3 Uhr sperrte die Sicherheitswache die Gumpendorfer Straße zwischen Amerlingstraße und Kaunitzgasse für den Verkehr und richtete eine Umleitung ein. So entstand eine Laufstrecke von etwa 200 Metern. Start bei der Amerlingstraße – Ziel beim Apollo-Kino.

Die beiden Kontrahenten nahmen in bunt zusammengewürfelter Sportkleidung Aufstellung und gingen mit Verbissenheit ins Rennen, das der Kriminalbeamte locker für sich entschied, weil der so fitte Wachebeamte schon nach wenigen Metern mit Muskelriss aufgeben musste …

Eine derartige Aktion wäre in unseren Tagen undenkbar – und nicht nur aus dienstlichen Gründen … In der nüchternen Arbeitswelt von heute haben Humor und Spaß ihren Platz weitgehend verloren.

DIE NACKTE IN DER STRASSENBAHN

Man könnte natürlich über den Leiter eines Polizeikommissariates die Nase rümpfen, der einer jungen Mitarbeiterin, die sich immer wieder auf Kosten anderer lustig machte und ihm dadurch Ärger bereitete, einen Denkzettel verpasste. Er überdeckte das Lichtbild der Dame auf ihrer Straßenbahnlegitimation mit dem Nacktfoto einer üppigen Schönen.

Als die junge Frau dem Schaffner, der damals noch in einem Verschlag mitfuhr, den Tramausweis vorwies, lachte dieser auf und fragte: „San des auf dem Bild Sie?"

Sie, selbstbewusst und leicht pikiert: „Natürlich bin das ich! Was soll diese Frage?"

Der Schaffner zeigte darauf den Ausweis den umstehenden Fahrgästen: „Is' sie des?"

Gelächter. Einige sagten „Ja", andere „Nein".

Ein älterer Herr: „Um das einwandfrei beurteilen zu können, hat die Dame zu viel an …"

Da wurde es der jungen Dame zu bunt. Sie nahm dem Schaffner schnaubend den Ausweis aus der Hand – und errötete …

Übrigens soll dem Vernehmen nach die Therapie des Herrn Stadthauptmannes bei der jungen Mitarbeiterin ihre Wirkung nicht verfehlt haben.

Aber ich will hier keine G'schichtln erzählen, sondern berichten, wie es mit mir weitergegangen ist.

AUF DER „LANDSTRASSE“

Im Frühherbst 1959 wurde der Einführungskurs mit einer informativen Befragung abgeschlossen.

Wir hatten wohlmeinende Prüfer, die unsere zum Teil recht ungeschickten Antworten mit Humor quittierten. Eine dieser „Fehlzündungen“ ist mir allerdings im Gedächtnis geblieben.

Mein Nebenmann wurde mit dem Beispiel aus der Praxis konfrontiert, dass ein Besucher des Linzer Tiergartens von einem Wildschwein gebissen wird, und gefragt, welche Veranlassungen er in diesem Fall treffen werde. Der Kollege dachte eine Weite nach, dann gab er von sich:

„Ich werde das Wildschwein unverzüglich einer tierärztlichen Untersuchung zuführen!“

Anhaltende Heiterkeit. – Der Kollege sollte im Zuge seiner Karriere als Einziger von uns sechs Eleven bis zu einer Position im Bundeskanzleramt aufsteigen …

Nach Absolvierung der „informativen Befragung“ wurde ich in den dritten Bezirk versetzt. Dort teilte man mich ohne jede Schonfrist in den Nachtdienst ein. So fand ich mich unversehens allein mit einem bösen, schwarzen Telefon in einem großen, unfreundlichen Raum – hilflos der Willkür der Menschheit ausgesetzt.

Einmal steckte ein Kriminalbeamter den Kopf durch die Tür, um mir unheilschwer zu verkünden: „Auf der Landstraß’n wer’n S’ no’ Ihre Wunder erleben!“

Diese Prophezeiung sollte sich bald erfüllen.

Im ersten Nachtdienst meines Lebens schleppte gegen Mitternacht ein Wachebeamter einen ausländischen Geistlichen und einen prominenten Kaufmann aus der Innenstadt wegen Verdachts homosexueller Handlungen in einer Klosettanlage heran.

Jener Beamte war übrigens absoluter Experte auf diesem Gebiet. Anlässlich der 100. einschlägigen Festnahme überreichten ihm seine Wachzimmerkollegen einen kunstvoll gefertigten goldenen Penis, der durch einen Lorbeerkranz gesteckt war und die Aufschrift 100 trug.

In diesem Premierennachtdienst erwog ich erstmals, den Beruf zu wechseln. – Ich bin nie dazu gekommen.

Das Kommissariat Landstraße verfügte zu dieser Zeit noch über eine Kantine, die sich großer Beliebtheit erfreute. Es gab Kollegen, welche die halbe Dienstzeit dort verbrachten, ihre Akten bei einem Glaserl Wein unterschrieben, Schach und Karten spielten. Auch der Stadthauptmann, ein sehr wohlmeinender Mann, stand der Kantine durchaus positiv gegenüber, indem er feststellte: „Da weiß ich wenigstens immer, wo ich meine Leut' finde!"

Er machte nur zur Bedingung, dass der Journaldienst stets besetzt war. Das verursachte zu meiner Zeit kein Problem. Im „Journal" saß der Sika …

Ein besonderer Freund der Kantine war der legendäre Amtsarzt Dr. K., um den sich zahlreiche Anekdoten rankten. Er war ein guter Arzt und begeisterter „Augendiagnostiker". Das heißt, er sagte jedem, der es hören oder auch nicht hören wollte, nach einem Blick in seine Augen, welche Krankheiten er habe, wann und woran er sterben werde.

PRAG IN DUNKELHEIT

Sein tollstes Stück vollbrachte er bei einem Besuch in Prag. Es war zur Zeit des finstersten Kommunismus. Und Dr. K. schaffte es, ihn noch finsterer zu machen, indem er in illuminiertem Zustand mit seinem Auto einen Verteilermast knickte, wodurch halb Prag in Dunkelheit fiel. Mit Mühe konnte der Arzt in die österreichische Botschaft flüchten. – Dr. K. soll dann irgendwie aus dem Land geschmuggelt worden sein. Angeblich unter Kartoffelsäcken versteckt. Für diesen Teil der Geschichte kann ich mich allerdings nicht verbürgen.

Mein Vorgänger auf der Landstraße, ein gewisser Dr. B., hatte das Leben zwischen Aktenbergen eines Tages nicht mehr ausgehalten und war – ohne viele Worte – nach den USA ausgewandert, wo er sich als Prediger niederließ. Seine Polizeiutensilien, wie Kokarde, Pistole etc., hatte er mit einem kurzen Abschiedsschreiben per Post ins Präsidium geschickt.

Bei der Arbeit auf dem Kommissariat war der selbst ernannte „Gottesmann“ vom Heiligen Geist offensichtlich nur mangelhaft erleuchtet worden. Die Aktenrückstände, die ich vorfand, waren sehr weltlich.

EMPFINDLICHE NASE

Wenn ich mich nicht im „Journal“ aufhielt, was – wie schon gesagt – tagsüber häufig der Fall war, hockte ich in einem schmalen Kammerl, das mir durch Aktenberge und eine ziemlich füllige Schreibdame ein Minimum an Bewegungsfreiheit ließ. Leider war die Schriftführerin nicht nur beleibt, sondern auch kränklich, stand daher häufig nicht zur Verfügung. Die Aushilfe, die dann für mich schrieb, war eine etwas überstandige Dame mit einem Geruchstick. Wenn sie eine „Kundschaft“ im wahrsten Sinne des Wortes nicht riechen konnte, öffnete sie in „leichten Fällen“ – auch im Winter bei Minusgraden – ungefragt das Fenster. In „schweren Fällen“ band sie sich während der Einvernahme ungeniert ein Tuch vor die Nase wie eine Bankräuberin und verließ bei einem Vorhalt empört das Zimmer.

WEG VON DER LANDSTRASSE

Am 29. 1. 1960 ging ich mit einer schweren Erkältung in ein dienstfreies Wochenende und freute mich darauf, mich in aller Ruhe auskurieren zu können. Am folgenden Tag, ich lag schwitzend im Bett, holte mich meine Mutter zum Telefon. Man teilte mir meine Versetzung nach Mariahilf mit kommendem Montag, 12 Uhr, mit.

Wenig erfreut zog ich mich in mein Bett zurück. Schließlich war ich gerade dabei, mich auf der Landstraße einzugewöhnen. Und nicht einmal in meinen „Fieberträumen" konnte ich abschätzen, was mich in Mariahilf erwartete.

Als ich am folgenden Montag – halbwegs gesundet – mit frisch gewaschenem, buschigem Haar das Journalzimmer im sechsten Bezirk betrat, ahnte ich nicht, dass diese Dienststelle in den kommenden neunzehn Jahren mein zweites Zuhause sein sollte. Meine dienstliche Heimat, in der ich alle Rangstufen vom provisorischen Kommissär bis zum Oberpolizeirat, vom jüngsten Referenten bis zum Stellvertreter des Bezirksleiters durchlaufen würde.

MARIAHILF

Aber zunächst war alles fremd für mich. Das Haus, die Kollegen, der Bezirk. Mariahilf zählte damals zu den lebendigsten Bezirken Wiens. Zwischen dem (alten) Naschmarkt und dem bürgerlichen Einkaufszentrum Mariahilfer Straße gelegen, längs- und quergeteilt durch Gumpendorfer Straße und Stumpergasse, in denen sich ebenfalls viele passable Geschäfte befanden, war Mariahilf ein typischer Mittelstandsbezirk mit zahlreichen kleinen Handwerksbetrieben, Detailgeschäften und einem pulsierenden Geschäftsleben. Auch vom polizeilichen Standpunkt ein durchaus interessantes Gebiet, das seine kriminellen Energien vom Naschmarkt und seinen Cafés, vom Gürtel, der Mariahilfer Straße und einigen Rotlichtlokalen bezog.

Ich gewöhnte mich rasch ein. Der Chef war ein wohlmeinender Mann. Kein Jurist. Nach dem Krieg durch die richtigen politischen Beziehungen auf den Bezirksleiterposten hinaufgeschwemmt worden, wie das eben in dieser Zeit möglich gewesen war. Er hatte viel gesunden Menschenverstand und kannte vor allem seine Grenzen. So steuerte er das Schiff „Kommissariat" tadellos durch alle Stromschnellen. Bei juristischen Fragen ließ er sich von einem sehr tüchtigen Konzeptsbeamten beraten.

Dieser Kollege, ein fescher Mann, war mit einer unglaublich attraktiven Frau behaftet, deren vordringlichster Lebensinhalt der Pflege ihrer Schönheit galt. Beim Chef war sie wohlgelitten und so besuchte sie ihn auch mit einiger Regelmäßigkeit. Einmal erzählte sie ihm, dass sie auf dem Balkon Regenwasser sammle. Der Stadthauptmann nickte wohlgefällig und stellte fest, für Pflanzen sei Regenwasser sehr gesund. Worauf die junge Dame entrüstet entgegnete, das so mühsam gesammelte Wasser werde doch nicht an Grünzeug verschwendet, es sei natürlich ihrem Gesicht und den Brüsten vorbehalten.

Nach einigen Monaten wechselte der Kollege ins Präsidium. Später ging seine Ehe in die Brüche. Die schöne Regenwassersammlerin soll dann einen Arzt geheiratet haben. Ein Kriminalbeamter verbreitete mit wollüstigem Blick die Mär, dieser Mediziner sei zwar unglaublich hässlich – aber von Kopf bis Fuß behaart wie ein Aff', was ihre Wahl wieder einigermaßen plausibel mache …

Stellvertreter in Mariahilf war zu dieser Zeit ein Polizeirat M. Auch kein Jurist, auf rätselhafte Weise in die Reihen der Polizei geraten. Ein absolut unqualifizierter Mann, der in erster Linie gesellschaftliche Ambitionen hatte und den Polizeidienst quasi als Hobby nur so nebenbei mitlaufen ließ.

Er war ein ebenso begeisterter wie schlechter Kartenspieler. Im Nachtdienst pflegte er mit dem dienstversehenden Kriminalbeamten auszuspielen, wer am nächsten Morgen das Frühstück vom nahen Gasthaus zu holen und dem Sieger zu servieren habe. – Zumeist marschierte *er* in der Früh zum „Dreckigen Stecken", so hieß das Lokal im Polizeijargon, und holte Kaffee und Semmeln. Man sah ihn dann in den schwarzen Polizeihosen mit

Tablett und Hangerl über dem Arm auf der Gumpendorfer Straße dem Kommissariat zustreben.

Im Sommer 1961 geriet dieser Polizeirat als Kassier eines Pferdesportvereines in Zusammenhang mit einer Veruntreuungsaffäre gewaltig ins Zwielicht. Er zog schließlich die Konsequenz und erschoss sich mit der Dienstpistole in seiner Wohnung im dritten Bezirk.

In Mariahilf hatte ich die Zores, die ich mir selbst bereitete. Nach dem Abgang des Kronjuristen ins Präsidium ging die Rolle des „Troubleshooters“ auf mich über. Eine Rolle, die für die nächsten vierzig Jahre an mir kleben bleiben sollte …

In den folgenden Jahren lernte ich nicht nur den Bezirk, sondern in erster Linie die Menschen kennen. Die Menschen ganz allgemein. Kollegen, Bürger, Ganoven und – nach und nach – auch Journalisten.

KOLLEGEN, BÜRGER, GANOVEN, JOURNALISTEN

Mit den Kollegen kam ich naturgemäß am besten aus. Sie akzeptierten mich bald und manche – insbesondere Kriminalbeamte – waren auch bereit, meinen Weg zu gehen, der beschwerlich war und von Kriminellen gesäumt.

Mit den Bürgern war es ein wenig schwieriger als mit den Kollegen. Sie begegneten mir misstrauisch. Erst nach und nach tauten sie auf.

Von Anfang an zutraulich waren nur die Querulanten. Und – Kunststück – die anonymen Briefschreiber. Meinen Lieblingsbrief aus dieser Zeit will ich nicht vorenthalten:

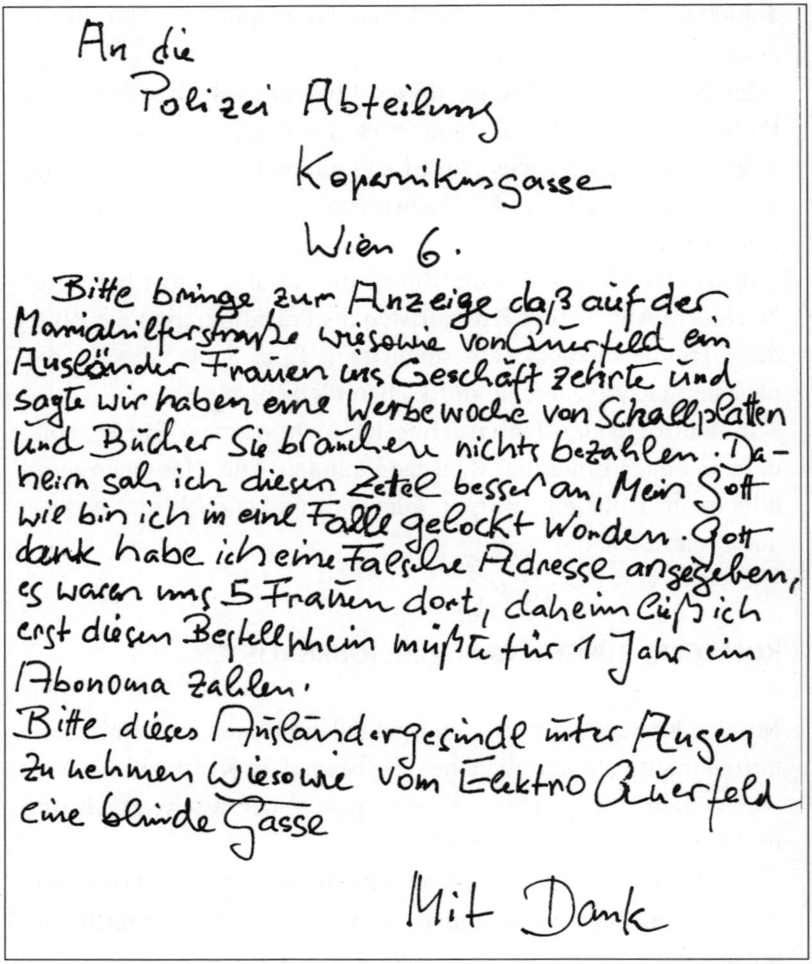
An die
Polizei Abteilung
Kopernikusgasse
Wien 6.

Bitte bringe zur Anzeige daß auf der
Mariahilferstraße wiesowie von Auerfeld ein
Ausländer Frauen ins Geschäft zehrte und
sagte wir haben eine Werbewoche von Schallplatten
und Bücher Sie brauchen nichts bezahlen. Da-
heim sah ich diesen Zetel besser an, Mein Gott
wie bin ich in eine Falle gelockt worden. Gott
dank habe ich eine Falsche Adresse angegeben,
es waren uns 5 Frauen dort, daheim ließ ich
erst diesen Bestellschein müßte für 1 Jahr ein
Abonoma zahlen.
Bitte dieses Ausländergesindel unter Augen
zu nehmen wiesowie vom Elektro Auerfeld
eine blinde Gasse

Mit Dank

Hinreißend die Doppelmoral in diesem Schreiben. „Gott dank habe ich eine falsche Adresse angegeben …“ Bemerkenswert auch die offensichtliche Vorwegnahme der „großen Rechtschreibreform“. – Der Ausdruck „wiesowie“ wurde für einige Zeit zum geflügelten Wort am Kommissariat.

Polizeibeamte haben dienstlich häufig mit Menschen zu tun, die sich außerhalb der Norm bewegen. Mit Kriminellen, mit Narren, mit psychisch Kranken … Das bringt sie leicht in die

Gefahr, zur Ansicht zu gelangen, die Zahl der Bürger außerhalb der Norm übersteige jene der normalen Bürger. Das färbt bisweilen auf ihr dienstliches Verhalten gegenüber den Menschen ab und führt dann zu öffentlicher Kritik.

Man möchte gar nicht glauben, welch absonderliche Gedankengänge sich mitunter in menschlichen Gehirnen abspielen.

Dazu eine Geschichte, die man nicht so leicht für möglich halten würde. Sie hat sich aber genau so in den Sechzigerjahren in Mariahilf zugetragen:

WENN VORAUSSETZUNGEN FEHLEN

Im Bereich der Stumpergasse lebte zu dieser Zeit eine Mutter mit ihrer sechzehnjährigen Tochter. Die Frau war arbeitsam, bescheiden und Schwester eines unmittelbar nach dem Krieg berühmten österreichischen Teamfußballers. Im Hof des Wohnhauses hatte sie ihr Auto abgestellt, das sie nie benützte.

Eines Tages erhielt sie die schriftliche Aufforderung, den Wagen der Bundesprüfanstalt für Kraftfahrzeuge vorzuführen. Die gute Frau, penibel darauf bedacht, sich auf keine Querelen mit Behörden einzulassen, ersuchte ihre Tochter, sie auf dem schweren Weg zu begleiten.

Es war ein schwieriges Unterfangen! Unterwegs zeigte sich das weiche Wienerherz. Viele Passanten halfen. Schließlich gelang es der guten Frau nach beschwerlicher Reise, in die Severingasse einzubiegen und das Auto den kritischen Prüfern vorzuführen. Diese waren nicht wenig erstaunt, als sie die Motorhaube öffneten. – Es fehlte der Motor!

Die gute Frau hatte den Wagen von der Stumpergasse bis in die Severingasse geschoben, und viele nette Menschen, die an einen Defekt geglaubt hatten, waren ihr dabei behilflich gewesen.

Nachsatz: die Geschichte wurde mir seinerzeit als Beispiel für Behördenwillkür vorgehalten. – Da kann es nicht verwundern, dass es Leute gibt, die sich vor Betreten eines Amtsraumes bekreuzigen.

QUALIFIKATION ZUM CHEF

Die Bevölkerungsstruktur des Bezirkes änderte sich im Laufe der Jahre. Gastarbeiter und ihre Familien siedelten sich an. Für die Polizei bedeutete das nicht nur Verständigungsprobleme, sondern auch Probleme mit der unterschiedlichen Mentalität der Zuwanderer. Sie und ihre Denkweise zu verstehen, war nicht immer einfach. So konnte sich beispielsweise folgendes Gespräch entwickeln:

Kommissariat, 1. Stock: Kriminalbeamter kehrt in einem Zimmer Papierschnipsel zusammen.

Ein kleiner, dunkelhaariger Mann betritt den Raum. Fragt: „Ich bitte Chefe sprechen, wo Chef?"

Kriminalbeamter: „Mir san alle Chefs!"

Mann, den Kopf listig schief legend: „Du nicht Chef, du kehren …!"

Mit den Ganoven hatte ich viel Arbeit – aber keine Probleme. Sie waren am leichtesten einzuschätzen. Zores entstanden nur, weil ich mich ungern an interne Regeln, Zuständigkeiten und dergleichen hielt. So zog ich – wenn möglich – Fälle aus ganz Wien und Umgebung an mich, amtierte in St. Pölten genauso wie in Salzburg und war in dieser Hinsicht der Schrecken meiner Chefs. Hätte ich nicht einen gewichtigen Partner gehabt, wäre ich wahrscheinlich früher oder später auf die Nase gefallen. Der Partner hieß: Erfolg!

Aus der umfangreichen Palette erfolgreich bearbeiteter Kriminalfälle in Mariahilf möchte ich nun einen herausgreifen, der besondere Publicity gefunden und mir erste öffentliche Schelte eingetragen hat. – Sozusagen als Vorgriff auf die Zukunft.

FALSCHE ZEUGEN

Eines Tages anfangs der Siebzigerjahre kam eine junge Frau zu mir ins Büro. Sie berief sich auf einen bekannten Unterweltler, der ihr geraten hatte, sich mit ihrem Anliegen an mich zu wenden.

Die Frau schilderte mir einen Vorfall, der sich einige Monate zuvor in einer Gürtelkneipe eines Nachbarbezirkes zugetragen hatte. Dort war am frühen Morgen bei einer Stoßpartie (verbotenes Glücksspiel) einer der Teilnehmer von Mitspielern niedergeschlagen und eines ansehnlichen Geldbetrages beraubt worden. Er war dabei so schwer verletzt worden, dass er sein Leben lang ein Pflegefall bleiben würde.

Bei dem Opfer handelte es sich um den Ehemann der Frau, die mir den Fall vortrug. Seit Monaten stockten die Ermittlungen, klagte sie. Man habe am zuständigen Kommissariat offensichtlich kein Interesse an der Klärung der Sache.

Natürlich nahm ich mich des Falles an, auch wenn sich die Tat in einem Nachbarbezirk ereignet hatte. Ich besorgte mir den Akt und sprach mit dem Rayonskriminalbeamten, den ich ganz gut kannte. Der konnte übrigens nichts zur Aufklärung beitragen, was mich nicht überraschte. War doch bekannt, dass er überall seine Finger hatte – nur nicht in den Akten. Überdies galt er als spezieller Freund eines guten Tropfens. Und man erzählte sich, dass jedesmal, wenn sein Chef – was oft geschah – mit lautem „Plop“ eine Flasche öffnete, aus dem Nebenzimmer sein „Komm schon“ ertönte.

So mussten wir den Fall von vorne aufrollen. Nach und nach konnten wir die Teilnehmer an der Stoßpartie ermitteln und sehr mühsam die Geschehnisse rekonstruieren. Das Opfer war dabei seines Zustandes wegen keine Hilfe. Sehr wohl aber kamen uns gewisse Kontakte in die „Galerie“ (Unterwelt) zugute, aus der es hin und wieder ein zartes „Echo“ gab.

Dann nahm die Sache endlich Konturen an. Wir konnten den mutmaßlichen Täter herausfinden und festnehmen sowie eine zufriedenstellende Beweislage schaffen. Viel Arbeit, aber an sich reine Routine.

Pfeffer kam erst durch den Verteidiger des Inhaftierten in die Geschichte. Dieser, ein junger, aufstrebender Anwalt mit dem Auftreten eines Bonvivants, begann die Suppe kräftig durchzumischen. Kräftig – und nicht ganz astrein.

Der Herr Anwalt erfreute sich bei seinen Eskapaden gewöhnlich einer gewissen Nachsicht, kannte doch seine Mutter den damaligen Justizminister recht gut …

Bei der Hauptverhandlung marschierte der Verteidiger plötzlich mit vier Zeugen auf, die erklärten, der Angeklagte sei zur Tatzeit gar nicht im Lokal gewesen.

Ich musste ebenfalls in den Zeugenstand und hielt dagegen. Es war eine ziemlich lebhafte Verhandlung, die schließlich mit der Verurteilung des Angeklagten zu vier Jahren Freiheitsentzug endete. So weit – so gut …

Einen Monat später wurde der Herr Anwalt von Beamten des Wiener Sicherheitsbüros festgenommen. Und zwar unter der Beschuldigung, in zwei (anderen) Fällen Zeugen beeinflusst zu haben. Nach einer Woche wurde er wieder aus der Haft entlassen und in einem späteren Verfahren freigesprochen.

VERTEIDIGER IM ZWIELICHT

Mir ließ die Sache mit den vier Überraschungszeugen keine Ruhe und ich begann – zunächst auf eigene Faust – Ermittlungen anzustellen. Tatsächlich wurde in der Szene gemunkelt, es sei in puncto Entlastungszeugen nicht alles mit rechten Dingen zugegangen.

Ich lud daher einen der Zeugen, einen biederen Tischler, der als Einziger nicht der Szene zuzuordnen war, vor. Und landete einen Volltreffer! Nach zweistündigem Ringen ging er nieder und gab zu, sich für eine Geldsumme von 5.000 Schilling zu einer Falschaussage bereitgefunden zu haben. Das Geld habe er von einer Frau St. ausgehändigt bekommen, und zwar bei einer Zusammenkunft der „Zeugen“ in der Kanzlei des Anwalts, bei der die Vorgangsweise in der Verhandlung besprochen worden sei …

Mit diesem Ergebnis ging ich zu Gericht und holte mir den Rückhalt für weitere Ermittlungen.

Die Einvernahme der anderen so genannten Zeugen gestaltete sich schwieriger. Insbesondere die der Frau St., welche die Geliebte des Verurteilten war und hinter den Bemühungen der Verteidigung stand, den Mann unter allen Umständen herauszupauken. Die Dame, Witwe nach einem Unterweltboss, der vor einigen Jahren auf offener Straße erschossen worden war, führte ein kleines Kaffeehaus in Meidling. Eine mittelalterliche Frau, die um ihren jungen Geliebten kämpfte. –

Bei ihr musste ich alle Tricks anwenden, um zu einem Geständnis zu kommen. In dieser Einvernahme kam ihr quasi die Jugend abhanden und sie tat mir leid, konnte ich doch ihr Motiv noch am ehesten verstehen.

BEIM HINAUSGEHEN AN DIE TÜR GEKLOPFT

Blieb zuletzt der Herr Anwalt, der ebenfalls einvernommen werden musste. Er war mächtig nervös bei der Befragung. Stritt natürlich alles ab, was mich auf Grund der Beweislage nicht weiter störte. – Nach der Einvernahme klopfte er beim Verlassen meines Zimmers ganz konfus von innen an die Türe – aber es rief niemand „Herein“ …

Der Prozess gegen den Herrn Anwalt und fünf weitere Personen sollte am 1. Oktober 1974 stattfinden. Da einer der Angeklagten mit einer angeblichen Magenblutung im Spital lag, wurde vertagt.

Am 3. Dezember scheiterte der nächste Termin, weil eine der Angeklagten laut Telegramm aus Frankfurt dort einen Kreislaufkollaps erlitten hatte und daher nicht zur Verhandlung erscheinen konnte.

Damit war der Herr Anwalt aus dem Schneider. Denn ab 1. Jänner 1975 galt das neue Strafgesetz, das den ihm zur Last gelegten Tatbestand milder als nach dem alten Strafgesetz und zwar nur als Vergehen (ohne Rechtsfolgen) wertete.

Im dritten Versuch war der Prozessbeginn für 21. Jänner 1975 anberaumt. Ich hatte natürlich eine Zeugenladung für diesen Termin.

KINDERKRANKHEITEN DER WIENER POLIZEI

Am 12. Jänner 1975, es war dies ein Sonntag, versah ich in der Roßauer Kaserne Journaldienst. Gegen Abend traten bei mir äußerliche Schmerzen im Hals- und Nackenbereich auf, die ich mir zunächst nicht erklären konnte. In der Nacht zum Montag nahmen die Schmerzen zu. Die Halspartien schwollen an, insbesondere hinter den Ohren.

Nach dem Nachtdienst fuhr ich – wie immer – aufs Kommissariat, um nach dem Rechten zu sehen. Die Mitarbeiter waren über meinen Anblick entsetzt und schleiften mich zum Amtsarzt. Dieser schickte mich sofort nach Hause. Seine Diagnose: Mumps!

So verbrachte ich den Rest der Woche im Bett und acquirierte auf diese Weise die einzigen (vier) Krankentage meiner einundvierzigjährigen Dienstzeit!

Leider hatte die Sache eine unerfreuliche Begleiterscheinung. Zwei meiner Kollegen aus dem Journaldienst erkrankten ebenfalls an Mumps. Was eine Wiener Tageszeitung zu einer Notiz unter dem Titel: „DIE WIENER POLIZEI HAT DIE KINDERKRANKHEITEN OFFENSICHTLICH NOCH NICHT ÜBERWUNDEN …“ veranlasste.

Am folgenden Dienstag begann der Prozess.

Ich wankte – kaum wirklich genesen – ins Gericht und befand mich stundenlang im Zeugenstand. Richter Faltl war ein sehr guter Prozessleiter. Zu Beginn der Hauptverhandlung erklärte er: „Bei mir zu intervenieren hat keinen Zweck. Ich habe Lungenkrebs. Mein Blick ist nicht auf irdische Freuden gerichtet, sondern bereits ins Jenseits.“ – Eine Aussage, die tief blicken ließ. Offensichtlich war bereits versucht worden, ihn „anzubohren“. Obwohl von der Krankheit deutlich gezeichnet, führte Faltl den Prozess mit fester Hand. Kurz nach Beendigung des Verfahrens starb er. Ein Mann, vor dem ich mich in Hochachtung verneige.

Ich war – wie gesagt – stundenlang im Zeugenstand, hatte den recht komplizierten Ermittlungslauf zu schildern und auf die bohrenden Fragen der Verteidiger zu antworten. Einige Male wurde mir schwarz vor den Augen und ich hatte Angst zusammenzuklappen.

Am folgenden Tag kam es zur Verurteilung des Herrn Anwalt und der Mitangeklagten.

Als ich am nächsten Morgen ins Büro fuhr, hörte ich im Autoradio ein Interview mit dem prominenten Verteidiger des Herrn Anwalt, welcher gehörig über den Polizeirat Sika herzog: „Es ist das ein Fanatiker, der in seinem blinden Eifer eine beträchtliche Gefahr für den Rechtsstaat darstellt ...“ – Das haben später auch noch andere Menschen behauptet!

Heutzutage würde – das muss ich leider sagen – gegen den Herrn Anwalt wohl kaum Anklage erhoben werden, geschweige denn käme es zu einer Verurteilung. So haben sich auch im Justizbereich die Zeiten geändert.

EINE SCHILLERNDE PERSÖNLICHKEIT

In den neunzehn Mariahilfer Jahren hatte ich fünf Chefs unterschiedlichen Formats. Einer von ihnen „bewegte“ uns in besonderem Maße. Es war jener Star unter den Konzeptsbeamten, der mir in der Ausbildungszeit den ersten Einblick in die „Praxis“ gewährt hatte.

Dieser Chef rührte von Anfang an mächtig um und nicht immer in vernünftiger Weise. Er wollte alles ummodeln und auch Dinge verändern, die sich bewährt hatten und bestens funktionierten. In Wahrheit brachte er alles durcheinander, auch wenn manche seiner Ideen durchaus Sinn machten. Er sah sich als großen Erneuerer und trachtete nach Möglichkeiten, keinen Stein auf dem anderen zu lassen. Solche Menschen begraben letztlich ihre guten Ideen unter einem Berg von Schutt und richten mehr Schaden an, als sie nützen.

Aber auch innerlich bewegte er uns. Weil er zwiespältig war, sprunghaft, einmal schmuseweich, dann wieder grob und böse. Ein Egoist und Blender dazu. Manche bewunderten ihn, viele hassten ihn. Ich habe selten einen so begabten, fast genialen Menschen gesehen. Und selten einen so charakterlosen, skrupellosen und korrupten. Er war tief mit der Rotlichtszene verbunden. Und mit vielen obskuren Menschen. So hielt er engen Kontakt zu einigen Betreibern zwielichtiger Etablissements, die ihm die Ehre machten, ihm hin und wieder „vergnügte Stunden" zu bereiten. Unter dem Titel: „Wir haben ein neues Mädchen hereinbekommen, wann wollen Sie es ausprobieren?"

Ich mied den Chef und seine Kontakte, so weit ich konnte. Als er nach zwei Jahren in einen größeren Bezirk wechselte, war ich sehr erleichtert.

Der Tod stoppte seine Karriere. Er starb bald darauf, 51jährig, an Krebs. Zufällig fand ich in meinen Aufzeichnungen eine Schilderung seines Begräbnisses, die ich seinerzeit für mich verfasst hatte. Ich will sie – quasi als Zeitdokument – nicht vorenthalten:

13. September 1976: Ich fahre mit Major H. auf den Südwestfriedhof. Ein heißer, sonniger Tag. Über den Höhen des südlichen Wienerwaldes stehen Föhnwolken.

Vor dem Eingangstor drängen sich die Menschen. Ich sehe viele Freunde des Verstorbenen und nahezu alle Feinde. Die Stadthauptleute sind vollzählig versammelt, desgleichen das

Präsidium. Alle schön in Uniform. Aber nicht alle schön in Uniform. Viele Kriminalbeamte. Kaum private Freunde. Von den „Galeristen" (Unterweltler) hat sich keiner hergetraut. Zu viel Polizei! … Einige mögen auch gerade „sitzen". – Nur jener Vogel schleicht herum, der mit dem Verstorbenen die Sache … gedreht hat.

Eine „schöne Leich'". Ein Meer von Blumen in der Aufbahrungshalle. Vier Kollegen halten Totenwache.

Schwarz verhüllt die „glückliche" Witwe. Glücklich deshalb, weil sie von der unheilbaren Krankheit ihres Mannes noch rechtzeitig vor Einreichung der Scheidung erfahren hat … Sieht hübsch aus in ihrer Trauer und sehr gefasst in die Zukunft. Ob wohl ihr Freund in der Menge ist?

Dem kleinen Häuflein der Verwandten steht in der Aufbahrungshalle die große Gruppe der Polizeikapazunder gegenüber. Präsident, Vize-, jede Menge Hofräte. Einer von ihnen hat die Stirn sorgenvoll gekraust. Wer wird ihm in Hinkunft seine „Bekanntschaften" vermitteln? Vor der Halle, dichtgedrängt am offenen Tor, das „gemeine Volk", die Ehrenkompanie, die Musik.

Es ist ein prächtiger Trauerzug. Mit allen Schikanen. Trommelwirbel, glänzende Stahlhelme, Uniformen, Blumen, das Schlurfen hunderter Füße.

Übrigens, auch keine seiner Freundinnen hat sich hergetraut. In den nächsten Tagen werden sie kommen, bestenfalls. – Keine Ganoven, keine Freundinnen. Nur Polizisten – so weit das Auge reicht. Armer Chef …

Am Wegrand steht eine beleibte Frau, die Gießkanne in der Hand. Sie lässt ihren Blick mit Kennermiene über den langen Zug schweifen. Sagt zu ihrer noch beleibteren Begleitung: „Der hat da vü' Leit'."

Kurze Feier am offenen Grab. Der Präsident murmelt Worte, die man nicht verstehen kann, in den Uniformausschnitt. Die Musik intoniert den „Guten Kameraden", der Sarg verschwindet im Schacht.

Und zwischen den Hecken und Gräbern die diskret gestellte Frage: Wer wird des Verstorbenen Nachfolger? Die möglichen Anwärter sind in der Menge an der besonderen Traurigkeit ihrer Mienen erkennbar.

Eine „schöne Leich'"!

ARTGERECHTER UMGANG MIT JOURNALISTEN

Mein Verhältnis zu den Journalisten gestaltete sich von allem Anfang an mühsam. Es begann damit, dass mich ein Fotoreporter, als ich in Begleitung zweier Kriminalbeamter einen Tatort verließ, für den festgenommenen Mörder hielt und ein prächtiges Foto schoss, dessen Veröffentlichung nur mit Mühe und in letzter Minute verhindert werden konnte. So nach dem Motto: Der auf dem Foto ist aber der schönere Mörder …

Eine an sich eher amüsante Begebenheit. Sie führte mir allerdings vor Augen, dass die Presse einen Faktor darstellt, der zu allen anderen Problemen des Berufes noch hinzugerechnet werden muss. Ich gewöhnte mich nur schwer an die Fantasiebegabtheit der Reporter, welche die Stories je nach Blattlinie so einfärbten oder ins Sensationelle verdrehten, dass man beim Zeitungslesen die Ereignisse als „Eingeweihter" kaum erkannte.

Auch dafür habe ich in meinen Aufzeichnungen eine kleine „Übung" gefunden, in der ich mir mein Unbehagen von der Seele schrieb.

Diese – natürlich erfundene und satirisch überzeichnete – Geschichte passt sehr gut zum Thema. – Einige Zeitungen von damals gibt es heute nicht mehr, manche von den noch existierenden haben mittlerweile die Blattlinie geändert …

Wie sehr sich die Printmedien seither insgesamt geändert haben, sollte jeder für sich beurteilen.

THEMA UND VARIATIONEN

Es gibt bessere Tageszeitungen, schlechte, beliebte, unabhängige, Revolverblätter, amtliche, Parteizeitungen … Alle haben sie eines gemeinsam: Die Berichterstattung erfolgt – auch wenn dies immer wieder bestritten wird – letztlich nach subjektiven Gesichtspunkten, der Linie des Blattes entsprechend.

Meldungen werden reißerisch aufgemacht, politisch gefärbt, mit „Gemüt" versehen – oder nicht gebracht … Wie es eben die „Linie" verlangt. – Und die „Linie" wieder dient dem Geschäft, der politischen Beeinflussung, allen möglichen anderen Interessen …

Der brave (weil dumme) Leser aber schmunzelt in den Morgenkaffee, blättert behaglich sein Leibblatt durch, das tägliche Evangelium, und – glaubt alles, was ihm gedruckt unter die Augen kommt!

THEMA

Fernschreiben an die Pressestelle der Polizeidirektion:

… am 18. 6. 19.., um 23.37 uhr wurde der 42jährige musiker anton potz in wien 19., annensteig 12, beim nobelheurigen katzenschreck, wo er als geiger beschäftigt ist, von dem 4jährigen schäferhund rolf angesprungen und durch einen biss in den Unterleib verletzt. zwischen der braut des musikers, paula zwerina, 37, und der halterin des tieres, emma gerstl, 51, kam es in weiterer folge zu einer auseinandersetzung, die tätlich wurde.

funkstreife musste intervenieren, beträchtliches aufsehen.

ZWISCHENSPIEL

Schauplatz: Journalzimmer im Polizeikommissariat. Der Journalbeamte sieht sich unvermittelt einer Schar von kinnbeflaumten Jünglingen gegenüber, die auf ihn mit Fragen einstürzt.

1. Jüngling: Wir sind von der Presse.
(Unwirsches Gemurmel hinter dem Schreibtisch).
2. Jüngling: Wegen der Bissgeschichte.
3. Jüngling: War der Hund bissig?
4. Jüngling: Mir hat eine Frau erzählt, dass er auf den Musiker gehetzt worden sein soll, weil der so falsch gespielt hat. Is' da was dran?
1. Jüngling: Warum hat si' eigentlich sei' Freundin eing'mischt?
5. Jüngling (erstaunt zu 1. Jüngling): Wieso Freundin? A zweiter Hund?
1. Jüngling: Blöd! – Freundin von dem Musiker.
6. Jüngling: Wos haßt Freundin? Frau! – Übrigens, die Frau von dem Pianisten oder wos … soll a biss'n ham. Is' do was dran?
Journalbeamter (mit erhobenen Händen): Meine Herrn, meine Herrn! Ich bitte Sie, eine ganz uninteressante Geschichte. Ich weiß gar nichts, keine Details, nichts Genaues … Übrigens, wenden Sie sich doch an die Pressestelle, der hab' ich ein Fernschreiben geschickt, da steht alles haargenau drin.

VARIATIONEN

Neues Österreich:

„Zwischenfall beim Heurigen“

Wien: zu bedauerlichen Vorfällen kam es vorgestern Abend bei einem Nobelheurigen am Stadtrand. Der mehrfach prämiierte Rassehund Wolf sprang unvermittelt den Geiger der Kapelle an und biss ihn in den Unterleib. Zwischen dem Hundehalter und der

Mutter des Musikers kam es in der Folge zu einer tätlichen Auseinandersetzung, die durch Beteiligung weiterer Gäste schließlich in eine Massenrauferei ausartete. – Der Rettungsarzt musste bei mehreren Personen Bisswunden versorgen, wobei allerdings nur die des Geigers von einem Hund stammte. Was den Schluss zulässt, dass einige „Weinbeißer" ihre Zähne im Spiel hatten.

Kronen Zeitung:

„Ein Biss zur (un)rechten Zeit"

Frau Emilie D. feierte gestern beim Heurigen Geburtstag. Rolf, ihr treuer Schäferhund, lag friedlich unter dem Tisch. Als die Kapelle das Geburtstagsständchen anstimmte, sprang der Hund den Geiger an und biss ihn in den – nun ja … der Fortpflanzung dienenden Körperteil. Dies löste bei der ebenfalls anwesenden Braut des Künstlers panisches Entsetzen aus. Sie stürzte sich auf den Hund. Frau D. griff ein, um ihrem braven Rolf beizustehen. Zahlreiche Gäste versuchten zu vermitteln, eine Massenkeilerei war die Folge. Polizei musste intervenieren. „Weil s' dem Hund a nix zu fressen gibt", motivierte ein Zeuge unserem Reporter das Verhalten des Tieres.

Kurier:

„Tierisch gesehen"

Was kann schöner sein, als beim Heurigen still unter dem Tisch zu liegen, umkreist von fröhlichem Treiben. Beine ringsum, mannigfach Geruch …

Wenn nur nicht jener Mensch wäre, welcher Töne hervorbringt, wie zu Hause der große Kasten mit den runden Knöpfen. – Und wieder hebt das Kreischen an, diesmal ganz nah beim Tisch. Das hält ja kein Hund aus! – Moment mal: an dem großen Kasten zu Hause befindet sich doch ein kleiner Hebel … Wenn man den umlegt, dann schweigt das Kreischen …

Ha, wie ein Blitz saust der mächtige Schäferhund unter dem Tisch hervor, hält suchend inne (wo ist jener Hebel?), springt dann den unglücklichen Musiker an. Der Kreischton verstummt mit einem Schlag. Das kluge Tier hat den Geiger einfach „abgeschaltet".

Eine amüsante Geschichte? Ich bin nicht dieser Meinung. Folgende Frage, finde ich, drängt sich dem Bürger auf: Ist es eigentlich gestattet, dass Hunde Lokale aufsuchen, ohne an der Leine zu sein oder Maulkorb zu tragen? Nun, natürlich ist es nicht gestattet. Die so genannte „Maulkorbverordnung", eine durchaus präzise Vorschrift, verbietet das. Allein, wer hält sich schon daran, wer kontrolliert? – Tja, so bleibt halt jedermann die Chance offen, von einem lieben Mittier unversehens „abgeschaltet" zu werden!

Nicht ganz in Ordnung, meint Ihr …

Die Presse:

Wolfs „Danebenbiss"

Bei einem beliebten Heurigen an der Peripherie sprang vergangenen Montag „Wolf von Wolfsleben", ein vielfach prämiierter Rassehund, den Geiger des Heurigenensembles an und versetzte ihm einen schmerzhaften Biss. „Wolf von Wolfsleben" stammt aus dem berühmten Zwinger in Hersburgen, Süddeutschland. Seine Mutter war die sagenumwobene Senta von Hersburgen, bekannt als treue Gefährtin des Malerdichterkomponisten Emerich Stiefel. – Wolf ist Träger der goldenen Kuceraplakette am Halsband.

Arbeiterzeitung:

„Künstlerpech"

Anton Potz, der allseits geschätzte Violinmeister, bekannt auch durch seine dankenswerte Tätigkeit im Dienste der Gewerkschaft, hatte gestern Abend das Pech, einem durchaus unmusikalischen Zuhörer zu begegnen. Als er, draußen beim Heurigen, eben im Begriffe stand, seiner Geige wohlklingende Töne zu entlocken, sprang ihn der genannte Zuhörer, ein gewisser „Wolf von Wolfsleben", an und versetzte ihm einen Biss in den rechten

Mittelfinger … Um Leserbriefen vorzubeugen, sei ausdrücklich festgestellt, dass in vorliegendem Fall gegen die Zitierung des Adelstitels keine Bedenken bestehen. E i n e r Sorte von Lebewesen mag in unserem Lande das „Von“ getrost gestattet sein: Schäferhunden!

Volksstimme:

„Der kluge Hund“

Ein schlichter Wolfshund hat uns alle vorgestern Abend in schöner Weise belehrt! Draußen beim Heurigen biss er den Geiger Anton Potz in einen für den Fortbestand der Menschheit nicht unwichtigen Körperteil … Nun, Herr Potz und seine Karriere sind uns nur zu bekannt. Aus bescheidenen Anfängen hat er sich durch einigermaßen merkwürdige Methoden, bei denen Politik eine bedeutende Rolle spielte, emporgearbeitet und zahlreiche Kollegen, die, wie wir zu behaupten wagen, ungleich bessere Künstler sind als er, vom Futtertrog der Gagen verdrängt. Denn unser lieber „Maestro“ arbeitete mit dem Ellenbogen stets ungleich geschickter denn mit dem Geigenbogen. Seine Funktionen als Gewerkschafter sicherten ihm die günstigsten Engagements, die besten Gagen. Das unverdient reichlich verdiente Geld wurde günstig angelegt. – So ward denn aus dem kleinen Geiger – beileibe kein großer Künstler, oh nein, – immerhin ein recht erfolgreicher Geschäftsmann mit den Allüren eines Kapitalisten!

Tja, und worin liegt nun die Lehre, die uns der kluge Wolfshund erteilte? – Er hat uns gezeigt, wo man den Kapitalismus packen muss, – an der Wurzel!

Wiener Zeitung:

Kein Bericht.

Die wenig erfreulichen Erfahrungen, die ich schon als junger Polizeikommissär mit Medien und Journalisten machte, sollten sich in den folgenden Jahrzehnten noch vertiefen. Im Laufe der

Zeit lernte ich die mehr oder weniger subtilen Möglichkeiten kennen, öffentliche Meinung zu machen oder zu beeinflussen. – Wie man ein Thema medial aufbereitet, sterben lässt oder am Leben erhält … Wie man Personen in den Vordergrund schiebt oder abstürzen lässt … Wie man den Sinn einer Aussage verändert, indem man einzelne Wörter weglässt, Sätze umstellt oder einfach nur eine Passage aus dem Zusammenhang reißt …

Als ich schließlich die letzte Stufe meiner Beamtenkarriere erreicht hatte, absolvierte ich durch neun Jahre als Generaldirektor für die öffentliche Sicherheit einen Perfektionskurs im Verdauen medialer Tiefschläge und Untergriffe. – Sogar nach meiner Pensionierung erschienen in dem einen oder anderen Journal noch Lügengeschichten über mich und „Aussprüche“ von mir, die ich in Wahrheit nie gemacht hatte.

So habe ich rückschauend in mehr als vierzig Berufsjahren nur wenige Journalisten getroffen, mit denen ich Umgang pflegen konnte, ohne Gefahr zu laufen, von ihnen gelinkt, ausgenützt oder ans Messer geliefert zu werden.

Nach einem Vortrag, in dem ich einige einschlägige journalistische „G'stanzln“ zum Besten gegeben hatte, fragte mich eine alte Dame, ob Journalisten überhaupt ein Gewissen hätten. Ich bemühte mich, mein Gesicht in skeptische Falten zu legen, und gab zur Antwort:

„Zumindest scheinen sie in der Regel kein schlechtes Gewissen zu haben, gnädige Frau!“

WIE EINE KARRIERE ZERSTÖRT WIRD

In den frühen Siebzigerjahren erregte die Affäre des Oberpolizeirates S. kurze Zeit die Gemüter, und es war eine bekannte Tageszeitung, die mit Schlagzeilen, reißerischen Berichten und getürkten Leserbriefen eine Causa unnötig anheizte, deren vor allem juristische Dimension wahrlich unbedeutend war.

Oberpolizeirat S. leitete damals das Kommissariat Mariahilf. Er war ein wohlmeinender Chef, hatte aber eine verhängnisvolle Schwäche: seine Vorliebe für das andere Geschlecht.

Als er einmal zur Kur in Karlsbad weilte, bezirzte er Mitglieder des weiblichen Pflegepersonals – aus naheliegenden Motiven – durch das Angebot, sie – sollten sie den Weg in den Westen finden (was er nicht hoffte) – auf „großzügige Weise" zu unterstützen. Was zu einer Fluchtbewegung unter den Karlsbader Krankenschwestern geführt haben soll …

Tatsächlich erlebte ich einmal den Anruf einer Grenzdienststelle, bei welchem dem Chef mitgeteilt wurde, dass dort eine Frau aus Karlsbad erschienen sei, die sich auf den Herrn Oberpolizeirat berufe und von ihm abgeholt zu werden wünsche …

Ich weiß heute nicht mehr, wie die Sache endete und wie viele Damen wirklich den Versprechungen des Herrn „Stadthauptmannes von Wien" folgten. Mir ist nur noch das totenbleiche Gesicht meines Chefs in Erinnerung, als an jenem Vormittag der Anruf von der Grenze kam.

Doch nun zu der Affäre, die des Stadthauptmannes von Mariahilf Karriere abrupt beenden sollte. Für mich begann sie an einem trüben Samstagvormittag, den ich im Zentraljournaldienst verbrachte. Von einem Fenster des Mittelturmes der Roßauer Kaserne blickte ich auf die Maria-Theresien-Straße und den Deutschmeisterplatz hinunter, als mir der PKW des Chefs, ein knallroter BMW, ins Auge fiel. Bevor ich mich noch wundern konnte, dass das Auto in dieser Gegend abgestellt war, klärte mich ein Anruf aus dem Kommissariat Innere Stadt darüber auf, dass der Herr Stadthauptmann dort angehalten worden war und im Begriffe stand, in die Klinik Hoff eingeliefert zu werden.

Ich fuhr – so bald ich konnte – in die Klinik, um dem Chef – nach Möglichkeit – beizustehen. Er wirkte richtiggehend „zerknittert", war fahrig und kaum in der Lage, den Sachverhalt, der zu seiner Anhaltung geführt hatte, zusammenhängend zu schildern. Trotzdem konnte ich bald erkennen, dass der Karren gehörig verfahren war. Der Chef hatte auf die Anschuldigungen gegen ihn falsch reagiert, sich menschlich ungeschickt verhalten und zudem noch einen ungeeigneten Anwalt beigezogen.

Mit einiger Mühe gelang es mir, im Verlauf des Abends durch Einsichtnahme in den Akt die Fakten zusammenzuklauben. Was war geschehen?

Der Chef hatte am Vormittag einen Supermarkt in der Inneren Stadt aufgesucht. Bei Verlassen des Geschäftes war er vom Filialleiter des Ladendiebstahles bezichtigt worden. Und zwar sollte er ein Schuhpflegemittel im Wert von zirka sechzig Schilling in der Manteltasche versteckt haben. Es war in der Folge zu einer heftigen Diskussion gekommen, in deren Verlauf der Chef – anstatt sachlich zu argumentieren – auf seine berufliche Position verwiesen und den Filialleiter mehr oder minder als unbedeutendes „Würstel“ hingestellt hatte.

Darauf war die Funkstreife verständigt worden, der gegenüber S. in ungeschickter Form den Stadthauptmann herausgekehrt hatte. Die Folge: Anhaltung und Überstellung zum Kommissariat.

Dort hatte der Chef plötzlich das „Weinerliche“ bekommen und dem Journalbeamten erklärt, er müsse sich umbringen, sollte die Sache weiterverfolgt werden. Darauf Verständigung des Amtsarztes und Einweisung in die Klinik Hoff wegen Suizidgefahr.

Unabhängig von der Frage, ob der Chef nun tatsächlich einen Ladendiebstahl begangen hatte, war mir klar, dass er seine missliche Lage in erster Linie seinem arroganten und taktisch völlig falschen Auftreten zu verdanken hatte. Der Rat des Anwalts, den er vom Kommissariat aus kontaktiert hatte, sich via Amtsarzt in die Klinik Hoff zu retten, war wohl der Gipfel der Ungeschicklichkeit gewesen. Denn der Anschein psychischer Labilität stand einer weiteren Karriere mit Gewissheit eher im Weg als der mehr oder minder stichhaltige Verdacht eines Diebstahls minderer Art.

Am nächsten Tag der nächste Schock. Die bewusste Tageszeitung berichtete mit Schlagzeile und großer Aufmachung. Wer hatte sie informiert?

Der Chef wurde vom Dienst suspendiert, und die Geschichte nahm ihren unerfreulichen Lauf. Der ungeschickte Anwalt überredete den Chef, gegen die Tageszeitung rechtlich vorzugehen. Das machte alles noch schlimmer. Von da an gab es tägliche Berichte über den „diebischen“ Oberpolizeirat. Ein Anwaltswechsel half auch nichts mehr. Zumal der Chef als seinen neuen Rechtsvertreter ausgerechnet einen Spezialisten in Verkehrssachen auswählte. Als es schließlich zum Prozess kam, war der Herr Stadthauptmann längst „verurteilt“.

Nach der gerichtlichen Verurteilung quittierte Oberpolizeirat S. den Dienst und trat in die Firma seiner Frau ein.

Ich habe nie an seine Schuld geglaubt. Denn, wie nicht anders zu erwarten, war auch in dieser Geschichte ein Wesen des anderen Geschlechts im Spiel. Eine Kassiererin des bewussten Supermarktes, mit der S. ein Techtelmechtel hatte. Was wiederum den Filialleiter auf die Palme brachte, der die Dame ebenfalls sehr verehrte … Ich habe immer vermutet, dass dem Chef eine Falle gestellt wurde, in die er prompt und mit Grandezza hineinfiel.

Über die wahren Zusammenhänge schwieg er wohl aus Rücksicht auf seine Frau, die an ihn glaubte und ihm vertraute. Und ihm letztlich auch den notwendigen finanziellen Rückhalt gewährte.

Zwei Jahre später erschien in der bewussten Tageszeitung der Bericht über den Ladendiebstahl eines Polizisten in – Melbourne. Mit der Beifügung zwischen Gedankenstrichen: „wie einst der Oberpolizeirat S. in Wien“.

Das mutete an wie der Tritt gegen einen Toten!

POLIZISTEN ALS SCHWARZE SCHAFE

Wer sich der Ansicht hingibt, Polizeibeamte seien auf Grund ihres beruflichen Wissens und ihrer Ausbildung besser als andere geeignet, sich gegen sie gerichteten behördlichen Untersuchungen zu entziehen, der irrt. Von hartgesottenen Ausnahmen abgesehen, sind sie in der Regel – besonders bei Eigentumsdelikten, derer sie beschuldigt werden – ausnehmend ungeschickte und wenig raffinierte Verdächtige. Vor allem, wenn sie aus Ungeschick oder Dummheit in eine schiefe Situation geraten sind. Von ihrem polizeilichen Denken und Wissen bzw. ihrem Gewissen in die Zange genommen, sind sie bei Untersuchungen im eigenen Apparat zumeist leichte Gegner, die schnell und oft voreilig „niederlegen". – Als Beispiel möge eine Geschichte dienen, die sich in den Sechzigerjahren in Mariahilf zugetragen hat:

F., DU HAST DIE GANS GESTOHLEN

Im Abteilungskommando Mariahilf war damals ein Revierinspektor (zu dieser Zeit noch eine echte Charge) tätig, der den Laden als „Manipulant" mit dem kleinen Finger schupfte. Ein freundlicher, lustiger, allseits beliebter Mann und eine Stütze des Kommissariats.

Eines Samstags im Dezember platzte die Bombe. Der Sparverein „Die grüabigen Marktleut" mit Sitz in der Dürergasse hatte jährliches Ganslessen und Auszahlung. Doch die frohgestimmten Marktleute warteten vergeblich auf Kassier und Moneten. Revierinspektor F. erschien nicht. Es gab kein Gratisgansl und schon gar keine Auszahlung. Revierinspektor F., der jahrelang angesehener und zuverlässiger Kassier gewesen war, hatte der Erdboden verschluckt.

Als er am folgenden Montag nicht zum Dienst erschien und auch in seiner Wohnung nicht anzutreffen war, schien alles klar. Der Mann hatte das Geld unterschlagen und sich aus dem Staub gemacht.

Es wurde das Sicherheitsbüro eingeschaltet.

Leider hatte der sympathische Revierinspektor das Geld wirklich „auf den Schädel" gehaut und war aus Scham und Verzweiflung „abgetaucht".

Unglücklicherweise befand sich seine Frau, die eine gut gehende Firma besaß, zu dieser Zeit gerade auf Geschäftsreise. F. konnte sich daher in seiner Not nicht an sie wenden.

Ich hätte ihm damals als Freund geraten, bis zur Rückkehr seiner Frau, die unmittelbar bevorstand, untergetaucht zu bleiben, den Schaden mit ihrer Hilfe gutzumachen und sich darauf der Polizei zu stellen. Er hätte sich mit dieser Vorgangsweise viel erspart.

Aber Polizisten denken anscheinend anders. Vom schlechten Gewissen getrieben, marschierte F. bereits am Dienstag – einen Tag vor Rückkunft seiner Frau – ins Sicherheitsbüro, obwohl allgemein bekannt war, dass dort – um es vorsichtig zu formulieren – nicht mit Nachsicht zu rechnen war.

F. wurde von den SB-Kollegen dann auch kunstgerecht tranchiert und ins Landesgericht eingeliefert ... Am folgenden Tag kam es zur Schadensgutmachung durch die geschockte Ehefrau. – Und F. genoss noch neun weitere Tage im „Landl". Dieser Aufenthalt wäre ihm bei der von mir angedachten Vorgangsweise mit Sicherheit erspart geblieben.

Polizisten „straucheln" in der Regel anders als Normalbürger und haben eine andere Einstellung zur Kriminalität – auch zu ihrer eigenen. Das habe ich im Laufe einer langen Angehörigkeit zu diesem „Verein" nur zu oft beobachten können.

Da fällt mir als weiteres Beispiel die Geschichte mit dem gestohlenen Fünfhundertschillingschein in den Räumen des Zentraljournals – damals im Ostturm der Roßauer Kaserne untergebracht – ein:

EINE TURMELSTER

Die Kollegen konnten es nicht fassen, als einer der Beamten die erschreckende Mitteilung machte, in den letzten vier Stunden sei aus seiner Brieftasche ein Geldschein „verschwunden". Die

Brieftasche habe sich die ganze Zeit über in einem der Schlafräume befunden.

Bald schien klar zu sein, dass der Täter im Kreis der Journalkollegen zu suchen war. Der Verdacht fiel von vornherein auf einen jungen Beamten, über den allerlei merkwürdige Geschichten von Über-die-Verhältnisse-leben, von chronischem Geldmangel etc. kursierten.

Als der Mann von einer Ausfahrt zurückkehrte, wurde er mit dem Verdacht konfrontiert und bestritt natürlich empört, mit dem Diebstahl etwas zu tun zu haben. Die aufgebrachten Kollegen filzten ihn darauf und fanden in der Gesäßtasche einen einzelnen 500-Schilling-Schein. Der junge Mann machte zu Recht geltend, man müsse ihm erst beweisen, dass das tatsächlich der verschwundene Geldschein sei.

Normalerweise hätte das Schwierigkeiten bereitet. In diesem Fall aber gab es ein wichtiges Detail, das den Nachweis erleichterte. Die Brieftasche, aus welcher der Geldschein fehlte, hatte ein ausgefallenes Format. Nach diesem Format war die Banknote gefaltet gewesen. Und die Fünfhundertschillingnote aus der Gesäßtasche des jungen Kollegen wies jene spezifische Faltung auf. Mit diesem Faktum konfrontiert, gab der im Verdacht Stehende ohne Umschweife den Diebstahl zu. Als Polizist hatte er augenblicklich erkannt, wie schlagend der Beweis war, und auf weitere Ausflüchte verzichtet.

Ich habe den jungen Mann in der Folge nie mehr gesehen und hoffe, dass er aus dem Ausgang dieses Vorfalls Konsequenzen für sein weiteres Leben gezogen hat – womit aber nicht die intelligentere Nutzung seiner kriminellen Talente in der Zukunft gemeint ist.

DER FLUCH DER „DREI HÄNDE“

Fälle wie den oben beschriebenen gab es selten. Die Polizeibeamten dieser Zeit waren in der überwiegenden Zahl raue, ehrliche Gesellen mit der besten Motivation, gute Ordnungshüter zu sein. Beeinträchtigt wurde das tadellose Berufsbild mitunter durch das, was man in Anlehnung an die berühmten „drei Affen“ den Fluch der „drei Hände“ nannte: die „zulangende“, die „unsichere“, die – „aufgehaltene“ Hand …

So gab es immer wieder bittere Klagen der Bürger über den unnötig harten „Zugriff“ der Polizeibeamten, so manch „unsichere“ Hand im Dienstbetrieb war auf die traditionelle Hinneigung zum Alkohol (genannt „Dopplereffekt“) zurückzuführen, und der Hang zum Schnorrertum lag quasi in der „grünen Familie“, wurde von Polizistengeneration zu Polizistengeneration weitergegeben. In die „aufgehaltene Hand“ gelangten das kleine Gulasch, das Stehachterl, die Wurstsemmel, der schöne Apfel, der Karton Orangen zu Weihnachten … als selbstverständlich erwarteter Obolus für polizeiliche Nachsicht. Wobei allerdings der Widerstand der Geschäftsleute gegen diese Methode der Naturalabgabe im Laufe der Zeit in demselben Maße stieg, in welchem die Bedeutung des „Amtskappels“ schwand.

In den Sechzigerjahren soll es einen Bezirksleiter der Polizei gegeben haben, der einmal in der Woche in Zivil den Naschmarkt aufsuchte und sich mit Gratisobst eindeckte. Als er dann eines Tages plötzlich in Uniform auf dem Markt erschien, erweckte dies die Verwunderung seiner Mitarbeiter, die hinter vorgehaltener Hand zu tuscheln begannen, er tue das deshalb, weil er verhindern wolle, dass ihn aufsässige Standler – wie das bei seinen „zivilen“ Einkäufen wiederholt passiert sei – mit „Arschloch“ titulierten …

Heute deckt diesen traditionsbewussten Bezirksleiter längst die Erde, unter der mittlerweile auch die Tradition der „Naturalabgabe“ weitgehend verschwunden ist.

Auf eine andere Facette dieser Abgabe soll folgende Geschichte hinweisen:

Eines Tages erstattete bei mir ein Mann Anzeige, er sei von einer „Strichdame“ in einem Hotel nahe dem Westbahnhof bestohlen worden. Ich ließ mir eine Personenbeschreibung der Täterin geben und erklärte, ich würde den „Prostkriminalbeamten“ als Experten zuziehen. Worauf der Anzeiger seltsam dreinschaute und von mir erst darüber aufgeklärt werden musste, dass sich das „Prost“ nicht auf den Trinkspruch beziehe, sondern eine Abkürzung von Prostitutionsbeamter sei. Der „Prostkrb“ erschien und wurde mit der Beschreibung der Täterin konfrontiert. Unter anderem mit der Tatsache, dass die Brustwarzen der Dame einen riesigen Hof – so groß wie die Räder von Einkaufswagerln – aufgewiesen hätten und links neben der Schambehaarung ein Muttermal für optische Abwechslung gesorgt habe … Worauf der biedere Beamte wie aus der Pistole geschossen antwortete: „Das is' die Gerti!“

Bis in die ausklingenden Neunzigerjahre wurde immer wieder über tiefgehende Kontakte von Polizeibeamten aller Rangstufen zu Rotlichtschwalben gemunkelt.

AUCH EINE FORM DER KRIMINALITÄTSBEKÄMPFUNG

Ab Mitte der Sechzigerjahre kam es zu einer kontinuierlichen Zunahme der Kleinkriminalität – insbesondere in der Sparte „Diebstahl“. Man gewann zusehends den Eindruck, es würde alles geklaut, was nicht niet- und nagelfest war. Von der Türmatte bis zum Blumenstock. Die Öffentlichkeit reagierte sauer. Damals entstand der Spruch von der latenten „Maul- und Klauenseuche“ in Österreich, gegen die Polizei und Gendarmerie erfolglos ankämpften. In einem Land, in dem das ganze Jahr über „gemault und geklaut“ wurde!

Nun war das gewiss eine arge Übertreibung, aber die Zunahme der Kriminalität nicht zu leugnen. Im Besonderen waren es

„Dienstdiebstähle“, die zum täglichen Brot der Kommissariate in den Geschäftsbezirken gehörten. Zumindest bis zur Strafrechtsreform Mitte der Siebzigerjahre, die den Dienstdiebstahl verschwinden ließ, indem sie die Qualifikation beseitigte und das Beklauen seines Chefs zu einem Kavaliersdelikt machte.

Im Zuge der Liberalisierung des Strafrechtes fiel auch der berüchtigte § 129 I b STG, der die Homosexualität unter Strafe stellte. Dadurch wurden wir – und wir sahen es als unbestreitbaren Vorteil – von vielen unerfreulichen Amtshandlungen befreit: den unappetitlichen „Häuslgeschichten“ (homosexuelle Betätigung in öffentlichen Klosettanlagen) und dem Wühlen in Intimsphären.

Schwule und Giftler galten zu dieser Zeit in Unterweltkreisen als zweitklassig und vogelfrei. Sie wurden mit Verachtung behandelt, und jeder „Galerist“, der etwas gelten wollte, putzte sich mit Vergnügen an ihnen ab. Man demütigte und erpresste sie. Eine Amtshandlung aus dem Jahre 1970, welche diese Situation illustriert, ist mir im Gedächtnis geblieben. Sie wirbelte ziemlichen Staub auf und trug zweifellos auch dazu bei, die Sinnhaftigkeit des oben zitierten Paragraphen in den Vorgesprächen zur Strafrechtsreform ernsthaft zu hinterfragen.

EINE HEISSE AMTSHANDLUNG

Mitte Dezember 1970 wurde der Primararzt eines großen Wiener Spitals durch zwei unbekannte Männer in seiner Wohnung überfallen, verletzt und beraubt.

Der Vorfall erregte vor allem in Arztkreisen großes Aufsehen. Polizeipräsident Holaubek wurde kontaktiert und aufgefordert, für eine umgehende Aufklärung dieser Straftat zu sorgen. Das Sicherheitsbüro, das in der Vorweihnachtszeit mit Raubüberfällen zugeschüttet war, lehnte eine Übernahme der Amtshandlung ab. So wurde der Aufklärungsdruck vom Leiter der Kommissariatsabteilung an uns weitergereicht.

Der Primararzt erwies sich als sehr „zurückhaltender" Zeuge, der nur vage Angaben zur Tat machte. Man spürte, dass er Angst hatte und mit irgendeiner Sache hinter dem Berg hielt. – In einem sehr langen, vertrauensvollen Gespräch gab er nach meiner Zusicherung, keinen dienstlichen Gebrauch von dieser Information zu machen, zu, homosexuelle Neigungen zu haben und in dieser Hinsicht schon mehrfach erpresst worden zu sein.

Zwei dieser Erpresser, die ganz ungeniert bei dem Primarius aufgetreten waren, weil sie wussten, dass er sie als „Schwuler" schwerlich anzeigen konnte, befanden sich gerade wegen anderer Delikte in Haft.

Wir knöpften sie uns vor. Sie kamen zwar als Täter nicht in Frage, wohl aber als „Zundgeber". Wir sahen es als wahrscheinlich an, dass sie anderen Ganoven von dem Mediziner erzählt hatten, der so leicht zu „rupfen" war …

Die beiden Männer gaben natürlich nichts zu, allerdings tat sich in den Gesprächen eine Spur auf, welche zu der Exfreundin des einen Knaben führte, die Mitwisserin von Erpressungen gewesen war.

Diese Spur verfolgten wir beharrlich weiter und konnten letztlich einige Tage später mit der Festnahme dieser Frau in St. Pölten und der nachfolgenden Ausforschung sowie Inhaftierung der eigentlichen Täter im jüngsten Fall die Straftat aufklären.

Die Gerichtsverhandlung gegen die insgesamt vier Angeklagten verlief reibungslos. Die sexuelle Neigung des Arztes kam nicht zur Sprache.

NACH WIE VOR EIN HEIKLES THEMA

Justizminister Broda, der große Strafrechtsreformer der Siebzigerjahre, war überzeugt, mit der Streichung des Homosexuellenparagraphen einen entscheidenden Schritt zur Entkriminalisierung von der Norm abweichenden sexuellen Verhaltens und Öffnung der Gesellschaft gegenüber dieser Randgruppe zu setzen.

In strafrechtlicher Hinsicht ist diese Liberalisierung gelungen, im gesellschaftlichen Bereich allerdings auch heute noch – fast dreißig Jahre später – die von Broda angestrebte Toleranz nur ansatzweise vorhanden.

Auch wenn sich heutzutage Schauspieler, von denen man ohnehin annimmt, dass sie ein bisschen „anders" sind, oder vereinzelt Politiker als homosexuell outen – ohne an Popularität zu verlieren –, bleiben doch nach wie vor die geringschätzig heruntergezogenen Mundwinkel und das Tuscheln hinter vorgehaltener Hand. Und als gesellschaftliches Druckmittel eignet sich das Wissen um die einschlägige Neigung eines Menschen in der Regel immer noch.

KIEBERER

Meine Kooperation mit der Kriminalpolizei gestaltete sich im Wesentlichen reibungslos. Ich erkannte bald, wer in der Abteilung bereit war, ernstlich zu arbeiten, wer in welchem Bereich Fähigkeiten hatte und wo eventuell mit Widerstand zu rechnen war.

Die Kriminalbeamten sind die Individualisten in der Polizei und wollen auch als solche behandelt werden. Ich habe nichts gegen Individualisten – wenn sie tüchtig sind!

Viele Polizeijuristen beschwerten sich in dieser Zeit darüber, dass sie – speziell bei umfangreichen Amtshandlungen – oft größere Schwierigkeiten mit den Kriminalbeamten als mit den Ganoven hätten. Meiner Ansicht nach war das zu einem Großteil auf eine falsche Einstellung gegenüber der Mentalität der Kriminalbeamten zurückzuführen, deren individuelle Eigenheiten in der Ermittlungsstrategie zu berücksichtigen waren. Und wenn es sich – im Extremfall – um Faulheit handelte.

Das Grundproblem im Verhältnis Kriminalbeamte–Konzeptsbeamte bestand in Wahrheit darin, dass der Polizeijurist zwar die Amtshandlung leitete und Erhebungsaufträge geben konnte, aber weder Dienst- noch echte Fachaufsicht über die „Krb" – wie deren Kurzbezeichnung lautet – ausüben konnte. Diese Aufsichtsmöglichkeiten standen den leitenden Kriminalbeamten zu, welche die Abwicklung des Dienstbetriebes in der Abteilung überwachten, einer aktiven Mitarbeit bei der Bearbeitung von Kriminalfällen aber nach Möglichkeit aus dem Weg gingen. Dieses Neben- und vielfach auch Gegeneinander erzeugte unnötige Spannungen und Reibungsverluste. Die Verantwortlichen waren aber nie bereit, das Problem grundlegend zu lösen, indem sie eine geradlinige Hierarchie schufen.

Erst die jüngste Strukturreform im Wiener Kriminaldienst brachte als Positivum eine Begradigung der Hierarchie. Dem steht allerdings als Negativum die Abkehr vom Rayonsdienst der Kriminalbeamten und damit ein weiteres Abrücken der Polizei von der Bevölkerung gegenüber. Fachleute bezweifeln, ob die Konzentration der Kriminalisten auf fünf Standorte in Wien die richtige Antwort auf den deutlich steigenden Kriminalitätsdruck aus Ost- und Südosteuropa ist.

Doch zurück zu längst vergangenen Zeiten.

WER SCHAFFT AN?

An der Wende zu den Siebzigerjahren kam eines Tages die Nachricht vom Überfall auf ein Postamt. Ich hatte Journaldienst und schickte Kriminalbeamte zum Tatort. Der Wachzimmerkommandant verfasste, wie es seine Aufgabe war, umgehend ein Fernschreiben an den Informationsdienst der Polizeidirektion, in welchem er gemäß dem Strickmuster der Sicherheitswache nach Schilderung des Vorfalles vermerkte:

… Der Journalbeamte entsandte den leitenden Krb, Major …, und Kriminalbeamte des Journaldienstes zum Tatort …

Große Aufregung. Major … verwahrte sich dagegen, dass der Journalbeamte berechtigt sei, ihn zu einem Tatort zu „entsenden". Das stehe dem Juristen nicht zu.

Ich trug die Angelegenheit dem Stadthauptmann vor, der die Stirn in Falten legte und das Präsidium mit dem Ersuchen um Klärung des Falles befasste. – Diese Klärung ist natürlich nie erfolgt!

Ich zog mich damals auf die Feststellung zurück, dass ich in Wahrheit nie daran gedacht hätte, auch den Leitenden zum Tatort zu „entsenden", weil er dort höchst unnötig gewesen wäre …

Überflüssig zu erwähnen: Der Herr Major war natürlich nicht im Postamt gewesen und hatte auch nicht im Traum daran gedacht, sich dorthin zu bemühen …

Das waren so die G'stanzln in jenen Tagen, die den Dienstbetrieb nicht gerade leichter machten. Dazu kam, dass es zu wenig Dienstautos gab und nahezu keine technische Unterstützung bei der Arbeit.

MIT PACKPAPIER UND BÜRSTE

So ereignete sich in diesen Tagen ein tödlicher Verkehrsunfall mit Fahrerflucht. Ein Fußgänger wurde in der Mariahilfer Straße angefahren und in die Windschutzscheibe eines PKWs geschleudert. Das Glas zerbarst in tausend Stücke. Der Fahrer verließ den Unglückswagen und flüchtete. Leider stellte sich bald heraus, dass das Auto gestohlen war und keinen Hinweis auf den Lenker erlaubte.

Mehr durch Zufall wurde kurz darauf von Wachebeamten in einem Lokal am Naschmarkt ein Mann angetroffen, der auffallende Verletzungen im Gesicht hatte. Er war deutlich alkoholisiert, hatte für den kritischen Zeitpunkt kein Alibi, leugnete aber jeden Zusammenhang mit dem Unfall. Die Verletzungen wollte er sich bei einem Sturz geholt haben.

Heute wäre eine solche Ausgangslage kein Problem. Die Kriminaltechnik ist auf dem modernsten Stand, die Tatortgruppen sind bestens ausgebildet und ausgerüstet. Aber damals?

Um keine Zeit zu verlieren, veranlasste ich, dass der Verdächtige umgehend auf einen Bogen Packpapier gestellt wurde. Dann ließ ich einen Kriminalbeamten sorgfältig seine Kleider ausbürsten und die Haare durchkämmen.

Auf dem Packpapier begann es nach kürzester Zeit zu funkeln und glitzern. Feinste Splitter der zertrümmerten Windschutzscheibe!

KRIMINALBEAMTE WERDEN SESSHAFT

Ein alter Oberinspektor (leitender Kriminalbeamter vor Einführung der Offizierstitel) predigte bei Rapporten mit Vorliebe: „Des Kriminalbeamten Heimat ist sein Rayon! Dort ist er zu Hause …“ Er erlebte die Zeit nicht, in der die Krb im wahrsten Sinn des Wortes „sesshaft“ wurden. Das heißt, immer mehr vom Schreibtisch aus erledigten. Das sah dann beispielsweise so aus: Eine Leumundsanfrage (damals noch üblich) wurde unter anderem mit dem Satz beantwortet: „Der A. S. ist in seinem Wohnhaus als überaus angenehmer und ruhiger Mieter bekannt, der zu keinerlei Beschwerden Anlass gibt …“ – Leider stellte sich kurze Zeit nach Abfassung des Berichtes heraus, dass der gute A. S. schon seit mehr als zwei Jahren tot war.

Ja, der Tod schafft zweifellos die „ruhigsten Mieter“ …

Ein anderes Beispiel für die zunehmende „Sesshaftigkeit“ der Kriminalbeamten in dieser Zeit:

Eines Vormittags kehrte ein „Kieberer“ aus dem Rayon zurück und erzählte den staunenden Kollegen: „Stellt’s euch vor, in der …gasse, wo der Kohlenplatz war, steht jetzt plötzlich a Haus!“ Er sagte das so, als hätte man das Haus erst am Vortag „hingestellt“ …

Während der Drang zur „Sesshaftigkeit“ die Kriminalpolizei ein wenig von der Bevölkerung entfernte, sorgte eine andere Problematik – sozusagen als Ausgleich – für eine durchaus unwillkommene Annäherung. Die steigende Zahl von Verkehrssündern ließ auch die Zahl von „Lenkererhebungen“ in die Höhe schnellen. Und für diese waren damals die Kriminalbeamten zuständig.

UNTERSCHÄTZTE DATEI

Und ihre Lenkerdateien, zumeist ein Wust von Zetteln, waren wahre Fundgruben an Informationen. An Informationen, die den Bürger für die Polizei besser einschätzbar machten. Da stand zum Beispiel: „B. Z., Schwiegersohn des Ministers K.!“ Also Vorsicht! – Oder: „X.Y., Großhändler für Obst und Gemüse. Ist mit A.S., einer Animierdame in der …bar, liiert.“ Eine Information, die sich übrigens später einmal als sehr wertvoll herausstellen sollte. X.Y. führte nämlich seinen Großhandel in den Bankrott, wobei ihm A.S. wohl behilflich gewesen sein dürfte, und tauchte unter. In der Wohnung der Animierdame konnte er schließlich aufgestöbert und festgenommen werden.

Es war daher ratsam, bei kriminalpolizeilichen Amtshandlungen durchaus auch die Lenkerdateien zu Rate zu ziehen.

Als in weiterer Folge unter dem Druck der Kriminalbeamten so genannte „Lenkererheber“ installiert wurden, die man aus „Innendienstlern“ – also Beamten welche nicht mehr „exekutivdienstfähig“ waren rekrutierte, wurde die Distanz zwischen Kriminalbeamten und Bürgern wieder größer. Und die Bedeutung der Lenkerdatei sank, weil die Lenkererheber natürlich keinen Sinn für deren kriminalpolizeilichen Nutzen hatten.

Mit der späteren Einführung der „Anonymverfügung“, die dem Zulassungsbesitzer zugesandt wurde, war dann die Hochzeit der „Lenkererhebungen“ zu Ende und damit eine vielfach verkannte und unterschätzte Informationsquelle der Kriminalpolizei versiegt.

EIN LOB DEN KORSETTSTANGEN

Im Laufe der Zeit lernte ich viele ausgezeichnete Kriminalbeamte in den verschiedensten Positionen kennen, welche die Masse der Statisten im Korps mitrissen oder zumindest mitschleppten. Sie waren mehr oder minder gleichmäßig über Wien verteilt und sorgten dafür, dass das Werkel erfolgreich lief. Ich nannte diese Spezies der „echten Kieberer“ die Korsettstangen der Kriminalpolizei.

In Mariahilf hatte ich das Glück, mit einigen dieser „Korsettstangen“ Dienst zu machen, was mir ermöglichte, Kriminalitätsbekämpfung nach meinem Geschmack zu betreiben. Das heißt, in einer Intensität, die den Rahmen und die Möglichkeiten eines Bezirkspolizeikommissariates weit überstieg.

So durchstreifte ich – von einer „Korsettstange“ begleitet – nachts auf der Jagd nach Informationen regelmäßig die einschlägige Lokalszene Wiens und zog auf diese Weise Fälle an Land, die teilweise überhaupt nichts mit Mariahilf zu tun hatten oder sogar über die Grenzen Wiens hinausgingen.

Das machte grandiosen Spaß und brachte den Kriminalbeamten Erfolge. Darüber hinaus lernte ich nach und nach die Strukturen der Wiener Unterwelt kennen und wurde selbst bei der „Galerie“ bekannt, was nicht nur Nachteile brachte.

MELODIE DES NASCHMARKTES

Eines Nachts stöberten wir in einem Lokal in Naschmarktnähe einen lange gesuchten Ganoven auf, der sofort die Flucht ergriff. Wir hinter ihm her. Auf einem freien Platz neben dem Marktamt bekam ich ihn zu fassen, riss ihn nieder und fixierte ihn mühsam am Boden, während der Kriminalbeamte den Dienstwagen holte. – Ich muss gestehen, es war nicht meine überlegene Körperkraft, die den Ganoven zu Boden brachte, vielmehr seine Erschöpfung, die ihn wanken ließ. Ein ungesundes Leben mit viel Zigaretten und Alkohol hatte ihn kurzatmig gemacht und verweichlicht.

Die Verfolgungsjagd war natürlich nicht unbemerkt geblieben. Zwischen den Marktstandln bewegten sich dunkle Schatten, die langsam näherkamen, während ich auf dem keuchenden Mann saß und ungeduldig auf den Dienstwagen wartete. Die Situation wurde langsam ungemütlich. Wahrscheinlich würden die „Schatten" früher oder später auf den verdammten „Kieberer" losgehen, der da gerade einen der ihren „Meier" machte. – Da trat R. R. auf, ein Nachwuchsstar der Unterwelt, der durch seine unglaubliche Brutalität in den einschlägigen Kreisen Angst und Schrecken verbreitete. Ich kannte ihn von seiner Bubenzeit her und hatte schon viele Male mit ihm dienstlich zu tun gehabt.

Er schritt sofort ein! Scheuchte die Schatten weg und redete dem Festgenommenen zu, doch keine Geschichten zu machen, – bis der Kriminalbeamte mit dem Wagen kam.

Eine Woche danach ging R. R. mit einem Rasiermesser auf einen Wachebeamten los und konnte nur mit Mühe gebändigt werden …

Einige Jahre später wurde er im Zuge einer Unterweltsfehde erschossen.

FREUNDSCHAFT KENNT KEINE BARRIEREN

So wie der unglückliche R. R. bewahrten mir noch andere „Galeristen" eine erstaunliche Anhänglichkeit. Besuchten mich immer wieder oder schickten mir über dritte Personen Grüße. Dazu eine bezeichnende Geschichte, die sich kurz nach meiner Übersiedlung in die Generaldirektion im Jahre 1991 ereignete:

Mein Büro mit Blick auf den Ballhausplatz war natürlich entsprechend gesichert. Es gab einen Sperrkreis mit Kamera und allen Schikanen. Und bevor man zu dem Sperrkreis vordrang, musste man erst den Portier „überwinden", was nicht leicht gelang. Ich erinnere mich an einen Staatssekretär, der mir wütende Vorwürfe machte, weil der Portier ihn nicht sofort erkannt und erst nach Rücksprache mit mir durchgelassen hatte.

Eines Tages nun fand ich, als ich von einer Besprechung ins Büro zurückkehrte, zu meinem Erstaunen im Warteraum einen Mann vor, den ich aus meiner Mariahilfer Zeit kannte. Einen alten „Galeristen", der seine Tätowierungen stolz wie Kriegsauszeichnungen trug. Er war in Begleitung einer kräftig kolorierten Dame und hatte allem Anschein nach Portier und Sperrkreis problemlos überwunden. Er erklärte mir strahlend, er habe in Norddeutschland, wo er mit seiner Begleitung ein Bordell betreibe, durch Zufall von meiner Beförderung zum Generaldirektor erfahren und es sich nicht nehmen lassen, mich bei seinem nächsten Wienaufenthalt zu besuchen. Um mir zu gratulieren und mit mir über alte Zeiten zu plaudern. Sollte ich jemals nach P. kommen, würde er sich sehr freuen, mich in seinem Bordell zu begrüßen …

Ich war einigermaßen schockiert darüber, wie leicht es dem Pärchen, das im Aussehen deutlich von den üblichen Besuchern in der Generaldirektion abstach, gelungen war, die Sicherheitseinrichtungen zu überwinden. Auf meine Frage, wie er es angestellt habe, so ohneweiters in mein Büro vorzudringen, antwortete er unbekümmert, er habe gesagt, er sei mein „Freund" …

DER ALTE NASCHMARKT

Der alte Wiener Naschmarkt hatte nicht nur ein ganz besonderes Flair, sondern war mit seinen vielen Lokalen auch eine Informationsquelle ersten Ranges. In den frühen Morgenstunden mischten sich in den Cafés und Gasthäusern nachtschwärmende Unterweltler mit Marktleuten, die das Tagwerk begannen. Immer wieder kam es zu Streit und Gewalttätigkeiten. Das berüchtigte Café Polaschek nahe dem Theater an der Wien hatte einen Jahresschnitt von zwei bis drei Todesopfern dieser Streitigkeiten. Und in den Zeugenlisten, die mühsam genug erstellt wurden, fand sich die Hierarchie der Wiener Unterwelt. Sie war damals noch fest in österreichischer Hand.

Es gab mehrere Gruppierungen, die von Prostitution, Glücksspiel, Spielautomaten und diversen anderen „Geschäftszweigen" lebten. Der ertragreiche Gürtelstrich beispielsweise wurde von der so genannten „Gürtelpartie" beherrscht.

Häufig forderten damals Unterweltsfehden Todesopfer und Schwerverletzte. – Hartnäckigen Gerüchten zufolge sollen in dieser Zeit anstelle der prominenten Täter mitunter auch „Stellvertreter", die dafür gut bezahlt wurden, dem Gericht als „Mörder" respektive „Notwehrüberschreiter" präsentiert worden sein, was den „Chefs" letztlich viel „Schmalz" erspart habe …

Wie gesagt Gerüchte, die in den Beisln kursierten und nie eine offizielle Bestätigung fanden.

ERKLÄRUNGEN ZUR UNTERWELT

Ich erinnere mich an einen ruhigen Sonntagnachmittag in dieser Zeit. Im Zentraljournal saß mir ein junger, schnauzbärtiger Kollege gegenüber, dem ich die „Welt" erklärte – die „Unterwelt". Er hörte mir mit großen Augen zu. – Jahre später wurde dieser interessierte Zuhörer Chef des Wiener Sicherheitsbüros und blieb dies auch bis zum beklagten Ende dieser traditionsreichen Institution.

Soviel ich beurteilen kann, hat der Kollege sehr wohl Lehren aus meinem Vortrag gezogen …

DER ALTE NASCHMARKT STIRBT

Die Absiedelung des Groß- und Bauernmarktes nach Liesing veränderte nachhaltig das Gesicht des Naschmarktes und seiner Umgebung. Insbesondere die Lokalszene. Einige Beisln sperrten zu, andere mutierten zu Restaurants oder seriösen Gasthäusern.

Die Verlegung des Flohmarktes auf das Areal oberhalb der Station Kettenbrückengasse an Samstagen konnte keinen Ausgleich für die verlorene Atmosphäre schaffen und brachte der Polizei nur zusätzliche Arbeit durch das verstärkte Auftreten von Taschendieben und diversen kleinen Gaunern.

DIE MADONNA MIT DER DUNKLEN STIMME

Durch den Flohmarkt lernte ich den damaligen Leiter des Marktamtes kennen, der mir eine nette Geschichte erzählte: Links vom Eingang in das Marktgebäude befindet sich in einer Nische hinter einem schmiedeeisernen Gitter eine Madonnenstatue, die früher auf der an derselben Stelle über den damals noch nicht überdachten Wienfluss führenden Brücke aufgestellt gewesen sein soll. Unterhalb der Statue ist – wie bei einem Opferstock – ein Schlitz angebracht, durch den Münzen eingeworfen werden können. Sie fallen in ein Eisenkästchen im Zimmer des Marktamtsleiters. Der humorvolle Mann erzählte mir nun, dass er jedes Mal, wenn eine Münze in das Kästchen falle, laut „Danke“ rufe, was ein erschrockenes Zurückweichen der Spender zur Folge habe.

Viele Menschen fühlten sich daraufhin veranlasst, noch eine Münze einzuwerfen, um sich zu vergewissern, dass sie nicht Opfer einer akustischen Täuschung geworden seien …

DROGEN AM HORIZONT

In den Sechzigerjahren gab es die ersten schüchternen Anzeichen eines entstehenden Drogenproblems. Langmähnige, junge Männer und Frauen versammelten sich im „G2“, einem nach der berühmten Straßenbahnlinie benannten Lokal am Getreidemarkt, das es im Gegensatz zur Drogenproblematik längst nicht mehr gibt, oder in einer heute noch bestehenden „Hütte“ in der

Neubaugasse, um ihrem neuen Hobby zu frönen, das schick war und höchst modern.

Die Polizei unterschätzte diese Entwicklung anfangs. Gegenmaßnahmen wurden lax und unwillig ergriffen. Niemand wollte sich so recht mit Menschen abgeben, die in ihrem Aussehen und Verhalten anders waren als die Ganoven, mit denen man es in der Regel zu tun hatte. Auch die „Galerie“ schloss sich zunächst dieser Meinung an, bis sie nach einigen Jahren erkannte, wieviel Geld sich mit dem Drogenhandel machen ließ.

Als die ersten Beschwerden aus der Bevölkerung kamen, weil im Esterhazypark Langmähnige dealten, wurden Streifen angeordnet, die missmutig durchgeführt wurden.

Ich erinnere mich da an eine Geschichte, welche für Heiterkeit im Kommissariat sorgte.

DER FALSCHE HOSENBODEN

Ein Kriminalbeamter stellte auf einer solchen Streife mehrere Langmähnige im Park. Sie ergriffen sofort die Flucht. Der Beamte verspürte keine Lust, den „Haschboys“ nachzulaufen, und ersuchte einen zufällig des Wegs kommenden Mann, den Burschen seinen Hund nachzuschicken. Der ließ das Tier von der Leine, zeigte auf die Davonlaufenden und gab dem Hund den Befehl „Fass!“. Der hatte aber ebensowenig Lust, sich körperlich zu betätigen, wie der Kriminalbeamte. Er bellte einmal kurz auf, sprang den Beamten an und biss ihn vergnügt in den Hintern …

MÜNDIGE BÜRGER

Es änderte sich in diesen Jahren aber nicht nur das kriminelle Umfeld. Die Bürger wurden selbstbewusster gegenüber dem „Amtskappel“ und – vor allem im Verwaltungsstrafverfahren –

kratzbürstiger. Ich erinnere mich an einen „Kunden“, der mir im Zuge eines Verfahrens ankündigte, er werde alle Rechtsmittel ausschöpfen, und erbost schloss:

„Und wenn ich in Österreich mein Recht nicht finden kann, dann geh' ich nach Straßhof!“

Ich konnte mir nicht verkneifen zu antworten: „Sie meinen wohl Straßburg an der Nordbahn?“

BERUFUNGSBEHÖRDE

Vorbei waren auch die Zeiten, in denen folgendes Spiel gespielt werden konnte, das dem Vernehmen nach in einem arbeitsintensiven Kommissariat gelegentlich betrieben worden sein soll.

Schauplatz Journalzimmer: Ein Ordnungsstörer hat eben sieben Tage Arrest ausgefasst. Er weigert sich, die Strafe anzunehmen, was an sich schon einer Majestätsverletzung nahekommt.

Der Polizeijurist erhebt sich feierlich und spricht: „Wenn Sie gegen die Strafe berufen wollen, dann werde ich den Akt unverzüglich der Berufungsbehörde vorlegen!“

Der Delinquent wird hinaus- und in ein anderes Zimmer geführt. Dort sitzt ein dicker Mann in einer goldbetressten Uniform. Die Berufungsbehörde! Der Delinquent sinkt in sich zusammen. Die Berufungsbehörde blickt ihn über runde Brillengläser streng an und spricht:

„Ich habe Ihren Akt gründlich studiert (wann?), der Fall ist klar (der dicke Mann erhebt sich feierlich), vernehmen Sie den Wahrspruch: Die Berufung wird verworfen!“

Der Delinquent resigniert, und die Kieberer haben einige Tage Zeit, gegen den Unterstandslosen zu ermitteln, der im Verdacht steht, mehrere Einbrüche begangen zu haben.

EIN POLIZEIORIGINAL

Der beleibte Kollege, der ab und zu Berufungsbehörde spielte, war übrigens ein sehr pflichtbewusster Beamter, dem nur eine chronische Abneigung gegen Rechtsmittel jeder Art zu eigen war. Aus diesem Grund pflegte er auch Strafverfügungen mit der Hand zu schreiben und zwar in Kurrent, weil er die fixe Vorstellung hatte, weniger Einsprüche zu erhalten, wenn die Empfänger nicht oder nur unter Schwierigkeiten in der Lage seien, den Text zu entziffern.

Als ich eines Tages mit dem Auto in meiner Werkstatt erschien, zog mich der Chef beiseite und zeigte mir einigermaßen verwirrt eine Strafverfügung, die einem seiner Mechaniker zugestellt worden war und deren handschriftlichen Text niemand in der Firma entziffern konnte.

Ich erkannte sofort den Verfasser und schrieb für den Mechaniker einen geharnischten Einspruch. – In Kurrentschrift!

Derselbe Kollege entwickelte mit zunehmendem Alter schrullige Einfälle. Weil seine Frau sich immer wieder beklagte, dass er am Monatsersten so wenig Geld nach Hause bringe, ließ er sich einmal das Gehalt in Einschillingmünzen auszahlen, schleppte den Haufen in einem Leinensack in seine Wohnung und leerte der Frau den Inhalt mit den Worten „Damit dir endlich einmal vor Augen geführt wird, wieviel Geld ich eigentlich jeden Ersten nach Hause bringe“ vor die Füße …

(GELD-)SEGEN PERSONALVERTRETUNG

Aber auch die Beamten wurden „kratzbürstiger“ und schufen eine Personalvertretung, die der Dienstbehörde und den Chefs ein wenig auf die Finger schauen sollte. Eine lobenswerte Einrichtung, die im Lauf der Zeit viel bewirkte, in manchen Bereichen sogar entschieden zuviel.

Die in der Regel von politischen Parteien gestellten Personalvertreter trachteten natürlich, einander im Durchsetzungsvermögen zu übertreffen, um bei den Wahlen gut abzuschneiden – und auch ihre Pfründe zu verteidigen. Die Repräsentanten der Regierungsparteien – insbesondere der SPÖ, die ja zumeist den Innenminister stellte – waren da natürlich im Vorteil. Resultat: eine Inflation von „Wohltaten“ – vor allem vor den Wahlen – was Beförderungen, Bewertungen, Zulagen und so fort anbelangte. Die Strategie der kleinen Schritte oder „Salamitaktik“ der Personalvertreter – durch Jahre und Jahrzehnte betrieben – war so erfolgreich, dass man bald davon sprach, eines Tages würden nur mehr „Generäle“ im Rayon unterwegs sein …

Es liegt mir fern, die Bedeutung der Institution „Personalvertretung“ schmälern zu wollen, weiß ich doch nur zu genau, wie sehr sie – vor allem in den Anfangsjahren – dazu beigetragen hat, die Position der öffentlich Bediensteten zu verbessern. Allerdings ist es auch ein Faktum, dass die Forderungen der Personalvertretungen im Lauf der Zeit immer überzogener ausfielen, je mehr sie schon erreicht hatten.

Mussten sie doch den Wählern zwangsläufig stets neue Forderungen und Errungenschaften vorweisen, obwohl die wesentlichsten der realisierbaren Anliegen bereits erfüllt waren. Die Folgen dieser Lizitationspolitik? Der Würgestrick des Postenbewertungssystems, ein Nebengebührendschungel, niveaufeindliche Durchlässigkeiten in der Hierarchie und – besonders gravierend im Exekutivbereich – die Abhängigkeit des Lebensstandards von der ausreichenden Möglichkeit, „Überstunden zu schneiden“. Daher familienfeindliche finanzielle Auswirkungen bei Überstundenkürzungen, aber auch Dienstpostenabwertungen in Sparzeiten. Und als logische Konsequenz: Frust, Demotivation und innere Abkehr der Exekutivbeamten von den beruflichen Herausforderungen.

Bezeichnend ist dazu der Ausspruch eines alten, rotnasigen Polizisten: „Zuerst haben s’ uns den ‘Spiritus’ weggenommen und jetzt nehmen s’ uns auch noch den ‘Spirit’!“

REFORMEN HABEN VIELE VÄTER

Wenn in diesen Tagen immer wieder darauf hingewiesen wird, dass derzeit die einschneidendste Polizeireform der Zweiten Republik stattfindet, dann hat diese Behauptung in Hinblick auf die Verschmelzung von Polizei und Gendarmerie durchaus ihre Berechtigung. Die damit in der Regel verbundene Anspielung auf unterlassene Reformen in der Vergangenheit kratzt die Wahrheit allerdings nur am Rande und entspringt der nicht unerheblichen Unkenntnis der historischen Abläufe in der Sicherheitsexekutive und einem weitgehenden Desinteresse an der Entwicklungsgeschichte der Polizei – von einem Quantum an politischer Profilierungssucht ganz abgesehen. Wer die letzten fünfzig Jahre im Innenressort vor Augen hat, weiß, dass jeder Zeitabschnitt seine Reformen hatte, die in ihrer Weise bedeutend waren und die Entwicklung der Exekutivkörper vorantrieben – ob im positiven oder negativen Sinn.

Die einschneidendste Änderung der letzten Jahrzehnte im Bereich der Kriminalpolizei war ohne Zweifel die Regelung der Dienstzeit. Sie hatte enorme Auswirkungen auf die Mentalität der Kriminalbeamten, in deren Augen nun plötzlich das S-Zeichen erschien und in deren Ohren die Taxameter zu rasseln begannen. Bisher waren sie immer (und nie) im Dienst gewesen, hatten sie – von den Hauptdiensten abgesehen – ihrer Tätigkeit nur nachzugehen, wenn sie benötigt wurden. Von bezahlten Überstunden war in dieser Zeit natürlich keine Rede gewesen. Nun aber warfen sie sich dem Materialismus in die Arme, der bekanntlich die Moral verdirbt. Daher: kein Schritt außerhalb der Dienstzeit ohne Taxameter, ganz egal, wie sich das auf den Erfolg auswirkte …

Die Regelung der Dienstzeit war nicht aufzuhalten gewesen und die Reaktion der Beamten menschlich verständlich. Allerdings veränderte diese Maßnahme die Kriminalbeamten und die Bekämpfung der Kriminalität in größerem Ausmaß als alle Reformschritte zuvor und in der Folge.

Die Verschmelzung von Polizei und Gendarmerie wurde durch eine Reihe von Ministern in einem langwierigen Prozess betrieben. Franz Löschnak sagte beispielsweise zu diesem Thema sinngemäß: „Eine Zusammenlegung beider Exekutivkörper wird dann möglich sein, wenn man sie behutsam aneinander annähert, bis sie zuletzt nur mehr die Uniform unterscheidet …" Und er setzte bemerkenswerte Schritte in Richtung Annäherung in den Bereichen Ausrüstung und Ausbildung, die durch Karl Schlögl weitergeführt wurden und schließlich durch Ernst Strasser in ein Endstadium gebracht wurden, sodass – wie vorausgesagt – die Zusammenlegung letztlich das Produkt eines langen Prozesses sein wird und viele Väter hat.

Und was ergibt sich daraus? Jede Reform ist das Produkt ihrer Zeit und der Endpunkt einer Entwicklung. Ich pflege den ungeduldigen Kritikern, die immer wieder fragen, warum man die eine oder andere Reform nicht schon längst durchgeführt hat, zu antworten:

„Weil die Zeit eben noch nicht reif war und die Umstände nicht gepasst haben. Oder kann man – um ein Beispiel zu nennen – den Brüdern Wright vorwerfen, dass sie nicht gleich ein Düsenflugzeug gebaut haben?"

KRIMINALITÄT ORGANISIERT SICH

Bereits in den Siebzigerjahren gab es vereinzelt Anzeichen für eine Professionalisierung der Kriminalität. So erinnere ich mich an eine Serie von Einbrüchen in Pelzgeschäfte. Die Täter waren – soweit sie ausgeforscht werden konnten – Österreicher, die Diebsbeute aber verschwand auf Nimmerwiedersehen nach Italien. Dort saßen die Auftraggeber und wahrscheinlich auch die Organisatoren.

Ich erinnere mich an einen Einbruch in ein Pelzgeschäft in der oberen Gumpendorfer Straße. Eines Nachts fuhr ein PKW vor, der mit zwei Männern besetzt war. Einer blieb im Auto, der andere stieg aus, schlug die Scheibe der Eingangstüre ein und schlüpfte durch die Öffnung ins Geschäft. Als nach einiger Zeit der Lenker ungeduldig hupte, verließ der Einbrecher mit seiner Beute eilig das Geschäft und der Wagen fuhr in Richtung Stadt davon.

Zwei Dinge erleichterten uns die Arbeit. Zum einen, dass es einen Zeugen gab, der, durch das Klirren des Glases aufmerksam geworden, aus dem Fenster seiner im ersten Stock des Hauses gegenüber liegenden Wohnung geblickt und das Geschehen kurz verfolgt hatte, bevor er die Polizei verständigte. Dieser Zeuge, übrigens der Nachfahre eines berühmten österreichischen Malers, hatte das Gesicht des Lenkers im Schein der Straßenbeleuchtung gut wahrnehmen können, als dieser die Fenster der umliegenden Häuser beobachtete. Und der Zeuge war – was sehr selten ist – mit einem fotografischen Gedächtnis ausgestattet. Er fand bei einer Nachschau in der Lichtbildersammlung des Erkennungsamtes den Lenker ohne Zögern heraus!

Zweitens erhielten wir noch am Tag des Einbruches aus einem Schwulenlokal im ersten Bezirk einen Hinweis auf genau jenen Mann, den der Zeuge auf dem Lichtbild erkannt hatte. Wir konnten den Verdächtigen festnehmen. Er leugnete beharrlich und wurde in das landesgerichtliche Gefangenenhaus eingeliefert.

Vierzehn Tage später erhielt ich einen Anruf aus dem Grauen Haus. Der Häftling wolle mit mir sprechen.

Dieses Gespräch fand im „Halbgesperre“ des Gerichtes statt. Und der Mann „legte voll nieder“. Er sei telefonisch angeheuert und auf dieselbe Weise in der Tatnacht zu einem Treffpunkt dirigiert worden. Dort habe der zweite Mann in einem gestohlenen Wagen auf ihn gewartet. Er habe diese Person nie zuvor gesehen, auch nicht mehr nach dem Einbruch. Er wisse nicht, wer dieser Mann sei, wie er heiße etc. … Er gab eine Beschreibung des Einbrechers ab und als weiteren Hinweis, dass es sich mit Sicherheit um einen Österreicher gehandelt habe.

Ich glaubte die Geschichte. Es war ein Akt der „Abschottung", zwei Männer zusammenzuspannen, die einander nicht kannten. Eine Sicherheitsmaßnahme, welche ein Merkmal der organisierten Kriminalität ist.

Wir fanden das Auto, in ihm aber keine der damals verwertbaren Spuren. Zwar sicherten wir Blutstropfen vor dem Beifahrersitz, mit denen man zu dieser Zeit allerdings nicht viel anfangen konnte. Der „Fahrer" berichtete uns, sein Komplize hätte sich beim Herausklettern aus dem Geschäft an einem vorstehenden Glaszacken eine stark blutende Schnittwunde am rechten Schienbein zugezogen. …

Einbrecher und Beute blieben zunächst verschollen.

Zwei Monate später bekamen wir einen Hinweis auf einen Italiener, der angeblich immer wieder in Wien auftauchte und mit den Einbrüchen in Pelzgeschäfte in Zusammenhang stehen sollte.

Es gelang uns, ihn zu identifizieren, wir kamen sogar zu einem Lichtbild von ihm, „aufstellen" konnten wir ihn aber nie. Von den italienischen Kollegen erfuhren wir, dass er auch in seiner Heimat gesucht werde.

Weitere zwei Monate später zwitscherte uns ein Vöglein den Spitznamen des „Eintipplers" zu. In den folgenden Wochen rannten wir uns die Seele aus dem Leib, um den Kerl auszuforschen und festzunehmen.

Nach acht Wochen klickten dann endlich die Handschellen.

Der Verdächtige leugnete hartnäckig, wies zu seinem Nachteil aber eine schlecht verheilte Schnittwunde am rechten Schienbein auf, die offensichtlich von dem Glaszacken in der Eingangstüre des Pelzgeschäftes herrührte. – So folgte er seinem Komplizen ins Landesgericht nach und wurde später auch verurteilt.

Beute und Drahtzieher des Einbruchs blieben unauffindbar.

FRÜHE ERKENNTNIS

Diese Amtshandlung brachte mir zwei Erkenntnisse, die sich in den Neunzigerjahren, als die OK-Welle über uns hereinbrach, voll bestätigen sollten:

Fälle international organisierter Kriminalität lassen sich in der Regel nicht vollständig aufklären. Die Hintermänner sitzen zumeist irgendwo – gut abgeschottet – im Ausland. Ebenso ist die Beute längst über die Grenze gebracht oder verwertet, wenn die Ermittlungen erste greifbare Ergebnisse bringen.

Erkenntnis zwei: Ermittlungen, die sich über Monate hinziehen, verlangen einen eigenen Typ von Kriminalbeamten. Geduldige, beharrliche Menschen, die warten können und ihr Ziel nicht aus den Augen verlieren.

Der an der herkömmlichen Kriminalität geschulte Beamte will aber schnelle Erfolge – oder Misserfolge, sonst verliert er rasch das Interesse. – So dauerte es gegen Ende des vorigen Jahrhunderts Jahre, bis OK-bekämpfungstaugliche Kriminalbeamte herausgefiltert und zum Einsatz gebracht waren.

„MOTTEN" IM NERZ

Das Sicherheitsbüro beobachtete die Aktivitäten des Kommissariates Mariahilf mit wachsendem Missbehagen. Dies zeigte sich besonders, als bei einem Einbruch ein sehr kostbarer weißer Nerzmantel gestohlen wurde. Im SB kam sofort Begehrlichkeit auf. Man hatte gute Kontakte zur Versicherungswirtschaft und erhoffte sich bei Zustandebringen des Mantels natürlich eine entsprechende „Bremse". So kam bald der Anruf des SB-Referenten, der Akt sei unverzüglich durch Boten zu übersenden. Nur war der aber leider nicht „auffindbar" und ich dienstlich außer Haus. Sorry! – In Wahrheit hatten wir den Täter schon in Haft, wussten jedoch noch nicht, wo sich der Mantel befand. Chancen, den Akt zu behalten, hatten wir aber nur, wenn es uns gelang, das kostbare Stück sicherzustellen, bevor wir dem Druck des Sicherheitsbüros nachgeben mussten.

Es gab ziemlichen Stunk. Der Chef des Sicherheitsbüros stauchte den Stadthauptmann kollegial zusammen. Der wieder hatte mich am Kragen.

In letzter Minute konnten wir den Mantel dann doch sicherstellen. Ich rief den Referenten im SB an und berichtete ihm von der Klärung des Falles – insbesondere von der Sicherstellung des Pelzes. Seine Reaktion fiel entsprechend kühl aus.

ATMOSPHÄRISCHE STÖRUNGEN

Im Allgemeinen war das Verhältnis zwischen den Kommissariaten und dem Sicherheitsbüro in dieser Zeit nicht besonders gut. Die Kommissariatsbeamten fühlten sich von oben herab behandelt – sozusagen als Kieberer zweiter Klasse. Die folgende Geschichte soll zeigen, welche Vorbehalte gegenüber dem SB bestanden:

Eines Tages erreichte mich der Anruf des Filialleiters einer Bank aus dem Bezirk, der mir aufgeregt mitteilte, am Vortag habe ein Mann, der sich als Kriminalbeamter vorgestellt habe, telefonisch nachgefragt, welche Firmen an Freitagen zu welcher Zeit ihre Gelder zur Bank bringen ließen. Er habe keine Auskunft gegeben, sondern vorgeschlagen, der vermeintliche Kriminalbeamte sollte persönlich vorbeikommen. Da der Mann heute nicht erschienen sei, seien ihm Zweifel gekommen, ob ihn nicht vielleicht ein Krimineller habe aushorchen wollen.

In der Abteilung wusste niemand etwas über ein derartiges Gespräch, auch nicht im Sicherheitsbüro. Man verlangte die Anlegung eines Aktenvermerkes von mir und die sofortige Übersendung an den Journaldienst. Das SB sah in dem Anruf eine Vorbereitungshandlung für Überfälle auf Geldboten …

Am folgenden Morgen klärte sich beim Rapport in unserer Kriminalbeamtenabteilung alles auf. Ein Beamter, der am Vortag nicht im Büro gewesen war, gab zu, aus dienstlichem Interesse den Anruf getätigt zu haben. Worauf alle Maßnahmen rückgängig zu machen waren.

Sagte einer der anwesenden Kriminalbeamten: „Die werden ka Freud' hab'n im SB!"

„Wieso?"

„Die haben ja den Täter schon in Haft."

Ein zweiter Beamter ergänzend: „Und gestanden hat er auch schon …!"

SKURRILE TYPEN

In den alten Zeiten gab es eine Menge skurriler Typen in den Reihen der Polizei. Sie stachen aus dem Einheitsbrei hervor und machten ihn erträglich.

Ich erinnere mich da beispielsweise an den Stadthauptmann eines südlichen Großbezirkes, der sagenhaft geizig war. Er lebte nach dem Tod seiner Mutter allein und betonte immer wieder, sich eine Frau nicht „leisten" zu können. Alle zehn Jahre kaufte er sich einen neuen VW-Käfer. Allerdings verwendete er aus Einsparungsgründen – solange das möglich war – die Räder des alten Wagens.

Das heißt: Er kaufte einen neuen Käfer – ohne Räder!

Wenn die Armada der auszuliefernden Neuwagen chromblitzend auf dem Gelände des Autohändlers aufgestellt war, stach der Käfer links außen besonders hervor: Er war aufgebockt …

In Mariahilf versah eine Zeit lang ein junger Offizier der Sicherheitswache Dienst, dessen einzige große Leidenschaft die Nahrungsaufnahme war. Er konnte unglaubliche Mengen vertilgen.

Jeden Montag machte sich der Stadthauptmann beim Rapport den Spaß, den Kollegen nach dem Wochenplan der Kantine in der Marokkanerkaserne zu fragen, wobei ihm der Schalk aus den Augen sprang. Der Rittmeister nahm die Frage jedes Mal sehr ernst und betete die Menüs der fünf Arbeitstage zum Gaudium aller Anwesenden ohne zu stocken herunter, wobei er die kulinarischen Höhepunkte durch weit ausholende Handbewegungen unterstrich.

Bei Empfängen im Bezirk war zumeist ein Beamter damit betraut, die vom Rittmeister vertilgten Nahrungsmengen zu notieren und später der staunenden Belegschaft des Kommissariates zu berichten. So ist mir in Erinnerung geblieben, dass der esslustige Offizier bei einem feierlichen Anlass im Theater an der Wien unter anderem 27 Sandwiches verschlungen haben soll …

Da ist es nicht weiter verwunderlich, dass der stets freundliche und liebenswürdige Kollege noch in relativ jungen Jahren seine Leidenschaft mit dem Leben bezahlte.

Ein Problem des Polizeikorps in dieser Zeit war die Neigung zum Alkohol. Ich sprach immer vom Geheimbund des „Gluck-Gluck-Klan“.

Im Lauf der Jahre und Jahrzehnte ist es mühsam gelungen, der Wiener Polizei – wie schon zitiert – den „Spiritus“ zu nehmen. In den „Urzeiten“ nach dem Zweiten Weltkrieg aber gehörte der „Doppler“ zur Ausrüstung des Polizisten – wie Dienstwaffe und „Gummiwurst“.

SCHWANKENDE LIEBE

Im Zentraljournal hatte ich einmal einen Gruppenführer, der oft schon illuminiert oder mit deutlichem Restalkohol – je nach Dienstantritt – in der Roßauer Kaserne erschien. Weil er ein lieber, gutartiger Mensch war, schleppten wir ihn sozusagen dienstlich mit und versuchten nur, ihn von der Öffentlichkeit fernzuhalten. Da er auch im ZJ seinem Doppler zusprach, besserte sich sein Zustand in der Regel im Nachtdienst nicht.

Eines Nachmittags am Wochenende erklärte der gute Mann aus heiterem Himmel, er wolle seine Frau besuchen, die sich zu dieser Zeit im Lainzer Spital befand. Und machte sich bereit, in Uniform auszufahren. Wir waren entsetzt und bemühten uns, ihn dazu zu bewegen, den Krankenbesuch wenigstens in Zivil zu machen, wenn er sich schon nicht davon abhalten lassen wolle, den Journaldienst zu verlassen.

Uneinsichtig, wie Alkoholisierte nun einmal sind, bestand er auf seinem Vorhaben. So beschloss ich, ihn zu begleiten. Ich führte den Schwankenden zu meinem Privatauto und chauffierte ihn nach Lainz. Dort packte ich ihn fest am Ärmel und zwang ihn so zu einem geradlinigen Gang.

Wir müssen ein seltsames Bild abgegeben haben. Zwei Konzeptsbeamte in Uniform, die Bein an Bein, Schulter an Schulter wie siamesische Zwillinge wortlos durchs Gelände schritten.

Die arme Ehegattin, welche die meiste Zeit völlig geistesabwesend vor sich hin dämmerte, war beim überraschenden Anblick ihres Mannes plötzlich hellwach, fixierte die schwankende Gestalt mit scharfem Blick und sagte in meine Richtung: „Dieser Mann denkt offensichtlich nur im Rausch daran, seine kranke Frau zu besuchen!“

MIT DER POLIZEI PER DU

In den Fünfzigerjahren war das vertrauliche Du im Polizeikorps noch nicht die Regel. Es wurde eigentlich nur unter Gleichrangigen gebraucht, was der Hierarchie gut tat. So duzten sich die jungen Konzeptsbeamten, einen Vorgesetzten sprach man achtungsvoll per Sie an. Auf diese Weise blieb die notwendige Distanz gewahrt. Eine Distanz, die es heute zum Nachteil des Korps nicht mehr gibt.

Als ich zum Chef der Sicherheitsverwaltung aufrückte, blieb ich natürlich mit allen per Du, mit denen ich im Polizeibereich unter dieser Anrede verkehrt hatte. Und ich begrüßte auch alle jene auf diese Weise, die ich schon bei der Polizei mit dem Du-Wort angesprochen hatte und die vor mir ins Ministerium gekommen waren, ganz egal, in welchem Verhältnis sie nun zu mir standen. Ich machte nur eine Ausnahme. Einem alten Polizeikollegen, der einige Jahre zuvor ins Ministerium gegangen war und es dort mittlerweile zum Abteilungsleiter gebracht hatte, war dieser Umstand offensichtlich zu Kopf gestiegen. Anläßlich eines Ministerbesuches im Kommissariat des zweiten Bezirkes, dessen Chef ich damals war, sprach er mich als Begleiter des Ministers plötzlich distanziert per Sie an, was mich verwunderte, denn an sich war er ein netter Kerl. Ich dachte mir damals meinen Teil und speicherte diese überraschende Erfahrung im Hinterkopf.

Wie das Leben so spielt, wurde ich zwei Jahre später sein oberster Chef und behielt nun natürlich das von ihm eingeführte Sie im Umgang mit ihm bei. Sehr zu seinem Leidwesen. Ich merkte, wie es ihn magerlte, dass ich mit anderen per Du war und mit ihm, dem alten Haberer, distanziert verkehrte. Und ich hielt dieses eher kindische Spiel bis zu seiner Pensionierung durch.

DIE LÖSUNG ANDERER ART

Ich hatte einen Kollegen mit einem übersteigerten Distanzgefühl. Im Parteienverkehr genügte ihm das Sie nicht. Um den unsichtbaren Graben zwischen ihm und den Bürgern noch breiter und tiefer zu machen, sprach er sie in der dritten Person an. „Was wünscht er, was ist sein Begehr? – Wie kommt er dazu, das zu behaupten?" Dabei wurde die Distanz durch ein dickes Brillenglas verstärkt, durch das er bohrend wie durch ein Brennglas schaute. Die meisten Bürger verließen ihn verwirrt und eingeschüchtert.

Eine Freundschaft zwischen zwei Konzeptsbeamten endete, als der eine der Chef des anderen wurde und erklärte, das vertrauliche Du müsse bei der neuen Konstellation einem distanzierten Sie weichen. Eine eher kuriose Geschichte. Worauf der auf Distanz gebrachte Kollege freiwillig den frisch ausgehobenen Graben noch vertiefte, indem er von diesem Zeitpunkt an den Chef auch nur mehr in der dritten Person ansprach. „Er hat mich rufen lassen, was wünscht er von mir?“

Ich war mein Leben lang sehr zurückhaltend mit dem Du-Wort und hatte daher auch nie Distanzprobleme. Wie wichtig die Distanz in einer straffen Hierarchie ist, werde ich später noch ausführen, wenn ich die Wiener Sicherheitswache im Wandel der Jahrzehnte darstelle. Denn auch in den Veränderungen, die dieses Korps erlebte, spielte meiner Meinung nach das Distanzproblem eine gewisse Rolle.

DER SÄBELRASSLER

In Mariahilf machte ich einige Zeit mit einem Abteilungskommandanten Dienst, der sich bärbeißig und schroff gab, obwohl er im Grunde seines Herzens ein umgänglicher, freundlicher Mensch war. So fegte er säbelrasselnd durchs Haus und den Bezirk, und sein Denkapparat keuchte mühselig hinterher. Seine „Schnellschüsse“ waren ebenso berühmt wie sein Katzenjammer danach. Wenn er eine Idee hatte, wurde sie zunächst einmal umgesetzt und erst später über ihre Sinnhaftigkeit nachgedacht. Das brachte ihn in viele unangenehme Situationen.

Einmal kontrollierte er beispielsweise das damals noch bestehende Wachzimmer Fügergasse. Dabei wurde ihm als Beschwerde vorgetragen, dass die Bedienerin sehr schlampig arbeite. Darauf holte sich der Herr Oberstleutnant flugs einen Sessel und besichtigte die Oberseite eines Kleiderkastens. Entsetzt konstatierte er eine dicke Staubschicht und schrieb im ersten Zorn mit dem Finger das Wort „Sau“ in den grauen Belag. Dann versprach er, die Beschwerde an den Stadthauptmann weiterzuleiten, und rasselte von dannen.

Am nächsten Morgen wurde die Geschichte – wie nicht anders zu erwarten – durch einen Beamten des Wachzimmers der Bedienerin brühwarm hinterbracht, welche sofort die Personalvertretung einschaltete. Eine Kommission besichtigte umgehend die „Sau“ auf dem Kasten und zeigte sich empört – über das geschriebene Wort natürlich und nicht über den Staub …

Das Ende vom Lied: Der Säbelrassler wurde im Generalinspektorat darüber belehrt, dass sein Verhalten nicht dem eines korrekten Polizeioffiziers und Abteilungskommandanten entsprochen habe. Für die nachlässige Bedienerin fand man nur Worte des Bedauerns.

Kurze Zeit später zeigte sich, dass der Herr Abteilungskommandant nicht bereit war, seine „Schnellschüsse“ einzubremsen. Bei einem Kontrollgang durch den Bezirk kam er an einem Wachzimmer vorbei, bei dem das ebenerdige Fenster zum Kanzleiraum offen stand. Durch einen Blick ins Innere überzeugte er sich, dass der Raum unbesetzt und die Türe zum Nebenzimmer geschlossen war. In der ersten Aufwallung stieg der Herr Oberstleutnant in voller Montur durch das offene Fenster in den Kanzleiraum ein, nahm zwei Akten und eine Schreibmaschine an sich und entfernte sich wieder durch das Fenster. Dann kehrte er aufs Kommissariat zurück und wartete auf eine Reaktion.

Diese erfolgte auch bald darauf – aber anders, als er sich vorgestellt hatte. Das Vorgehen des Offiziers war natürlich beobachtet worden. Und zwar durch eine Prostituierte, die gerade aus dem gegenüberliegenden Hotel kam. Die der Wachzimmerbesatzung wohlbekannte Dame machte die nachlässigen Herren auf den Vorfall aufmerksam, worauf diese eine eilige Diebstahlsmeldung erstatteten, in der ein unbekannter, genau beschriebener Mann in Offiziersuniform als Täter bezeichnet wurde. Wobei der Meldungsleger von der Tatsache ausging, dass der Dieb die Uniform als Tarnung benutzt habe, denn – so die Schlussfolgerung – ein echter Polizeioffizier hätte eine solche Vorgangsweise nie an den Tag gelegt.

Und wieder erhielt der Herr Abteilungskommandant eine Belehrung, und wieder fiel eine Nachlässigkeit unter den Tisch, weil in der Aufregung um das Verhalten des Oberstleutnants die Gedankenlosigkeit und der Leichtsinn der Wachzimmerbesatzung in den Hintergrund traten.

Wozu noch kam, dass die Reaktion, eine Diebstahlsmeldung zu legen, deutlich überzogen und nichts anderes als eine Retourkutsche gewesen war. Denn niemand konnte ernstlich glauben, die Beamten hätten nach der exakten Beschreibung des „Täters" durch die „horizontale Dame" nicht sofort gewusst, wer Akten und Schreibmaschine weggetragen hatte.

Kurz nach diesem Vorfall kaufte der Abteilungskommandant das alte Auto des Stadthauptmanns – und hatte damit nicht nur Freude.

Als er einmal zur Nachtzeit in Wien einfuhr, ließen sich plötzlich die Scheinwerfer nicht mehr abblenden. Verärgert fuhr er das nächste Wachzimmer an und organisierte dort zwei Bogen Blaupapier, die er mit Klebeband über die Scheinwerfer pickte. Dann kutschierte er mit dem dergestalt „abgeblendeten" Auto, das von vorne aussah wie der erste Waggon der Grottenbahn im Wiener Prater, quietschvergnügt quer durch die Stadt.

Kurze Zeit später kam der Herr Abteilungskommandant mit sorgenzerfurchter Stirn zu mir und schüttete sein gequältes Herz aus. Er sei in einer furchtbaren Situation. Einerseits wolle er den Stadthauptmann mit dem unglückseligen Auto nicht „hineintheatern", andererseits könne er die Sache nicht einfach auf sich beruhen lassen ….

Was war geschehen?

Der gute Mann hatte bei einem Blick unter die Motorhaube festgestellt, dass die Motornummer nicht mit der im Zulassungsschein verzeichneten übereinstimmte.

Schnellschuss: Es handelte sich daher offenbar um einen gestohlenen Motor!

Ich übernahm es, der Geschichte auf den Grund zu gehen, und bat einen Kriminalbeamten, der gelernter Mechaniker war, sich den Motor näher anzuschauen.

Der kam lachend von der Inspektion zurück und berichtete, der Oberstleutnant habe eine eingegossene Werkstücknummer auf dem Motorblock mit der Motornummer verwechselt. Es sei ohnehin alles in Ordnung …

Der Abteilungskommandant war letztlich froh, einmal nicht seiner ersten Aufwallung nachgegeben und das Sicherheitsbüro verständigt zu haben.

Obwohl es ständig Probleme mit ihm gab, mochte ich diesen Mann. Er war aufrichtig und geradlinig. Und manchmal hatte er einen feinen Humor:

Als der Polizeimajor, dessen Leidenschaft die Nahrungsaufnahme war und der daher entsprechend beleibt durchs Leben schritt, eines Tages erzählte, er habe sich eine Personenwaage gekauft, fragte der Oberstleutnant mit einem kurzen Blick auf dessen Statur trocken:

„Für wie viele Personen, Herr Kollege?"

Es bedrückt mich, dass all diese skurrilen Typen längst in die ewigen Jagdgründe für Polizisten eingegangen sind und die schönen Zeiten, in denen wir zusammen Dienst machten, mehr und mehr im Nebel des Vergessens verschwinden.

Wenn ich in meinen Erinnerungen blättere, kommt mir erst so recht zu Bewusstsein, wie sehr sich seither die Welt verändert hat. Die weite Welt und die Welt im Kleinen. Und ich tue dieser Welt wahrscheinlich unrecht, wenn ich sie heute als zu nüchtern, versachlicht und humorlos ansehe. Vor allem aber als unfähig, skurrile Typen – wie es sie früher reichlich gab – in angemessener Zahl hervorzubringen. Es liegt gewiss an meinem Alter und der Verkalkung der grauen Zellen, dass ich mit dem „Humor" unserer Tage nur wenig anfangen kann.

GRÜN BELEBT DAS STRASSENBILD

Die Wiener Sicherheitswache war in den Fünfzigerjahren ein zuverlässiger Garant für Ordnung und Sicherheit. Militärisch straff geführt und personell ausreichend dotiert, erfüllte sie ihre Aufgabe zur Zufriedenheit der Bürger und Politiker. Dass sie mangelhaft ausgerüstet und untergebracht war, fiel in der Zeit des Wiederaufbaues aus Trümmern und Verwüstung nicht so sehr ins Gewicht.

Grüne Uniformen prägten in dieser Zeit das Stadtbild. Überall waren Polizisten zu Fuß unterwegs und gaben den Bürgern ein Gefühl der Sicherheit. Kam ein Beamter bei einer Amtshandlung in Bedrängnis, genügte ein Pfiff mit seiner Signalpfeife, und von allen Seiten eilten Kollegen herbei, ihm zu helfen.

Auf den wichtigsten Kreuzungen regelten Beamte der Verkehrsabteilung den Verkehr und erfreuten sich höchster Beliebtheit. In der Weihnachtszeit standen sie hinter einem Wall von Paketen, die Autofahrer ihren liebsten „Verkehrsdirigenten" zum Geschenk machten. – Manche von den „Toscaninis" wurden kleine Berühmtheiten.

Die Fußstreifenbeamten kannten ihren Rayon in der Regel in- und auswendig. Und nicht nur in geografischer Hinsicht. Wenn beispielsweise das Dienstmädchen des Herrn Hofrat in der Köstlergasse einen neuen Verehrer hatte, dann wurde das misstrauisch registriert. Und wenn vierzehn Tage später in die Wohnung des hohen Beamten eingebrochen wurde, war der Rayonsbeamte der Erste, der den Kieberern gegenüber seinen Verdacht äußerte.

Durch diesen intensiven Fußstreifendienst wurde ein hoher Sicherheitsstandard erreicht. Gestützt wurde dieses System durch akribische interne Kontrolle. Es gab für jede der drei Dienstgruppen, die jeweils 24 Stunden Dienst versahen, einen Kontrollinspektor, der im Abteilungskommando angesiedelt war und auf seinen Kontrollgängen darauf achtete, dass die Regeln des Dienstes genau eingehalten wurden. Es gab Kontrollpunkte, an denen die Rayonsbeamten zu fixen Zeiten anwesend zu sein hatten.

Und es wurde die Hierarchie gepflegt. Der Wachzimmerkommandant war ein kleiner Herrgott, der in seinem Zimmer residierte, das nicht so ohne weiteres betreten werden durfte. Das Du-Wort war die Ausnahme und wurde in der Regel nur innerhalb der Rangstufen angewendet. Systemträger war der Rayonsinspektor, das Zahlenverhältnis zwischen dem Fußvolk und den Chargen entsprach den Notwendigkeiten.

Wenn der Wachkommandant seine Stimme erhob, um einem Beamten klarzumachen, dass er schon seit zwei Minuten auf dem Weg in den Rayon sein müsse, dann sprang der Unglückliche wie von der Tarantel gestochen hoch und eilte aus dem Wachzimmer …

Natürlich war auch damals nicht alles Wonne und Waschtrog. Es gab – wie schon angesprochen – ein nicht unerhebliches Alkoholproblem in den Reihen der Exekutive. Und die Tatsache, dass viele der Beamten der Bevölkerung mit recht rauer Herzlichkeit begegneten. Was in den ersten Jahren nach dem Krieg nicht so sehr ins Gewicht fiel, aus der Nazizeit war man diesbezüglich ja einiges gewöhnt. Mit zunehmender Normalisierung und Abbau der „Amtskappelmentalität“ wurde es aber zu einem Problem …

DAS SCHICKSAL MISST OFT NUR IN MILLIMETERN

Immer wieder musste ich erfahren, wie nahe Glück, Pech, groteske und tragische Situationen, Schmerz und Erleichterung im Leben beisammen liegen. Und wie nur Nuancen darüber entscheiden, in welche Richtung das Schicksal geht.

Beispiel: Ein Polizist verfolgt einen Straßenräuber durch den Esterhazypark. Er will einen Signalschuss abfeuern, strauchelt im selben Moment aber über eine Unebenheit des Bodens, sodass das Projektil nicht himmelwärts, sondern in Richtung des Flüchtenden fliegt. Der reißt in dieser Sekunde die Arme hoch, um beim Lauf über die Stiege hinunter zur Gumpendorfer Straße die Balance zu halten. Der Schuss trifft ihn an der äußersten Spitze des weggestreckten rechten kleinen Fingers.

Oder: das Gastspiel der großen Diva Zarah Leander 1975 im Theater an der Wien. Frau Leanders Gesundheit war zu dieser Zeit schon sehr angegriffen, ihr Auftritt ein Wagnis. Was bei der Vorstellung dann passierte und warum alles noch glimpflich verlief, kann man dem Fernschreiben entnehmen, das ich ausgegraben habe:

Fernschreibstelle 25. März 1975

angenommen am / um 2105

befördert mit Nr. 2418 am / um 2108

FS an ID

Wien 25.3.1975

In der Vorstellung "Das Lächeln einer Sommernacht" im Thater an der Wien ereignete sich heute abend ein Abbruch der Vorstellung Gleich nach Beginn , gegen 19,4o Uhr, erlitt Frau Zarah Leander auf offener Bühne einen Gefässkrampf, welcher zu einem Atemstillstand führte. Sie wurde im Rollwagen, in welchem sie programmgemäss sass, auf die Hinterbühne geführt und der Vorhang fiel. Die Theaterärztin führte, da die Atemtätigkeit der Künstlerin ausgesetzt hatte, eine Mund-zu-Mund-Beatmung durch, wodurch die Atemtätigkeit wieder angeregt wurde und das Bewusstsein zurückkehrte. Die Theaterärztin und ein 2.Arzt bemühten sich um Frau Leander, bis gegen 2o Uhr der Rettungsdienst eintraf. Dieser verschaffte die Künstlerin nach kurzer Untersuchung, da auch Herz und Kreislauf nicht zufriedenstellend funktionierten, ins Sofienspital. Die Vorstellung wurde abgesagt

Aufsichtsbeamter [redacted]

Eine andere Diva hatte nicht das Glück, rollenbedingt in einem Rollstuhl zu sitzen, als sie Schwäche übermannte. Die betagte Künstlerin, die im Raimundtheater auftrat, nahm vor der Vorstellung ein Aufputschmittel, um ihrem senioralen Temperament ein wenig auf die Sprünge zu helfen. Als der Vorhang gefallen war, schüttete sie ein paar Gläser Alkohol in sich hinein und setzte sich in diesem Zustand von Aufgeputschtsein, aufkeimender Erschöpfung und Alkoholbeeinträchtigung in ihr Auto. Mit den katastrophalen Folgen eines schweren Verkehrsunfalls, Führerscheinentzug und negativen Schlagzeilen.

Denn die rauschige Diva verwandelte das Wachzimmer in ein Schlachtfeld, beschäftigte mehrere Wachebeamte, bis sie endlich gebändigt werden konnte, und verwechselte schlußendlich – als Tupfen auf dem i – den Aufbleiberaum mit einer Toilette … Es folgte für die Dame ein mehrwöchiges Gastspiel an der 'Burg'. – An der Kalks-'burg'. *

*) Kalksburg: Wiener Trinkerheilstätte

AUCH VERSTAND IST SCHICKSAL

Aber nicht nur Alkohol verdreht die Köpfe. Auch Liebesgefühl! Der Kriminalbeamte L. vergaß wegen einer neuen Flamme seine Pflichten. Er hätte am kommenden Abend Dienst beim Bundeskanzler in Döbling, wollte sich jedoch lieber der „Neuaufnahme" – wie man das damals nannte, wenn man einen „Aufriss" gemacht hatte – widmen. Da er keinen Kollegen fand, der bereit war, den Dienst zu übernehmen, verfiel er auf die absurde Idee, einen Außenstehenden zu engagieren. Er bot einem „Strawanzer", den er in einem Lokal traf, fünfhundert Schilling an, wenn er an seiner Stelle zum Bundeskanzler fahre. Der willigte ein und wurde von L. unterwiesen, wann und wo er seinen „Dienst" anzutreten habe. Er schärfte ihm ein, schweigsam zu sein, möglichst keine Fragen zu beantworten und dergleichen mehr.

Dann eilte Inspektor L. in die Arme seiner neuen Geliebten.

Zur angeordneten Zeit stieg daher ein unbekannter Kollege in den Dienstwagen des Staatspolizisten, um zur Villa des Bundeskanzlers zu fahren. Nach einigen Minuten Fahrt fragte der Kieberer der Abt. I neugierig, wo denn der Kollege Dienst mache.

Der antwortete in seiner Unsicherheit milieubedingt mit einem lakonischen „Leck mich im Arsch“. Worauf der Staatspolizist verstummte und sich wunderte.

Da es drückend heiß war im Wagen, entledigte sich der stumme Kollege kurz darauf seiner Jacke. Vergaß dabei, dass das kurzärmelige Leiberl, das er trug, eine Serie von Tätowierungen am Unterarm freigab, die der Wagenlenker stirnrunzelnd registrierte.

Unterwegs blieb der Staatspolizist stehen, um sich Zigaretten zu kaufen. Worauf der schweigsame Kollege plötzlich den Mund aufmachte und ihm „Bring a was zum Saufen mit“ nachrief.

Das schlug dem Fass den Boden aus. Als der Staatspolizist zurückkehrte, war er in Begleitung mehrerer Polizisten, die den stummen „Kollegen“ perlustrierten und dadurch den Schwindel aufdeckten. Was Herrn L. ein liebloses „Nachspiel“ bescherte.

DAS DREIERRADEL WILL SICH NICHT MEHR DREHEN

In den Sechzigerjahren wurde klar, dass dieses so bewährte System des Fußstreifendienstes im „Dreierradel“ nicht mehr länger aufrechtzuerhalten war. Der Personalstand der Sicherheitswache schrumpfte bedenklich und es wurde zugleich immer schwieriger, Nachwuchs zu finden, weil die Bezahlung mittlerweile nicht attraktiv genug war. Zudem verlangte die Verkürzung der Wochenarbeitszeit ein Überdenken des Dienstsystems.

Es war daher notwendig, die Sicherheitswache den Gegebenheiten der Zeit anzupassen. Dem damaligen Generalinspektor Dr. Bögl gelang dies auch. Gegen große Widerstände setzte er die Abschaffung des Dreierradels durch und leitete als Ausgleich für die schwindende Zahl der Beamten die Motorisierung der Polizei ein. Gleichzeitig verschwanden die Verkehrsposten von den Kreuzungen und wurden durch Ampelsysteme ersetzt.

Überhaupt verschwanden die grünen Uniformen nach und nach aus dem Stadtbild. Und zwar in dem Maß, in welchem die

Motorisierung fortschritt. Dadurch ging der notwendige Kontakt zur Bevölkerung verloren, damit auch viel vom gegenseitigen Verständnis.

Bürger und Polizei lebten nun nicht mehr mit-, sondern nebeneinander. Ein Manko, das man durch die Einführung von „Kontaktbeamten" auszugleichen versuchte. Was natürlich – wie bei allen verordneten Beglückungen – nur einen bescheidenen Ersatz für die spontane Begegnung im Rayon darstellte. In manchen Bezirken degenerierten die Kontaktbeamten recht bald zu Altenbetreuern und Witwentröstern.

Aber auch die fortschreitende Motorisierung der Bürger spielte eine Rolle im Verhältnis zwischen Bevölkerung und Polizei. In zunehmendem Maß mussten Parksünder zur Kasse gebeten werden. Die Zahl der Verwaltungsstrafverfahren stieg sprunghaft an. Was dem Ansehen der „Freunde und Helfer" – vor allem in Kreisen, die normalerweise nichts mit der Polizei zu tun hatten – abträglich war und zu einer weiteren Entfremdung führte.

ALLES FLIESST – DEN BACH HINUNTER?

Gleichzeitig trat die Personalvertretung ihren „Siegeszug" an. Mit ihrer Salamitaktik und der Strategie der „Wahlzuckerln", die vor allem bei den sozialdemokratischen Innenministern Verständnis fand, verschaffte sie zwar den einzelnen Exekutivbeamten im Laufe der Zeit unübersehbare (finanzielle) Vorteile, zerstörte sie aber nachhaltig das Korps in seiner Ausgewogenheit.

Als ich in den Neunzigerjahren als Generaldirektor für die öffentliche Sicherheit eine Polizeireform andachte und den Zustand der Direktionen – vor allem im Bereich der Sicherheitswache – untersuchen ließ, wurde mir ein betrübliches Bild gezeichnet und durch den sofort einsetzenden Widerstand der Personalvertretung, der den Segen des Ministers fand, jede Möglichkeit einer nachhaltigen Veränderung genommen.

Meine Späher berichteten mir von aufgeblähten Kommandos, von einem zahlenmäßigen Missverhältnis zwischen Häuptlingen und Indianern – insbesondere in der Gegenüberstellung von Chargen und eingeteilten Beamten, von Unausgewogenheit in der Postenbewertung und dergleichen mehr …

Wer den Dienstbetrieb einer näheren Betrachtung unterzog, dem fielen gravierende Veränderungen zu früher auf. Der Wachkommandant hatte nicht mehr die Autorität vergangener Zeiten. Er hatte sich mittlerweile unters Fußvolk gemischt, saß mit den anderen Beamten im Sozialraum beim Kaffee, und das allgemeine Du-Wort hatte sich wie eine Seuche ausgebreitet. Es gab nicht mehr die Distanziertheit, die in einem uniformierten Korps unumgänglich notwendig ist. Natürlich mit allen aus dem Autoritätsverlust kommenden Konsequenzen: Die Beamten waren nicht mehr auf die Straße zu bringen, die Kontrolle des Dienstbetriebes erfolgte halbherzig, (Kontrollinspektoren und Kontrollpunkte hatte man längst abgeschafft), ein gewisser Schlendrian war allerorts eingezogen.

Ein alter Oberst sagte mir dazu resignierend, „das Rad lasse sich nicht mehr zurückdrehen, die gute alte Zeit nicht mehr herstellen, irgendwie werde das Werkel immer rennen …"

Über all dem thronte eine Personalvertretung, die ihren beträchtlichen Einfluss auf den Minister weidlich ausnützte und sich vor allem in Zeiten von Personalvertretungswahlen im Wickeln von Wahlzuckerln überbot – ohne über den Urnengang hinauszudenken. Dabei war der Effekt von Wahlzuckerln durchaus umstritten.

Ich erinnere mich da an die Situation vor einer Wahl, als die roten Personalvertreter dem Minister zusetzten, er möge in einer Polizeischule die Kasernierung der jungen Rekruten aufheben. Der oberste Chef gab schließlich nach. Die Polizeischüler jubelten laut – und wählten „Blau"!

Wahrscheinlich hat der alte Oberst Recht. Ich sehe die Dinge zu schwarz und „das Werkel wird immer rennen".

Schon im Jahr 1959 prophezeite mir ein älterer Kollege stirnrunzelnd, die Polizeidirektion Wien werde in ein oder zwei Jahren zusammenbrechen und ihren Geist aufgeben. – Und sie steht heute noch. Ob sie allerdings mittlerweile nicht doch zumindest ihren Geist „aufgegeben" hat, halte ich – nach dem, was ich in diesen Tagen rundum so höre – für diskussionswert … Genauso wie die Frage, ob die gute Pol.Dion Wien in einigen Jahren vielleicht „Landespolizeikommando" heißen wird.

So bleibt mir, dem Mann mit den „alten Ansichten", nichts anderes übrig, als zuzusehen, wie derzeit an der Exekutive herumgebastelt wird. Ich betrachte die Entwicklung von meinem senioralen Lehnstuhl aus, nicke einmal zustimmend, dann schüttle ich wieder den Kopf, wenn mir die Maßnahmen zu radikal erscheinen – oder zu viel auf einmal reformiert wird. Bisweilen frage ich mich, wer die Berater des Ministers sind …

MECHANIKER DER SICHERHEIT

Da fallen mir die neuen Uniformen ins Auge, die den Charme der Arbeitskleidung eines Reinigungsunternehmens verbreiten. Ein unerschrockener Landesgendarmeriekommandant drückte es unlängst so aus: „Man hat uns Uniformen verpasst, als wären wir 'Monteure' der Sicherheit …"

Die Baseballkappen für die Uniformträger gibt es schon länger. Ob es sinnvoll ist, Amtspersonen, die man nach Möglichkeit auch ein wenig ernst nehmen sollte, mit lockeren Sport- respektive Freizeitkappen auszustatten, sei dahingestellt.

Jetzt stehen uns – dem Vernehmen nach – in Bälde neue Uniformen ins Haus. Uniformen in Blau. In einer Farbe also, die in Österreich im Exekutivbereich keine Tradition hat, die in unserem Land bis dato „Schlüsselwachtern" oder „Kurzparkzonensheriffs" vorbehalten ist. Aber was soll's, Äußerlichkeiten! „Das Werkel wird immer rennen"

RÜCKZUG INS WACHZIMMER

Eine Maßnahme, die den Vormarsch des Rückzugs ins Wachzimmer erfolgreich unterstützte und die Bürger wieder ein Stück von der Polizei wegrückte, sei hier kurz erwähnt:

Es war in den Achtzigerjahren, als man die durchaus nachvollziehbare Forderung erhob, die Sicherheitswache von der Strafgeldeinhebung weitgehend zu befreien. Dieses Inkasso figurierte im Katalog der Personalvertretung unter „artfremder" Tätigkeit. Ein nicht ganz geglückter Ausdruck, weil im Gegensatz dazu „artgerecht" steht, was ein bisschen nach „Tierhaltung" klingt.

Man beeilte sich natürlich, der Forderung nachzukommen, und sprach davon, durch diese Maßnahme Beamte für andere wichtige Aufgaben freizubekommen. Was immer gut klingt. Und sich in der Praxis so auswirkte, dass für die Wachebeamten nun noch weniger Anlass bestand, das schützende Wachzimmer zu verlassen. Während man bisher also wenigstens die Grünröcke auf der Straße gesehen hatte, die auf dem Weg zu einem Inkasso waren oder von dort kamen, wurden die grünen Uniformen im Stadtbild jetzt noch eine Schattierung unsichtbarer. – Dies zum Thema „Freiwerden für andere Aufgaben ..."

Die Sache hatte aber noch einen anderen Aspekt: Konnte man früher vor einer Verhaftung im örtlich zuständigen Wachzimmer fragen, ob die festzunehmende Person dort bekannt sei und ob besondere Umstände zu berücksichtigen seien, so herrschte nunmehr auch dort absolute Ahnungslosigkeit. Was die Arbeit der Kriminalpolizei nicht unerheblich erschwerte. Hatte man früher erfahren können, dass es da einen scharfen Hund gab oder einen zweiten Ausgang ins Freie, weil die Beamten von den Inkassos her die Lebensumstände kannten, war jetzt Schluß mit derartigen Informationen. Und die Bevölkerung wurde für die Polizei noch ein Stückchen mehr zu einer grauen, gesichtslosen Masse.

„ÜBERFALL"-KOMMANDO

In den Achtziger- und insbesondere den Neunzigerjahren wurde durch einen beachtlichen Modernisierungsschub bei Ausrüstung und Unterbringung sowie auch im Schulungsbereich die Basis für eine moderne Polizei gelegt. Wenn ich beispielsweise das alte „Überfallskommando" mit der Nachfolgeeinheit „WEGA" vergleiche, dann ist das die Gegenüberstellung von der Steinzeit und dem Computerzeitalter. Ich erinnere mich noch mit Schmunzeln daran, wie sich Ende der Fünfzigerjahre die hundertzwanzig bis hundertfünfzig Kilo schweren Beamten im Alarmfall in den offenen Mannschaftswagen wuchteten, dass die Federn krachten. Polizeiringer-, -boxer, -stemmer, auf deren kantigen Schädeln die zu kleinen Stahlhelme wie die Schwammerln saßen. Und legendär waren auch ihre Einsätze. Wenn die gewichtigen Herrn zu einer Rauferei ausfuhren, entstand daraus mit Sicherheit eine zünftige Massenschlägerei, und die Zahl der Verletzungsanzeigen verdoppelte sich ... Einmal sagte ein desperater Gastwirt nach einem derartigen Einsatz zu mir: „Da schaut's jetzt ärger aus als nach einem Überfall. Das sollt' 'Überfallkommando' heißen!"

Heute hingegen sind drahtige Burschen am Werk, die sehr wohl zupacken können, aber auch psychologisch geschult sind und mit dem Ausdruck „Verhältnismäßigkeit des Einschreitens" durchaus etwas anzufangen wissen.

Wie sich überhaupt im Umgang der Polizei mit dem Bürger im vergangenen Jahrzehnt viel zum Besseren verändert hat. Vorbei die Zeiten, in denen – wie ich Berichten betagter Polizisten entnehmen konnte – in gewissen Wachzimmern jeder Bürger, der sie betrat, zunächst einmal – vorbeugend – eine Ohrfeige bekommen haben soll, bevor klargestellt wurde, aus welchem Grund er den Amtsraum aufgesucht hatte. Wenn diese Schilderungen auch übertrieben waren, eines steht fest: Die Einsicht, für den Bürger da zu sein und nicht umgekehrt, hat sich in den Reihen der Polizei erst in den letzten Jahren wirklich durchgesetzt. Heute gehen die Polizisten, das muss man anerkennen, mit den Menschen, die ihnen dienstlich begegnen, in der Regel „bürgerschonend“ um. Und ein Abgehen von dieser Linie ist glücklicherweise nur mehr in Einzelfällen festzustellen.

Was mir, wenn ich die Positiva der letzten Jahre und Jahrzehnte aufzuzählen habe, besonders bedeutsam erscheint: Man hat der Polizei langsam, still und leise im Laufe der Zeit den „Spiritus“ genommen. Der Doppler als „Ausrüstungsgegenstand“ hat jedenfalls ein für alle Mal ausgedient.

Ich erinnere mich da mit Schaudern an meine Funktion als Disziplinaranwalt der Bundespolizeidirektion Wien. Damals waren fünfundneunzig Prozent der Fälle Alkoholgeschichten bis zum Dienstunfähigsaufen.

DIE WEIBLICHE NOTE

Im Wandel der Zeit wurden die Türen zum Exekutivberuf auch für Frauen geöffnet. Man versprach sich einiges von der „weiblichen Note“ in diesem harten Beruf. Leider höre ich, dass viele dieser Damen eher danach streben, die Untugenden ihrer männlichen Kollegen zu kopieren, als umgekehrt die Schroffheit der Männer zu mildern. – Jedenfalls soll es durch die jungen Damen in den Sozialräumen der Wachzimmer bunter und lustiger geworden sein. Was natürlich auch seine Vorteile hat, obwohl die Idee der Polizeiführung eigentlich darauf gerichtet gewesen war, die „weibliche Note“ zur Beglückung der Bürger einzusetzen und nicht so sehr zur Beglückung der männlichen Kollegen.

Als Beitrag zur Gleichstellung der Frau war die Öffnung dieses Berufszweiges jedenfalls zu begrüßen. Was mich zu einem Apropos bringt: Als gerüchteweise die Besetzung eines Spitzenpostens in einer Polizeidirektion auf die nachdrückliche Befürwortung dieses Mannes durch eine ihm sehr nahe stehende Politikerin zurückgeführt wurde, ging ein Aufseufzen der Befriedigung durch die Kemenaten der Emanzen: War man doch nun endlich so weit, dass auch Männer durchs Bett Karriere machten!

EINE NEUE AUFGABE

Am 1. Februar 1979 wechselte ich vom Kommissariat Mariahilf als Chef ins benachbarte Margareten. Besser gesagt: Ich wurde gewechselt. Gegen meinen Willen. Wenn es nach mir gegangen wäre, hätte ich lieber weiter im 6. Bezirk Räuber und Diebe gejagt.

Meine neue Dienststelle war in einem uralten Haus in der Wehrgasse untergebracht. Es hatte enge Stiegen, verwinkelte Gänge und finstere Räume. In den Zimmern standen Kanonenöfen, die mit Briketts zu heizen waren. Der im Gemach des Stadthauptmannes hatte das längste Ofenrohr Wiens, das in mehreren Windungen den Weg in den Kamin fand.

Margareten war – aus polizeilicher Sicht – einer der ruhigsten Bezirke Wiens. So hatte ich Muße, in einigen Referaten des Kommissariates selbst Hand anzulegen, die Rückstände eines erkrankten Kollegen wegzuarbeiten und dergleichen mehr. Eine für mich ungewohnt beschauliche Zeit.

Mittags pflegte ich in einem Slalom zwischen unzähligen Hundstrümmerln durch die Wehrgasse nach Mariahilf zu wandern, wo ich – wie es seit Jahren üblich war – mit Kollegen speiste und für kurze Zeit die Melancholie Margaretens vergaß.

KOMMISSÄR T.s STREICHE

Wer je in den modrigen Räumen der Wehrgasse Dienst gemacht hat, wird unweigerlich mit Geschichten über den legendären Kommissär T. konfrontiert worden sein, der in diesem Haus eine Zeit lang als Konzeptsbeamter „gewirkt“ hatte.

T. war ein lieber, gefälliger Kollege, der immer gute Laune versprühte und es beispielsweise schaffte, fröhlich lachend den Raum zu betreten, um zu verkünden, dass er soeben einen Verkehrsunfall mit Totalschaden gebaut habe.

T. war so ziemlich der untalentierteste Konzeptsbeamte, den Wien je erlebt hat. Aus diesem Grund war er seinerzeit auch zum gefürchteten Hofrat Sch. nach Margareten gesteckt worden, der ihm entweder Mores *bei*bringen oder ihn dienstlich *um*bringen sollte. Was für den armen Hofrat letztlich zu einer unlösbaren Aufgabe werden sollte …

Hofrat Sch. hatte die Eigenheit, jeden Tag bei Dienstbeginn um 07.30 Uhr durchs Haus zu gehen und überall dort den Zimmerschlüssel abzuziehen, wo noch niemand anwesend war. Zuspätkommende hatten den Schlüssel dann beim Chef abzuholen, was naturgemäß sehr unangenehm war.

Kommissär T., der selbst gern später ins Büro kam, beschloss eines Tages, seinem Hofrat die morgendliche Kontrolltätigkeit ein wenig zu verleiden. Er besorgte sich zu diesem Zweck einen Zweitschlüssel für sein Zimmer, konnte es auf diese Weise betreten, obwohl sein Chef kurz zuvor den Originalschlüssel an sich genommen hatte. Dann sperrte er sich in seinem Zimmer ein und versteckte das Duplikat.

Nach Beginn des Parteienverkehrs begann er, sich bemerkbar zu machen. Zunächst rüttelte er zaghaft an der Tür, setzte mit immer lauterem Klopfen und Pochen fort. Schließlich schrie und tobte er und rief aus dem Fenster um Hilfe: „Welcher Trottel hat mich eingesperrt?"

Das Haus lief zusammen, man holte den Hofrat, der schreckensbleich versicherte, er habe, bevor er den Schlüssel abgezogen habe, ins Zimmer geschaut und niemanden gesehen. Was von Beamten und Parteien mit deutlicher Skepsis aufgenommen wurde. Schließlich war Kommissär T. ja kaum zu übersehen. Der sprach wütend von Freiheitsberaubung und Konsequenzen. Hofrat Sch. schlich kleinlaut von dannen und schränkte in der Folge seine morgendlichen Kontrollen drastisch ein.

Ein andermal ersuchte T. den Hofrat, ihm am Nachmittag freizugeben. Er sei mit der Arbeit soweit auf dem Laufenden. Sch. gewährte die Freizeit.

Bevor T. das Haus verließ, räumte er die Berge von Akten in einen Kasten, den er versperrte. Dann legte er die leere Mappe mit der Aufschrift „Einlauf" auf den Schreibtisch. In die Mappe gab er ein weißes Blatt mit dem handschriftlichen Vermerk: „leer"! Er wusste seinen Hofrat einzuschätzen.

Als T. am nächsten Morgen die Mappe öffnete, war unter seinem Vermerk zu lesen: „gesehen, Sch."!

Der folgende „Rückstandsausweis" brachte T.s Schwindel unbarmherzig zu Tage. Dieser Vorfall und andere Unbotmäßigkeiten des jungen Kollegen setzten dem Hofrat so zu, dass er ihn – ungeläutert – zur Verfügung stellte.

Monate später brachte der skurrile Kommissär das Fass zum Überlaufen, als er in voller Uniform mit einer drei Meter langen Leiter auf der Schulter in der Ringstraßenallee dahinschlenderte – wie ein k.u.k. Laternenanzünder.

Der Personalchef knöpfte sich ihn vor und konfrontierte ihn mit der traurigen Tatsache, dass er überall, wo er Dienst mache, alsbald in Rückständen versinke und offensichtlich weder fähig noch bereit sei, wirklich zu arbeiten. Darüber hinaus aber in der Öffentlichkeit durch seine Extravaganzen die Polizei lächerlich mache. Man habe zuletzt großzügig weggesehen, als er in Uniform unter einem rosa Damenschirm über den Graben spaziert sei. Nun aber sei das Maß voll!

Der Personalchef legte T. nahe, den Dienst zu quittieren.

T. stimmte lachend und bedauernd zu. „Es ist bei der Polizei sehr lustig gewesen", sagte er zum Abschied.

T. bekam nach seinem Ausscheiden aus dem Polizeidienst einen Posten in einem großen Industriebetrieb und brachte es dort bis zum Personalchef.

AUTONOMES KULTURZENTRUM

Nur einmal wurde die Margaretner Beschaulichkeit für ein halbes Jahr unterbrochen. Und zwar recht heftig. Als nämlich in der ehemaligen WÖK-Zentrale in der Gassergasse ein „Autonomes Kulturzentrum“ eingerichtet wurde. Sehr zum Leidwesen der Anrainer. Alternative Gestalten zogen in das verwahrloste Gebäude ein.

Zur feierlichen Eröffnung befahl der damalige Innenminister die Polizeimusik. Sie spielte in einer Ecke des schmutzigen Hofes mit Leichenbittermiene langsame Marschmusik. An der Fassade in leuchtend roter Farbe die Aufschrift: „Scheißbullen“. Ein bezauberndes Ambiente.

Ich sah mir mit vielen skeptischen Bürgern das mühsam adaptierte Zentrum an und ahnte schlimme Zeiten.

Der Gebäudekomplex erstreckte sich über einen ganzen Block. Selbst die gegen den Gürtel gerichtete Hofseite war durch eine hohe Mauer abgeschlossen, so dass man insgesamt den Eindruck eines unzugänglichen, festungsartigen Gebäudes gewinnen musste. Dieser Umstand machte mich besorgt. Zu Recht, wie sich alsbald zeigen sollte.

Die Eröffnungsfeier hatte nichts Fröhliches an sich. Skeptische Bürger, demotivierte Musikanten, Alternative mit verkniffenen Gesichtern

Der Versuch der Politik, die Anarchoszene durch Schaffung dieses „Kulturzentrums“ ruhigzustellen, scheiterte kläglich. Schuld daran war die völlig unrealistische Einschätzung dieser Gruppierung durch die linksorientierten Politiker. Sie wollten nicht wahrhaben, dass es sich hier keineswegs um ein wenig vom Weg abgekommene ideologische Brüder handelte, sondern um bis aufs Äußerste gewaltbereite Menschen, welche nur das eine Ziel hatten, Gesellschaft und staatliche Ordnung zu zerstören.

Tatsächlich bewiesen die jungen Chaoten in wenigen Monaten, dass sie nicht in der Lage waren, in diesem Zentrum etwas zu schaffen, geschweige denn, es baulich zu sanieren. Chaoten können eben nur eines – zerstören.

Signifikant war das Schicksal eines der gegen den Gürtel gerichteten Fenster im obersten Stock des Haupthauses. Im Zuge der groß angekündigten Sanierungsmaßnahmen sollten die Rahmen der Fenster – wie es sich für ein „Autonomes Kulturzentrum" geziemt – rot gestrichen werden. Die beschaffte (subventionierte) Farbe hätte auch für dutzende Fenster gereicht. Nicht aber die Ausdauer der jugendlichen Anstreicher. Die blieb nach einem Flügel auf der Strecke. So konnten Autofahrer, die den Gürtel befuhren, bis zum Abbruch des Objektes einen einsamen roten Fensterflügel bewundern, der vom letzten Geschoss des Gebäudes winkte.

Das Wort „autonom" setzten die Anarchos ganz offensichtlich mit „exterritorial" gleich und verwehrten der Polizei von Anbeginn den Zutritt zum Kulturzentrum. Sie wurden in dieser Meinung zweifellos auch von einigen Politikern bestärkt. Es gab jedenfalls die „Empfehlung" von oben, das Zentrum möglichst nur in „Ausnahmefällen" zu betreten. Was sich übrigens durchaus mit den Intentionen der Polizeibeamten deckte, die um das Gebäude ohnehin am liebsten einen Bogen machten.

Was „die da oben" unter „Ausnahmefällen" verstanden, lieferten sie – wie üblich – mit der Empfehlung nicht mit. Es blieb den kleinen Beamten vorbehalten, die „Ausnahme" zu definieren, was sie auch taten, indem sie das Zentrum ausnahmslos mieden, besonders nachdem einem Kollegen bei Betreten des Hauptgebäudes die Uniformkappe vom Kopf geschlagen worden war und er sich mit knapper Not unbeschädigt auf die Straße zurückziehen hatte können.

Die Gassergasse wurde zunehmend zu einem polizeilichen Problem. Anrainerbeschwerden stiegen sprunghaft an. Es gab Belästigungen durch überlaute Musik, Alternative paarten sich am helllichten Tag auf den Flachdächern des Objekts, abgängige Mädchen wurden ins Zentrum verschleppt, es kamen Hinweise auf Drogenkonsum … Und der Polizei waren die Hände gebunden.

Es war zunächst nur Telefonkontakt mit den „Leitern" des Zentrums möglich, der aber überhaupt nichts brachte, weil bei Chaoten „Leiter" leider nichts zu reden haben.

Für durchgreifende Aktionen gab es keine Rückendeckung. Die Empörung der Anrainer machte aus dem „Schandfleck" Margaretens schließlich auch ein politisches Problem. Bezirksvorsteher Walter stellte sich hinter die Polizei.

Die Situation spitzte sich zu. Ich war einige Male im Präsidium, um über die Lage zu berichten, und versuchte mit aller Eindringlichkeit darauf hinzuweisen, dass am Ende dieser Spirale nichts anderes stehen könne als die Räumung des Objektes. Man hörte mir zunächst nur aufmerksam zu.

Als eines Abends Chaoten begannen, vom Zentrum aus Steine auf Passanten zu werfen und abgestellte Autos zu beschädigen, war das Maß dann endlich voll. Die Alarmabteilung rückte aus und stürmte nach vergeblichen Versuchen, die Anarchos zur Einstellung der Attacken auf Vorbeigehende und parkende PKWs zu veranlassen, das Objekt.

Die Chaoten wehrten sich heftig, warfen aus den oberen Stockwerken Einrichtungsgegenstände auf die anrückenden Polizisten. In den Stiegenhäusern kam es zu Handgemengen und für die Beamten unangenehmen Situationen, weil die „Verteidiger" Fußangeln ausgelegt hatten.

Ich stand mit dem Polizeipräsidenten und hohen Präsidialbeamten auf dem „Feldherrnhügel". Aus der Gelassenheit, mit welcher der Präsident das chaotische Geschehen beobachtete, schloss ich, dass er für die Aktion Rückendeckung des Bürgermeisters hatte.

Schließlich konnte das Objekt geräumt werden. Es gab zahlreiche Festnahmen. Der Bürgermeister sprach in einer ersten Reaktion von einer im Interesse der Bevölkerung notwendigen Schließung des Kulturzentrums.

Der Gebäudekomplex stand in der Folge bis zu seinem Abbruch leer. Nur das einsame rote Halbfenster im obersten Stockwerk erinnerte noch an die wilde Zeit …

Wie zu erwarten, setzte etwa eine Woche nach der Räumung die Reaktion der Linksmedien und -politiker ein. Mit Berichten und Behauptungen, in denen die Übergriffe der Chaoten bagatellisiert, das „brutale" Eingreifen der Polizei aber an den Pranger gestellt wurde. Auch gemäßigtere Politiker begannen sich von der Räumung zu distanzieren. Das Fernsehen zeigte Aufnahmen von der Erstürmung des Zentrums und Polizisten, die den Gummiknüppel schwangen. Angebliche Augenzeugen berichteten über Gewaltorgien der Polizei. Vergessen waren die Steinwürfe auf harmlose Passanten, die heimtückischen Fußangeln, die auf die Polizisten geschleuderten Möbelstücke …

Die Dinge nahmen den üblichen Verlauf. Die Polizei auf der Anklagebank! – Was letztlich aber nichts an der positiven Tatsache änderte, dass die Anarchos aus Margareten vertrieben waren.

Dank einer Politik, die nichts lernt, tauchten sie in Mariahilf wieder auf, um in der Ägidigasse der Stadtverwaltung das nächste Desaster zu bereiten.

Nach Beendigung des Chaosspuks versank Margareten wieder in Geruhsamkeit.

Die Aufarbeitung des Aktes „Kulturzentrum" mit an die 150 Angezeigten blieb natürlich am Kommissariat hängen. Ich behielt mir die Enderledigung vor und werkte einige Wochen daran herum. Im Bewusstsein, dass in der geänderten politischen Stimmungslage letztlich nicht sehr viel herauskommen werde. Die Sache verpuffte dann auch bei Gericht.

UMGANG MIT ARCHITEKTONISCHEM ERBE

In meiner weiteren Margaretner Zeit gab es kaum noch Höhepunkte. Nur kleinere Scharmützel. Wie zum Beispiel die Diskussionen um das Haus Margaretenstraße Nr. 88. Ein Gebäude aus der Gründerzeit. Architektonisch nicht besonders wertvoll – aber für das Ensemble von Bedeutung, schloss es doch stadtauswärts an den wunderschönen Margaretenhof an.

Spekulanten wollten einen Neubau errichten, erzwangen die Räumung des Hauses und ließen es – wie in einem solchen Fall üblich – verfallen. Es hatte sich nämlich eine starke Protestbewegung im Bezirk gebildet, die mit allen Mitteln den Abriss des Hauses vereiteln wollte.

Während das Gefecht um dieses Haus hin und her wogte, stand es leer und bot allerlei Unterstandslosen und Strottern Quartier. Das wieder brachte die Anrainer auf die Palme, die sich durch die eher harmlosen Zeitgenossen bedroht oder auch nur belästigt fühlten. Daher sahen wir uns veranlasst, die „Gäste" des Hauses Nr. 88 immer wieder zu perlustrieren und die Kriminellen unter ihnen auszusortieren.

SPRUNG INS INQUISITENSPITAL

Einmal sprang ein zur Verhaftung Ausgeschriebener, um der Festnahme zu entgehen, aus dem zweiten Stock in die Tiefe und rannte weg, obwohl beide Knöchel gebrochen waren. Ein Wunder bei dieser Höhe, dass er nicht ärgere Verletzungen davongetragen hatte.

Letztlich gewannen – wie zumeist – die Spekulanten. Das alte Haus wurde abgerissen und durch einen gesichtslosen Neubau ersetzt. Ebenso ging es mit dem nächsten sehr schönen, noch älteren Gebäude, das die platzartige Erweiterung der Margaretenstraße abschloss. Auch hier folgte ein simpler Neubau, dessen Aufriss aus dem Zeichenheft eines Vorschülers stammen könnte. Was für viele Leute in der Gegend die Frage aufwarf, wozu eigentlich Architekten bemüht werden …

Für mich war es betrüblich zu sehen, wie sorglos man in einem Bezirk, der so arm an bemerkenswerten Bauwerken ist, mit der wertvollen, alten Bausubstanz umging.

DIE GUMMIMANTELKUR

Meine Tätigkeit als Bezirksleiter verschaffte mir nur wenige Höhepunkte. Es gab kaum Herausforderungen. Die Probleme im Haus hielten sich in Grenzen. Natürlich kam es zu den üblichen Reibereien und Eifersüchteleien zwischen Mitarbeitern, wie das anscheinend unvermeidlich ist. Wirkliche Schwierigkeiten entstanden daraus keine. Einige chronische „Krankenständler" ärgerten mich da mehr. Männlein wie Weiblein, die schon daheim blieben, wenn irgend jemand im Zimmer nieste. Ich versuchte, mit gutem Beispiel voranzugehen, und hielt eisern durch, auch wenn ich noch so verkühlt war.

Einmal hatte ich hohes Fieber, Kopfweh und „alle Zuständ" – wie man in Wien sagt. Ich war nicht wirklich arbeitsfähig, blieb aber im Büro. Zwischen den Terminen, die ich wahrnehmen musste, versperrte ich meine Zimmertüre von innen und legte mich auf den alten, schmutzigen Läufer, den mir der Bund als Bezirksleiterbonus zur Verfügung stellte. Zusätzlich breitete ich den Uniformgummimantel auf, um nicht direkt auf dem schmuddeligen Teppich zu liegen. Dieser Gummimantel war als Tragesorte verhasst, weil er steif, unbequem und heiß war. Ich habe ihn nie getragen. Jetzt war ich froh, eine Verwendungsmöglichkeit für ihn gefunden zu haben – als Unterlage für einen maroden Stadthauptmann …

DES SANDLERS G'SPÜR

Eine Episode aus meiner Margaretner Zeit erscheint mir noch erzählenswert: Eines Tages gegen Mitte der Achtzigerjahre drang das Gerücht an mein Ohr, Margareten solle „aufgewertet" werden. Was bedeutete, dass ich eine Chance hatte, auch in diesem an sich kleinen Bezirk in die Dienstklasse VIII zu kommen – also Hofrat zu werden.

Das war eine unglaubliche Kunde für eine Zeit, in der dieser Vorzug nur wenigen Bezirksleitern in Wien zuteil wurde.

Ich hielt es lange Zeit für ein lahmes Gerücht. Bis ich eines Tages bei einem Hauseck mit einem Sandler zusammenstieß, der sofort zurücktrat, sich höflich verbeugte und ein „Entschuldigen Sie, Herr Hofrat“ murmelte.

Vierzehn Tage später gratulierte mir der Minister zur Ernennung.

LEOPOLDSTÄDTER LANDRECHT

Im Laufe des Jahres 1986 zeichnete sich das Ende meiner Tätigkeit in Margareten ab. Es wurde gemunkelt, ich sei als Nachfolger des legendären Hofrats Jelinek in der Leopoldstadt vorgesehen, der mit Jahresende in Pension ging. Jelinek hatte in seiner langjährigen Amtszeit in dem einstigen Dirnen- und Ganovenbezirk gehörig aufgeräumt. Durch unerbittliche Strenge – auch gegen seine eigenen Leute. Insbesondere aber durch Ausübung des „Leopoldstädter Landrechtes“, das mittelalterliche Rechtsauffassungen durchaus in den Schatten stellte. Sehr zum Leidwesen der Zentraljournalbeamten, die – zumeist in anderen Bezirken tätig – mit dieser speziellen Rechtsauslegung nicht umzugehen verstanden. Was zu häufigen Beschwerden des Hofrates über zu lahme Entscheidungen der ZJ-Beamten führte.

An dieser Stelle scheinen einige aufklärende Worte zur Einrichtung des Zentraljournaldienstes angebracht zu sein:

PROVISORIUM MIT EWIGKEITSWERT

Bis zum Jänner 1961 versah auf jedem Kommissariat ein Jurist Nachtjournaldienst. Als in der Polizeidirektion Wien Juristenmangel akut wurde, stellte man das System provisorisch auf einen zentralen Journaldienst in der Roßauer Kaserne um. Unter

Leitung eines ranghöheren Beamten versahen dort zur Nachtzeit und an den Wochenenden mehrere Polizeijuristen Dienst und rückten im Bedarfsfall in die einzelnen Kommissariate aus.

Dieses Provisorium wurde – wie in Österreich üblich – nie beseitigt und ist heute noch – nach mehr als vierzig Jahren – in Betrieb.

Ich selbst machte achtzehn Jahre Zentraljournaldienst und sammelte in dieser Zeit viel Erfahrung. Es wurden aber auch die ausgefallensten und verzwicktesten Fälle an den ZJD herangetragen. Und es mussten zumeist blitzschnell Entscheidungen getroffen werden.

Die lange Informationskette vom Polizisten vor Ort über Wachzimmer und Kommissariat bis zum ZJ-Beamten löste oftmals den „Stille-Post-Effekt" aus, so dass – krass ausgedrückt – aus dem Diebstahl eines Kartoffelsackes die Entführung eines Feinkosthändlers werden konnte. Und umgekehrt.

Dies machte den Dienst so problematisch. Mit welch skurrilen Fällen der ZJD befasst wurde, soll – als Beispiel – folgende Geschichte zeigen, die an einem stillen Novembersonntag ihren Anfang nahm:

EIN TOTER STEHT AUF?

Ein Bezirk meldete das Erscheinen einer Frau im Kommissariat, die angab, vor einigen Tagen ihren Mann verloren zu haben. Der Arzt habe vermutlichen Herztod diagnostiziert. Sie glaube aber nicht daran. Sie sei sicher, er sei nur scheintot gewesen und jetzt in der Kälte einer Aufbahrungshalle in größter Gefahr. Die Polizei solle intervenieren und das Ärgste verhindern … Die Frau sei sehr gefasst, keineswegs eine Psychose, sogar medizinisch vorgebildet und mache einen guten Eindruck, wurde berichtet. Sie habe die Beamten, die mit ihr gesprochen hatten, fast überzeugt …

Nun war guter Rat teuer! Ich beschloss, erheben zu lassen, wo sich die Leiche befand. Rechtzeitige Klarstellungen vermeiden in der Regel umständliche Nachermittlungen. Auch war nicht zu erwarten, dass sich die Witwe anders als durch Fakten überzeugen lassen werde.

Da Sonntag, gestaltete sich die Rekonstruktion des Weges der Leiche schwierig. Nach Stunden stand fest, sie müsse in der Aufbahrungshalle des Neustifter Friedhofes liegen. Ich gab Auftrag, einen Verantwortlichen aufzutreiben und Vorhandensein sowie Zustand des Leichnams ermitteln zu lassen.

In den späten Abendstunden kam die Kunde: Sarg gefunden, Sarg offen, Sarg leer!

Wir waren sprachlos und malten uns aus, der Mann sei tatsächlich aus dem Sarg gestiegen und irre nun in Neustift herum … Sitze womöglich in Salmannsdorf beim Heurigen … Mit diesen und ähnlichen Vorstellungen brachten wir den Nachtdienst hinter uns. Gespannt wartend, was der nächste Morgen bringen werde.

Er brachte die einfache Erklärung: Man hatte uns eine falsche Auskunft gegeben. Der Leichnam befand sich noch in der Prosektur und musste erst nach Neustift verschafft werden. Die letzte Hoffnung der armen Witwe war somit dahin.

DIE MACHT DER REBLAUS

Neben vielen heiklen Fällen, die den Zentraljournaldienst beschäftigten, gab es auch Mußestunden mit ernsten und heiteren Gesprächen und so manchem Gläschen Wein. Die leeren „Doppler“ verschwanden in den Hohlräumen der zu einer großen Auflagefläche in der Mitte des Turmzimmers zusammengeschobenen Tische und Schreibtische.

Eines Tages kam Hofrat Dr. Berg, der Leiter der Kommissariatsabteilung und Chef des ZJs, auf Kontrolle in das Turmzimmer. Er war nicht gerade gefürchtet, es hatten aber alle einen gewissen Spundus vor ihm. Das machte die Kollegen nervös. Einer von ihnen zuckte mit den Beinen und traf einen leeren Doppler. Dann ertönte unter den Tischen plötzlich ein Kling – Klang – Kling – Klang und eine Batterie von Flaschen fiel im Dominoeffekt um, rollte teilweise hervor. – Entsetztes Schweigen. – Hofrat Berg verzog keine Miene, erhob sich, machte eine grüßende Handbewegung und verließ wortlos den Raum.

Was wir – zutiefst erleichtert – als noble Geste des Chefs auslegten, war nichts anderes als eine Finte des schlauen Fuchses, der sich blind und taub stellte, um seinen Schäfchen in Hinkunft das „Saufen“ um so gründlicher auszutreiben. Was er in der Folge auch konsequent – aber letztlich erfolglos – versuchte.

Erst als die weinseligen alten Hasen nach und nach aus dem ZJD ausschieden und eine „nüchterne“ Jugend nachdrängte, löste sich das Problem von selbst.

Der Zentraljournaldienst wechselte in den Achtziger- und Neunzigerjahren den Standort und verlor nach Polizeireformen im Dienstbetrieb mehr und mehr an Bedeutung.

PROPORTIONALRÄTE

Mein Wechsel von Margareten in die Leopoldstadt nahm im Herbst 1986 immer deutlichere Konturen an. In dieser Zeit grassierte in der Polizeidirektion der Proporz in Reinkultur. Es wurde praktisch kein Dienstposten ohne Berücksichtigung des Parteibuches vergeben. Das benachteiligte vor allem jene, die keiner Partei angehörten. Die Devise lautete ganz einfach: Parteibuch schlägt Sachkompetenz! Was nicht unbedingt zur geistigen Belebung der Polizei beitrug und den politischen Parteien letztlich wenig brachte. Es war nichts anderes als ein kindisches Spiel um Macht und Einfluss in Bereichen, in denen es in der Regel nur wenig Macht und nahezu keinen Einfluss gab. Denn was konnte es einer Partei an Nutzen bringen, wenn sie die Position des

Amtsdieners in einem Wiener Kommissariat fest in der Hand hatte? Selbst die Besetzung eines Bezirksleiterpostens nach politischem Kalkül verschaffte keinen anderen Vorteil, als stolz darauf hinweisen zu können, welch schöne Positionen man den Parteimitgliedern zuzuschanzen in der Lage sei. Und darauf zu hoffen, dass sich die „freundschaftlich" Beteilten bei den Wahlen pflichtschuldigst revanchierten ... Abgesehen von dem stolzen Gefühl, sich sagen zu können, auch in ... sitzt einer von uns im Chefsessel.

So waren die Dienststellen der Polizeidirektionen rot-schwarz durchgestylt bis ins Letzte. Roter Chef, schwarzer Stellvertreter ... usw. bis hinunter zu den Kohlenträgern, die es damals noch in den meisten Büros gab. Es war für einen Stadthauptmann der linken Reichshälfte gewiss ein erhebendes Gefühl zu wissen, dass in der Brust des Mannes, der ihm das Brennmaterial herbeischleppte, ein rotes Herz schlug, – wenn schon die Briketts, die er brachte, nach wie vor schwarz waren.

Seit Februar 2000 ist alles anders im Innenressort. Vorbei sind die rot-schwarzen Farbenspiele. Derzeit sehen die Mitarbeiter nur noch „rot-weiß-rot".

IN DEN ZWEITEN HIEB

Meine Versetzung in die Leopoldstadt erfolgte erst mit 1. Februar 1987. Aus Gründen, die ich nie erfuhr, blieb der Bezirk einen Monat ohne Chef und wurde vom Stellvertreter geführt, einem absoluten Könner, der sein „Handwerk" sehr wohl verstand und vor allem schon seit vielen Jahren im zweiten Bezirk diente. Verschiedene Leute hatten ihm Hoffnung gemacht, den Bezirk nach Hofrat Jelinek zu übernehmen, obwohl bei ihm die Farbe nicht stimmte.

Wie er selbst seine Chancen einschätzte, weiß ich nicht. Ich spürte nur, dass er mich an jenem 1. Februar reserviert und einigermaßen enttäuscht empfing. Das war aber schon alles. Er erwies sich in den folgenden Jahren als absolut loyaler Wegbegleiter, auf den ich mich blind verlassen konnte.

Dr. Walter Neumaier, so hieß dieser mein Stellvertreter, hatte einen Schwachpunkt, den er kannte und ebensowenig schätzte wie seine Umgebung. Er war ein „Häferl"! Speziell im Umgang mit Kriminalbeamten explodierte er immer wieder. Was ihm nachträglich peinlich war und ihn leicht in eine schlechtere Position brachte.

Eines Tages nun kam er zu mir und teilte mir mit, dass er den Besuch eines Trainingskurses plane, in welchem man lerne, wie man im Umgang mit den Mitarbeitern beherrscht und ruhig bleibe. Er wolle sein „Häferlimage" ablegen.

Ich war natürlich einverstanden, und Dr. Neumaier zog erwartungsvoll ab.

DAS HÄFERL-SEMINAR

Am Montag der folgenden Woche kehrte ein „neuer" Stellvertreter in den Schoß des Kommissariates zurück. Dr. Neumaier schilderte in rosigen Farben den Seminarverlauf. Es habe unter anderem Rollenspiele gegeben, in denen seine Beherrschung auf das Äußerste beansprucht worden sei. Seine Mitspieler hätten ihn auf das Gemeinste provoziert und bis zur Weißglut gereizt. Er aber habe sich überwunden und sei ruhig geblieben. Er fühle sich jetzt wie ein neuer Mensch und könne allen Häferln des Landes nur empfehlen, dieses „Wunderseminar" zu besuchen.

Während seiner letzten Worte war ein Kriminalbeamter ins Zimmer gekommen, was Dr. Neumaier mit Stirnrunzeln zur Kenntnis genommen hatte. Der Krb schob ihm ungefragt einen Akt unter die Nase und drückte zugleich seinen Unwillen aus, den in diesem Schriftstück enthaltenen Auftrag auszuführen. Dr. Neumaiers Zornesadern schwollen an, man merkte, wie er sich zu beherrschen versuchte. Ein Wort gab das andere, die Diskussion wurde hitziger. Als der Kriminalbeamte zum dritten Mal anhob, dem „Dokta" zu erklären, warum der Auftrag unsinnig sei, passierte das, was alle im Raum schon längst erwartet hatten. Dr. Neumaier explodierte! – Und zerstoben waren die Träume von der neuen Gelassenheit.

Eine ähnliche Erfahrung machte ich – Jahre später – in meiner Ministeriumszeit. Man richtete Führungskräfteseminare ein, um die Spitzenbeamten auf ihre Aufgaben als „Führer" vorzubereiten. Insgesamt elf Wochen stopfte man Chefs und solche, die es noch werden sollten, mit dem heiligen Wissen an, wie man Mitarbeiter richtig „führt"– und sei es ins Verderben …

Fazit war, dass die Naturtalente im Umgang mit Menschen brillante Chefs abgaben und jene, denen diese Gabe nicht gegeben war, elende Chefs wurden oder blieben. Ob sie das Seminar nun besucht hatten oder nicht.

Kein Wunder, dass ich nach diesen Erfahrungen dem boomenden Seminartourismus des ausklingenden 20. Jahrhunderts reserviert gegenüberstand – sofern es sich nicht um Vermittlung von Spezialwissen handelte.

Übrigens nannten wir die mit glühenden Wangen von Seminar zu Seminar hetzenden Kollegen damals „Seminarren".

CHEFS

In meiner langen Dienstzeit hatte ich viele Chefs zu ertragen. Gute wie schlechte. In bunter Mischung. Nicht immer waren die angenehmen auch gute Chefs. Und umgekehrt. Fast alle hatten ihre Marotten, auf die man sich einzustellen hatte, wenn man mit ihnen halbwegs auskommen wollte.

Dem einen Vorgesetzten war der Inhalt der von uns verfassten schriftlichen Arbeiten völlig egal, er kontrollierte nur die äußere Form. Mit Lineal und Zentimeterband. Und wehe, das Kreuz auf einem Leichenakt war nicht an der von ihm gewünschten Stelle angebracht …

Ein anderer Chef wünschte die Verhängung (unverhältnismäßig) harter Verwaltungsstrafen bei bestimmten (zum Teil belanglosen) Delikten, während ihn die Kriminalitätsbekämpfung völlig kalt ließ.

Wieder ein anderer Vorgesetzter hatte nur Interesse für seine Frauengeschichten. Sehr häufig okkupierte er meine Schriftführerin und diktierte ihr stundenlang Liebesbriefe an seine Flammen in aller Welt. Eine harte „Lebensschule" für die junge Schreibkraft …

Zwei Jahre diente ich unter einem Stadthauptmann, der alles und jedes seiner Karriere unterordnete. Auch und vor allem uns. Er wartete mit Ungeduld auf die Dienstklasse VIII, sprich: den Hofrat. Der „Achter" hing – wie wir scherzhaft sagten – ständig an einem Schnürl unsichtbar vor seiner Nase. Wenn es Troubles gab, entschwebte er zur Decke und aus seinem Gesichtskreis. Da tobte er so lange, bis die Sache ins Lot kam und der Achter sich langsam herunter bewegte. Wenn die Ziffer dann wieder ruhig – und nur für ihn sichtbar – vor des Chefs Nase schwebte, kehrte Entspannung in seinen fülligen Leib ein …

Ich beobachtete die Typen, die da im Laufe der Jahre wie in einem Panoptikum an mir vorbeizogen, genau und machte mir auf jeden meinen Reim. Und als ich dann selbst in die Chefrolle schlüpfte, hatte ich aus den Lehren der Vergangenheit eine feste Vorstellung gebastelt, wie ich diese Aufgabe anlegen wollte.

NAPOLEON-STADT

Hofrat Jelinek, mein Vorgänger in der Leopoldstadt, war eine eindrucksvolle Führungspersönlichkeit gewesen. Und hatte den Spitznamen „Napoleon" nicht zu Unrecht getragen. Es war ihm durch konsequente Härte gelungen, in seiner Amtszeit aus dem

Strizzi- und Hurenbezirk einen „Bürgerbezirk“ zu machen, in dem es sich trefflich wohnen und leben ließ. – Ich folgte ihm mit Hochachtung nach und nahm nur wenige Änderungen in der Amtsführung vor. Es schien mir unvernünftig, Dinge zu verändern, die sich über Jahre bewährt hatten. Natürlich war ich ein anderer Chef und hatte nie die Absicht, ihn zu kopieren. Dazu hatte ich auch nicht die Voraussetzungen. Vor allem fehlte mir die kompromisslose Härte nach außen …

Ich erinnere mich, dass nach etwa einem Jahr meiner Amtszeit im zweiten Bezirk einige Mitarbeiter die leise Kritik äußerten, ich sei zu „weich“ in meiner Amtsführung. In einem freundschaftlichen Gespräch stellte ich den Damen und Herren einige Fragen:

Ob das Kommissariat nun weniger effizient sei?

Ob sich die Atmosphäre unter den Mitarbeitern nachteilig geändert habe?

Ob nicht in aller Stille die eine oder andere Maßnahme getroffen worden sei, die unter meinem Vorgänger wegen des Widerstands verschiedener Gruppierungen nicht hatte realisiert werden können? …

Nach einer Weile des Nachdenkens sagten die Damen und Herren kleinlaut, so hatten sie es noch nicht gesehen, es sei ohnehin alles bestens. Sika sei eben anders …

Die meisten Konzeptsbeamten, die von der Leopoldstadt aus Karriere machten und unter Jelinek gedient hatten, versuchten ihn zu imitieren. Was sie in Gefahr brachte, zu Karikaturen zu werden. Ich mit meiner „sanften“ Methode wurde hingegen nie imitiert. Sika war immer unspektakulär und eben „anders“ …

EIN SCHWIERIGES PFLASTER

Die Leopoldstadt, in den Dreißigerjahren beziehungsvoll der „zweite Hieb“ genannt, ist ein extrem schwieriger Polizeibezirk. Neben der Inneren Stadt mit Gewissheit der anforderungsreichste in Wien. Er besitzt eine Vielzahl sensibler Bereiche, wie die größte jüdische Gemeinde Österreichs im Karmeliterviertel und Umgebung … mit zahlreichen schutzbedürftigen Einrichtungen, oder das Beratungszentrum der arabisch dominierten OPEC am Rande dieses Viertels. Weiters das Messegelände, das Sportzentrum mit Happel- und Dusikastadion sowie den beiden Pferderennbahnen, den Volksprater, das größte Vergnügungsgelände der Stadt, Donau, Donaukanal, Hafen Wien, mit dem Praterstern einen der bedeutendsten Verkehrsknotenpunkte Wiens – um nur die wichtigsten Zonen zu nennen.

Die meisten dieser sensiblen Bereiche produzierten zu meiner Zeit Probleme für die Polizei. Probleme, die teilweise überlappend auftraten und ein sorgfältiges Management der polizeilichen Ressourcen verlangten. Der „Wurstelprater" beispielsweise strahlte die Probleme, welche er bereitete, weit über seine Grenzen aus. Er war Anziehungspunkt für alle von zu Hause oder diversen Heimen davongelaufenen Jugendlichen, die sich hier nicht nur vergnügten, sondern teilweise auch Ausschau nach spendablen Herren hielten, bei denen sie unterkommen konnten. Mit allen dazugehörenden Konsequenzen …

In den Spielhallen versammelten sich vorwiegend ausländische Jugendbanden, die hin und wieder ihre Meinungsverschiedenheiten untereinander austrugen. Die Mitglieder dieser Banden waren größtenteils Türken oder Jugoslawen mit argen Identitätsschwierigkeiten. Sie standen irgendwie in der Mitte. Wollten nicht mehr so leben, wie es ihre Väter verlangten, waren aber auch noch keine integrierten Österreicher. – Kein Wunder, dass einer der Rädelsführer dieses Manko bei einer Einvernahme mit den Worten „Bin nur Dazwischennull" ausdrückte.

WO SICH DIE KATZE IN DEN SCHWANZ BISS

Rund um den Wurstelprater hatten sich Prostituiertenstriche etabliert. Im Stuwerviertel, in der Umgebung des Messegeländes. Das „Rückzugsgebiet“ der Damen und ihrer Freier waren die Praterauen und das damals verwahrloste Gelände des ehemaligen Nordbahnhofes. Speziell der Strich im Stuwerviertel bereitete uns große Probleme. Er war tagsüber und nachts in Betrieb und belebte vor allem das „Verkehrsaufkommen“. Ununterbrochen kreisten Freier in ihren Autos um die Häuserblöcke, betrieben „Fleischbeschau“ und sprachen des Öfteren auch harmlose Passantinnen an. Was wieder zu Protestaktionen der Bewohner des Viertels führte. Wir versuchten, durch perverse Einbahnführungen, Schaffung von Wohnstraßen und Fahrbahneinbauten das Kreisen der Freier zu erschweren, letztlich siegte aber doch die Triebhaftigkeit, die sich absolut nicht bremsen ließ.

In periodischen Abständen suchten mich Delegationen ausgesucht reizloser Stuwerviertlerinnen in meinem Büro auf, um Klagen über unsittliche Ansinnen aus kreisenden Autos zu führen. Was gewisse Rückschlüsse auf die triebliche Energie der rotierenden Automobilisten zuließ ... Das Problem lag nun darin, dass die findigen Dirnen tagsüber – insbesondere zur Mittagszeit – im Stuwerviertel einen „Hausfrauenstrich“ aufzogen. Mehr oder minder bieder gekleidet gingen sie mit Einkaufstasche auf Freiersuche. Die dummen Männer, die sich in der Mittagspause einen schnellen Spaß bereiten wollten, fielen auf den Schmäh herein und waren wie wild hinter den vermeintlichen Hausfrauen her. Dabei gerieten sie hin und wieder auch an wirkliche Hausfrauen.

Wir unternahmen alles, um diesen für die Bewohnerinnen des Viertels untragbaren Zustand abzustellen. Wir gingen nach der Straßenverkehrsordnung gegen die durch Wohnstraßen kreisenden Autofahrer vor. Es waren zum Großteil Männer, die aus Niederösterreich oder dem Burgenland stammten und in Wien arbeiteten. Bewusst nahmen wir von Anhaltungen Abstand und ließen die Lenker über die zuständigen Gendarmerieposten ausforschen, denen wir sehr wohl die Zusammenhänge mitteilten. In der Hoffnung, den „Sexprotzen“ auf diese Weise den Aufenthalt im Stuwerviertel für die Zukunft zu verleiden. Man weiß ja, wie sich am Land die Dinge herumsprechen …

Wir nahmen uns auch der „Hausfrauen“ an, die in den Einkaufstaschen nichts anderes mitführten als ein Packerl Präservative. Soweit wir sie natürlich bei der Anbahnung erwischten. Die aufgeweichten gesetzlichen Bestimmungen kamen uns da allerdings nicht entgegen, weil sie keine Verhängung von Arreststrafen mehr erlaubten. Was dazu führte, dass die „hausfraulichen“ Damen die mit der Zeit immer höher werdenden Geldbeträge, die sie der Behörde mit jeder weiteren Geldstrafe schuldeten, nur dadurch abzahlen konnten, dass sie noch intensiver ihrem Gewerbe nachgingen und Sonderschichten im Stuwerviertel einlegten. Womit sich die Katze – im wahrsten Sinn des Wortes – in den Schwanz biss …

Da sich auch immer wieder Freier fanden, die sich nicht vertreiben ließen, blieb das Problem letztlich bestehen. Bis in unsere Tage, wie mir eine Zeitungsnotiz unlängst bestätigte.

PRATERVERGNÜGEN

Zu all diesen Begleiterscheinungen und Ausstrahlungen eines Vergnügungsviertels, wie es der Prater darstellt, gesellten sich noch die üblichen Rummelplatzprobleme, die sich auf Alkohol, Übermut und Streitlust zurückführen ließen. Kein Wunder, dass wir das Gebiet zwischen Praterstern, Lassallestraße und Hauptallee als polizeilich sensibel einstuften.

Wenn nun zu den normalen Zores, die der Prater in den Sommermonaten bereitete, noch eine große Messeveranstaltung und eventuell ein Fußballspiel im Happelstadion kamen, dann war

Großalarm angesagt. Vor allem auch, was die Bewältigung der Verkehrsströme betraf. Der Praterstern war und ist ein neuralgischer Punkt im Verkehrsgeschehen der Stadt. Wenn er einmal hartnäckig staut, dann greift dieses Übel epidemisch auf ganz Wien über. Solche Tage, an denen „alles steht“, gibt es immer wieder. Verursacht auch durch die mangelnde Disziplin der Autofahrer, die Querstraßen blockieren und so zu einer Verkeilung der Verkehrsströme beitragen.

Bewundert habe ich in diesem Zusammenhang immer wieder die stoische Ruhe der motorisierten Verkehrspolizisten, die ledergewandet und unbeweglich am Rande des Chaos standen und den Stau bewachten, während die Besatzung des Wachzimmers Praterstern durch schmale Fenster neugierig den Blechsalat beäugte und sich nicht blicken ließ. Ich versuchte sowohl in meiner Zeit als Stadthauptmann als auch später vom Ministerium aus vergeblich zu erreichen, dass die Sicherheitswache in solchen Fällen des „Verkehrsnotstandes“ wenigstens den Anschein einer Aktivität erweckte, anstatt sich entweder zu verstecken oder am Fahrbahnrand zur Salzsäule zu erstarren.

Der über Jahre immer wieder angekündigte radikale Umbau des Pratersterns wurde bis dato nicht in Angriff genommen und gegen Ende des Jahrzehnts verschoben. Kein Wunder in einer Stadt, die traditionell Verkehrsprobleme auf dem Rücken der Autofahrer löst. So nebenbei: Kaum eine andere Millionenstadt leistet sich den Luxus, über lange Zeitabschnitte Verkehrsstadträte fuhrwerken zu lassen, die außer der erforderlichen politischen Gesinnung keine notwendigen Voraussetzungen für diesen Job mitbringen – nicht einmal den Führerschein …

Jetzt, mehr als dreizehn Jahre nach meiner Tätigkeit in der Leopoldstadt, hat man wenigstens den Vorwand, dass alles verschoben ist, bis die U-Bahn kommt! Ich höre ihr Signal, sie kommt aber erst gegen 2008, wenn's wahr is', wie man in Wien sagt.

DIE „HEILIGE" MESSE

Die Messe war in den Achtzigerjahren eine großartige Sache. Frühjahrs- und Herbstmesse wurden als gesellschaftliche Ereignisse zelebriert und zogen Menschenmassen an. Die Polizei zelebrierte mit. Hofrat Jelinek hatte ein eigenes Zeremoniell entwickelt, das später auch mir abverlangt wurde. Ich hätte gar keine Chance gehabt, mich dagegen zu wehren, ohne in den Verruf zu geraten, die ehernen Gesetze der Leopoldstadt zu missachten. So stieg ich gottergeben in meine Uniform und ließ das Brimborium über mich ergehen. Von der Meldung an den Bundespräsidenten und die wichtigsten Regierungsmitglieder angefangen bis zum leutseligen Rundgang im Sog der Kapazunder. – Dann hatte ich pflichtschuldigst das Messewachzimmer zu besuchen, das für diese Veranstaltung eingerichtet war. Hofrat Jelinek hatte dieses Wachzimmer in der Messewoche täglich zumindest einmal, zumeist jedoch zweimal kontrolliert, also hatte auch ich diesen Standard zu halten. – Ich muss gestehen, gegen Ende meiner Amtszeit im zweiten Bezirk nahm ich das dann erheblich lockerer, weil ich von der Sinnhaftigkeit dieser Kontrollfahrten nicht überzeugt war. Das über Jahre entstandene Hofzeremoniell des Kommissariates Leopoldstadt konnte nun einmal nur sehr behutsam aufgeweicht werden, wollte man die Mitarbeiter nicht schockieren.

Schon gegen Ende der Achtzigerjahre zeichnete sich der Niedergang der Wiener Messe ab. Die Messewochen im Frühjahr und Herbst verloren an Anziehungskraft, hatten sich in gewisser Weise überlebt. Am Messegelände – insbesondere an den Gebäuden – nagte der Zahn der Zeit. Es wurde nichts bis zu wenig investiert, es gab personelle Veränderungen und schließlich den Übergang zu einem neuen Konzept, dem der Fachmessen. Das bedeutete das Ende der großen wirtschaftlichen Leistungsschauen im Frühjahr und Herbst. Den weiteren Niedergang vermochten die Fachmessen nicht aufzuhalten. Jetzt steht ein radikaler Neuanfang bevor, zu dem Skeptiker nur alles Gute wünschen können.

DIE JÜDISCHE GEMEINDE

Das Verhältnis zur jüdischen Gemeinde im Bezirk war ein gutes und vertrauensvolles. Die Gemeindemitglieder gingen in ihrer überwiegenden Mehrheit davon aus, dass die Polizei alles unternehmen werde, um ihnen ein ruhiges und sicheres Leben zu gewährleisten. Tatsächlich gehörte diese Schutzaufgabe zu den ernsthaftesten Pflichten des Kommissariates, was den Beamten auch durchaus bewusst war.

Im Laufe der Zeit hatte sich die Übung herausgebildet, dass nach dem Morgenrapport im Zimmer meines Stellvertreters eine kleine Kaffeerunde zusammentrat. Ich pflegte zu diesem Anlass eine Scheibe von den Mazzes zu essen, die mir zu den verschiedenen Feiertagen von Mitgliedern der jüdischen Gemeinde geschenkt wurden. Immer wieder platzte in unsere Runde ein Bote der israelitischen Kultusgemeinde herein, der irgendwelche Schriftstücke überbrachte. Nachdem mich der Bote einige Male beim Mazzesessen überrascht hatte, merkte ein Kollege aus der Runde trocken an: „Wenn der jetzt ins Büro zurückkommt, wird er sagen: Der Stadthauptmann is' einer von unsere Leut'!" Was in einer gewissen Weise ja auch durchaus zutraf.

SPRACHENSALAT IM KARMELITERVIERTEL

Es wohnten viele Ausländer im Bezirk. Vor allem in den dicht verbauten, älteren Vierteln. So auch in der Gegend um den Karmelitermarkt, der durch den Umbau in den letzten Jahren steriler geworden ist und viel von seiner Ursprünglichkeit verloren hat. – Ich habe mir dort oft eine Leberkässemmel gekauft und mich an dem Völkergemisch erfreut. Ein Spiegelbild dieser Mixtur erlebten wir täglich auf dem Kommissariat. Ich erinnere mich da an eine amüsante Episode als Beispiel dafür, mit welch breit gefächertem Kundenkreis wir es damals zu tun hatten:

Eines Morgens erschien ein etwa fünfjähriges, dunkelhaariges Mädchen im Meldeamt, das die kopftuchbewehrte Mutter an der Hand führte. Die Kleine sprach fließend Deutsch und wickelte den „Behördenweg" souverän ab. Die Mutter stand still und unbeholfen daneben. Zum Abschied lächelte das Mädchen und sagte mit kokettem Augenaufschlag:

„Meine Mutter ist leider sehr ungeschickt in der deutschen Sprache, – ohne mich wäre sie aufgeschmissen …"

INSELKAPITÄN

Als ich meinen Dienst in der Leopoldstadt antrat, war mir gar nicht bewusst, dass ich von Margareten auf eine Insel übersiedelt war, die ich nur über eine Brücke erreichen konnte. Tatsächlich werden der zweite und der zwanzigste Bezirk durch Donau und Donaukanal zur Gänze von Wasser umspült. In der Geschichte dieser großen Insel hatte das Wasser immer eine bedeutende Rolle gespielt. Vor allem das Hochwasser, das die besiedelten Gebiete des Donauschwemmlandes regelmäßig bis zur Regulierung des Stromes heimsuchte. Hochwassermarken an den Nebengebäuden der Augartenschlösser weisen noch heute darauf hin. Die Flurbezeichnungen Brigitten-au, Au-garten … erinnern an den ursprünglichen Landschaftscharakter.

Bis ans Ende der Achtzigerjahre des vorigen Jahrhunderts gab es faktische Auswirkungen extremer Hochwasser auf den Bezirk. Mit Überflutungen im Bereich des Handelskais. Aus diesem Grund erhielt ich auch eine Berufung in die Hochwasserschutzkommission und ein Paar Gummistiefel dazu …

Der „Donaudienst", eine damals der Sicherheitswacheabteilung des zweiten Bezirkes unterstehende Einheit, residierte in einem aus dem Ende des 19. Jahrhunderts stammenden Haus direkt am Strom. Ich erinnere mich daran, dass der damalige Innenminister Blecha im letzten Jahr seiner Amtszeit diesen Donaudienst besuchte und mit einer Polizeikappe auf dem Kopf begeistert hinter dem Steuer eines kleinen Motorbootes der Polizei auf der Donau seine Runden zog. – Aus einem anfänglich eher skeptischen „Polizeiminister“ war im Lauf der Jahre ein großer Freund der Exekutive geworden, der an jenem Besuchstag unbeschwert und fröhlich das Schifferlfahren genoss und nicht ahnte, welche Probleme in naher Zukunft auf ihn zukommen würden …

Im Zuge der letzten Arbeiten zur Sicherung des Bezirkes vor Hochwasser wurde das Haus des Donaudienstes abgerissen und ein paar hundert Meter weiter stromabwärts ein schöner und zweckmäßiger Neubau errichtet, den dann schon Minister Löschnak seiner Bestimmung übergab. Heute erinnert nur noch das alte Pegelhäuschen, das erhalten blieb, an den früheren Standort des Donaudienstes.

Viele Selbstmörder und verunglückte Wassersportler verdanken dem Eingreifen des Donaudienstes ihr Leben. Damals war die Donau noch ein sehr lebendiger Strom mit einer beträchtlichen Fließgeschwindigkeit, daher ein durchaus gefährliches Wasser. Heute ist sie durch die Staustufe Freudenau zu einem trüben Teich „verkommen“.

Im Gegensatz zur großen Donau war der Donaukanal eher ein Gewässer für Showselbstmörder, die ihr Vorhaben zumeist unter großer Anteilnahme der Bevölkerung durchführten und daher auch gewiss sein konnten, aus dem giftig-schmutzigen Wasser gezogen zu werden. „Seriösen“ Selbstmördern wäre zu raten gewesen, sich still und leise ans Ufer zu setzen, ein paar Gläser Donaukanalwasser zu trinken und auf den Tod zu warten …

POLITIKERSCHMÄH

„Charly“ Blecha war (und ist) ein begnadeter Entertainer. Er war in meiner Zeit in der Leopoldstadt einmal eingeladen, im Haus der Begegnung am Praterstern einen Vortrag zu halten. Publikum füllte den Saal erwartungsvoll. Blecha kam im letzten Moment. Atemlos, aber – wie fast immer – bestens gelaunt. Er fragte nach dem Thema des Vortrags, verlangte dazu einige Zahlen. Dann trat er zum Rednerpult und sprach mit der Routine eines gewieften Politikers und als rhetorisches Naturtalent eineinhalb Stunden. Mit Schmäh und ohne zu stocken. Alle waren begeistert und sehr überzeugt. Selbst die, die es besser wussten.

Franz Löschnak „gastierte“ Ende März 1990 im Haus der Begegnung. Es sekundierten ihm zum Thema „Sicherheit“ Polizeipräsident Bögl und meine Wenigkeit. Diesmal keine Spur von Entertainment. Die Zeiten hatten sich geändert, der Zusammenbruch des Kommunismus in den osteuropäischen Ländern und die daraus resultierende Öffnung in den Westen hatten eine explodierende Kriminalität und dem Bezirk zudem die „Geißel“ des so genannten „Polenmarktes“ gebracht. Eines Flohmarktes, auf dem vorwiegend polnische Touristen diverses „Klumpert“ verkauften, um ihr schmales Einkommen aufzubessern. Der Markt war von einem Tag auf den anderen auf dem Mexikoplatz entstanden.

Die Bürger erwarteten vom Politiker konkrete Antworten auf ihre Fragen und keine saloppen Schmähs. Die Stimmung im Saal war gereizt. Wie das der Stimmung der Bezirksbevölkerung quer durch alle Weltanschauungen entsprach, die in der überwiegenden Mehrheit genug hatte von der Ausländerinvasion und der überbordenden Kriminalität.

Aber natürlich gab es auch Stimmen der „Menschenfreunde“, die bei derartigen Diskussionen niemals fehlen. So musste der geradlinige Minister den Spagat versuchen, „Hardliner“ und „Weicheier“ gleichermaßen zufriedenzustellen. Eine Aufgabe, die seine Gelenkigkeit überforderte. Einem „glatteren“ Politiker wäre es vielleicht gelungen, das trügerische – um nicht zu sagen betrügerische – Bild eines harten Durchgreifens mit Samthandschuhen zu zeichnen. Aber so etwas lag Löschnak nicht. Er pflegte zwar ab und zu Schmähs auf Kosten anderer zu machen – aber niemals auf Kosten der Ehrlichkeit …

So brachte die Veranstaltung letztlich keinen durchschlagenden Erfolg. Weder für die Sache noch für die handelnden Personen. Wenn man davon absieht, dass die teilweise recht heftigen Reaktionen aus dem Publikum den zahlreich anwesenden Bezirkspolitikern eine „Standortbestimmung" besonderer Art ermöglichten, indem ihnen durch ihre Wähler vor Augen geführt wurde, wo sie am besten nicht „stehen" sollten, um sich ihre Sympathie zu erhalten.

POLENALLERGIE

Das Problem des heiß diskutierten Polenmarktes war eines Tages aus dem Nichts entstanden. Plötzlich waren sie da, die polnischen Händler. Breiteten ihre Waren auf den Wegen durch die Parkanlage auf dem Mexikoplatz aus. Warum sie sich gerade diesen Platz ausgesucht hatten? Keiner weiß es. Vielleicht weil die ihn säumenden Geschäfte mit „Waren aller Art" eine basarartige Atmosphäre verbreiteten? Oder weil der amtierende Pfarrer der benachbarten Gedächtniskirche ein Landsmann war, der sie in der Folge auch in jeder Weise unterstützte? Was immer die Polen auf den Mexikoplatz gebracht haben mag, es wäre nicht zum Problem geworden, hätten sich nicht (österreichische) Käufer gefunden, welche die armseligen Waren erstanden und dadurch weitere Händler anlockten. Schließlich war der Mexikoplatz Tag für Tag mit hunderten Menschen bis auf den letzten Fleck voll gestopft. In den Stiegenhäusern der umliegenden Häuser verrichteten Menschen ihre Notdurft, Taschendiebe trieben ihr Unwesen, Betrüger verkauften Zigarettenpackungen, die Styropor enthielten. – Unrat, Lärm, Gestank und eine wütende Volksseele. Es gab Protestversammlungen der Bürger, wenig hilfreiche Statements von Politikern und ein reiches Sortiment von Medienberichten, in denen das „Ereignis" nach allen Seiten ausgeschlachtet wurde.

Die Großeinsätze der Polizei brachten nicht viel. Kaum waren die Wachebeamten verschwunden, strömten Händler und Kunden zurück auf den Platz …

Die „Polenallergie“ der Bewohner dieses Viertels drohte epidemisch zu werden. Bösartige Geschichten wurden kolportiert. Von Polinnen, die in Kellerabgängen ihre Körper feilboten, während ihre Männer auf dem „Markt“ Gartenzwerge aus Papiermaché und runderneuerte Klobesen an schwachsinnige Österreicher verscherbelten, oder von polnischen Frauen, die mit Preisschildern am Kleid auf Kundenfang durch die Engerthstraße flanierten, und dergleichen mehr. – Ich habe derartiges nie gesehen und kenne niemanden, der je solche Wahrnehmungen gemacht hat.

Wie auch immer: Unter dem Strich blieb auf der einen Seite eine unzumutbare Belastung für die Wohnbevölkerung, auf der anderen Seite der unbestreitbare Umstand, dass – von einigen Kriminellen abgesehen – die Mehrzahl der Händler – nebenbei waren nicht nur Polen vertreten, sondern ebenso Angehörige anderer Oststaaten – arme und bemitleidenswerte Menschen waren, die sich nach einer Aufbesserung ihrer kargen Einkünfte sehnten. Ich musste an das Jahr 1945 denken, in dem die Eltern unserer Generation ebenfalls versucht hatten, den Lebensunterhalt durch den Verkauf von alten Sachen im Schleichhandel sicherzustellen.

Ich setzte mich daher mit meinen leitenden Beamten zusammen, mit denen ich mich einer Meinung wusste, um eine Lösung des Problems zu finden, die möglichst beiden Seiten gerecht wurde. Denn eines war klar, von außen war keine Hilfe zu erwarten. Weder von den Politikern noch von der Stadt, dem Ministerium oder der Polizeidirektion. Die Ratschläge, die von diesen Seiten kamen, waren nicht mehr wert als die „Schätze“, die auf dem Polenmarkt angeboten wurden …

So kamen wir zu der Idee, den Markt in eine Gegend zu verlegen, in der es in unmittelbarer Nähe keine Wohnbevölkerung gab. Unsere Wahl fiel auf die Perspektivstraße im Nahebereich des Messegeländes. Die Umsiedlung bereitete keine Probleme.

Den Menschen war es völlig egal, wie der Quadratmeter Asphalt genannt wurde, auf dem sie ihren Ramsch ausbreiteten. Auf dem Mexikoplatz kehrte wieder Ruhe ein.

In der Perspektivstraße hatten wir allerdings nach kurzer Zeit die Direktion der Messe auf dem Hals, die sich beschwerte, dass durch das ungeregelte Markttreiben, den Lärm, den Müll und Gestank das „internationale Flair“ der Wiener Messe gestört werde. Also hatte der Polenmarkt auch in der Perspektivstraße keine Perspektive und wir gingen wieder auf die Suche nach einem neuen Platz.

In Kooperation mit dem Magistrat und der Bezirksvorstehung kamen wir schließlich auf die Idee, die sogenannte „Camperwiese“ weit draußen am Handelskai als Standort heranzuziehen. Dort gab es viel Platz, auch für die Ostbusse, und mehr Gegend als Anrainer. Auch diesmal verlief die Umsiedlung problemlos.

Von da an verwandelte sich die große Wiese am Donaustrom täglich in ein Heerlager, das internationaler nicht sein konnte – und in eine Gstätt'n. Zwischen den kreuz und quer geparkten Privatautos und den improvisierten Standln Kunden aus Ungarn, Tschechien, der Slowakei und Österreich, das Angebot gustierend. Ranzige Butter, billiger Sekt, dürre Wurst – grün von der Sonne –, Zigaretten, primitive Holzschnitzereien, billiges Kristallglas, Drahtvorrichtungen zur Beseitigung von Klosettverstopfungen, primitives Werkzeug, etc.

Patrouillierend Zollbeamte, Polizisten, Beamte des Marktamtes. Alle mit zutiefst resignativem Gesichtsausdruck, der Hoffnungslosigkeit der Situation Rechnung tragend.

Ein Bürger: „Herr Inspekta, warum lasst ma' de olle über d'Grenz'?“ Er macht eine weit ausholende Handbewegung.

Der „Inspekta“ blickt unwirsch: „Wann ma' des machen und olle genau kontrollieren, was üba de Grenz' kummen, dann ha'ma an Stau von fuchzig Kilameter. Des holt' ma net aus!“

Der Bürger stemmt die Arme in die Hüften und antwortet mit sich rötendem Gesicht: „Und mir holten des da net aus!“

Beide schauen sich kurz schweigend an, erkennen die Pattstellung und gehen kopfschüttelnd weiter.

Häufig an den Wochenenden, speziell an Samstagen, bezog ich Stellung auf dem Damm der in den Hafen führenden Bahn und beobachtete das Marktgeschehen. Meine Mitarbeiter nannten mich bald als Pendant zum „Ostbahn-Kurti“ den „Bahndamm-Michi“ …

Natürlich blieben auch an diesem Standort Beschwerden nicht aus. Vom Betreiber eines nahen Fischlokales, von Kleingartensiedlern, aus einer benachbarten Schule. Wir zogen den Kopf ein und setzten auf Zeit. Wir waren sicher, mit einer Normalisierung der Verhältnisse in den Nachbarstaaten würde der Markt verschwinden. Nach einigen Monaten ist es dann auch so gekommen.

WAU-WAUGARTEN

Aber auch andere „Problemzonen“ machten uns immer wieder zu schaffen. Zum Beispiel der wunderschöne Augarten. Vandalenakte, das Match Spaziergänger gegen Radfahrer, Raufereien unter Halbwüchsigen und Schülern vor dem Turnunterricht im Park und – die Hunde! Das Verbot, Hunde in den Park mitzunehmen, war nicht durchsetzbar. Einschreitende Wachebeamte hatten derartige Schwierigkeiten mit den Hundehaltern, dass sie lieber wegschauten, bevor sie einem bissigen Frauerl zwischen die Zähne gerieten. So kam es wieder zu Beschwerden, weil zu wenig getan würde. Die Gärtner regten sich über die „Hundstrümmerl“ im Rasen und „Grabungsarbeiten“ in den Banketten auf. Nicht alle waren so tolerant wie jener gesetzte Bürger, von dem mir berichtet wurde. Durch den Sprung eines übermütigen Boxers in den Staub geworfen, hatte er sich lachend erhoben, seine Hose abgeputzt und das entsetzte Frauerl mit den Worten „Nur kane faden Hund“ beruhigt …

Eines Tages erschien eine Abordnung von besorgten Müttern in meinem Büro, die sich darüber beschwerten, dass ihre halbwüchsigen Söhne auf dem Weg in den Augarten zum Nachmittagsturnen durch ausländische Jugendliche angegriffen und geschlagen würden. Die Damen verlangten eine Polizeieskorte. Meine Bemerkung, ich hätte dieses Problem als Bub auch gehabt und mir durch handgreiflichen Widerstand Respekt verschafft, versetzte die Mütter in Aufregung. In ihren Blicken konnte ich lesen, dass sie mich für einen Rabauken und Barbaren hielten. Sie verabschiedeten sich mit ängstlicher Miene, als fürchteten sie, ich könnte jeden Moment tätlich werden. – Ich hoffe, ihre Söhne sind mittlerweile selbstbewusste Bürger geworden, die sich in der harten Arbeitswelt zu behaupten wissen.

DER POLIZISTEN „SEXTER" SINN

Es gab auch ganz kuriose Geschichten, welche die Runde machten. So wurde unter anderem schmunzelnd erzählt:

In einer unfreundlichen, kalten Novembernacht patrouillierte eine Funkstreife in der Gegend um das Lusthaus. Die Beamten sahen im Schatten eines Baumes einen geparkten Mercedes, dessen Scheiben stark angelaufen waren. Der Wagen schlingerte rhythmisch auf und ab. Über die Gesichter der beiden Wachebeamten huschte ein verstehendes Lächeln. Sie hielten nahe dem hutschenden Wagen an und schritten zur Kontrolle. „Polizei! Ausweiskontrolle!" Die Beamten klopften an die Scheiben. Nach einer Weile federte der Wagen aus. Eine Männerstimme sagte: „Moment!" Dann wurde von innen der Beschlag spaltbreit weggewischt. Eine feiste Hand wurde sichtbar. Dann ein geöffneter Ausweis. Einer der Beamten leuchtete das Dokument mit der Taschenlampe an. Salutierte plötzlich und sagte: „Danke, Herr Minister!" – Die Polizisten retirierten eilig zu ihrem Fahrzeug. Als sie zurückblickten, schlingerte der Mercedes bereits wieder. Was den jungen Beamten ein anerkennendes Nicken entlockte …

RUND UM DAS RUNDE LEDER

Von frühester Jugend an fühlte ich mich zum Fußball hingezogen. Weil ich bei Wiederaufnahme des Fußballbetriebes nach dem Krieg in Hietzing wohnte, gab es für mich nur zwei Vereine, denen ich anhängen konnte: Meidling oder Rapid. Ich entschied mich für Rapid, weil dieser Verein die ruhmreichere Vergangenheit hatte und mehr Ansehen. Junge Menschen zieht es zum Erfolg.

So pilgerte ich fleißig nach Hütteldorf auf die Pfarrwiese oder ins Wiener Stadion, in dem die wichtigeren Spiele stattfanden. Ich erlebte die Fußballbegeisterung der Nachkriegszeit. Die durch das Kriegsleid an Körper und Seele verwundeten Menschen sogen den Fußball, der ihnen billige Entspannung bot, wie Medizin in sich auf. Die großen Spiele im Stadion waren in der Regel ausverkauft. Der Schleichhandel blühte. Bald wussten alle Kartenschnorrer, dass die Kieberer, die den Schwarzhandel mit Karten zu unterbinden hatten, einheitlich lange, grüngraue Ledermäntel trugen. So eine Art Uniform, die wahrscheinlich aus amerikanischen Beständen stammte. Dieses Wissen erleichterte den Zugang zu den Stadien sehr.

Mit der Zeit lernte ich alle Schmähs, die ein Individuum beherrschen muss, das Sportplätze besucht – inklusive des dazu passenden Vokabulars, das erst den wahren Kenner ausweist.

Im Lauf der Jahre und Jahrzehnte erlebte ich viele schöne Spiele, dramatische Szenen auf dem Fußballfeld und im Zuschauerraum. Raufereien, Unglücksfälle durch nachgebende Barrieren, Ausschreitungen erboster Zuseher … An das legendäre Spiel Rapid gegen Benfica-Lissabon erinnere ich mich in diesem Zusammenhang ganz besonders. Ich war damals schon bei der Polizei und mit einigen Kriminalbeamten auf der Tribüne des Wiener Stadions. Als die Ausschreitungen in unserer unmittelbaren Nähe begannen und die Wachebeamten einschritten, sagte ich zu den Kollegen: „Burschen, wir hauen ab!“ So kamen wir rechtzeitig aus dem Stadion, ohne in den Sog der turbulenten

Vorkommnisse zu geraten. Das Groteske war: Eigentlich liefen wir – obwohl am Wirbel völlig unbeteiligt – vor der Polizei davon und nicht vor den Tumulten …

So war ich ein Kenner der Materie – zumindest aus der Sicht eines Fußballkonsumenten –, als ich dienstlich mit den Problemen des Happelstadions konfrontiert wurde.

DIE NEUE STADIONSICHERHEIT

Mitte der Achtzigerjahre war das Wiener Stadion aufgestockt, modernisiert und mit einer eindrucksvollen Dachkonstruktion versehen worden. Nach dem Tod des legendären Fußballers und Trainers Ernst Happel wurde es schließlich in „Happelstadion" umbenannt.

Als ich Anfang 1987 Bezirksleiter in der Leopoldstadt wurde, stand das große Stadion bereits als Austragungsort des Europacupfinales 1990 fest. Die Auflagen der UEFA waren nach vielen schlechten Erfahrungen in anderen Ländern besonders umfangreich. Eine Neuordnung aller Sicherheitsmaßnahmen inklusive des Ordnerdienstes schien unabdingbar zu sein. Die vorhandenen Strukturen orientierten sich im Wesentlichen noch an den Anforderungen des Stadions vor dem Umbau.

Unter dem Druck des bevorstehenden Endspieles und insbesondere der UEFA setzten sich im Frühjahr '87 Verantwortliche des ÖFB, der Stadt Wien und der Polizei zusammen und arbeiteten in guter Kooperation einen Aufgabenkatalog aus.

Es war ein besonderes Glück, dass sich hier ein Team zusammengefunden hatte, das ausgezeichnet harmonierte. Da wir uns rasch einig waren, dass unter anderem der Ordnerdienst, der bisher mehr oder minder nach Bakschischmanier funktioniert – oder besser nicht funktioniert – hatte, auf eine professionelle Basis gestellt werden musste, zogen wir ein großes Bewachungsunternehmen bei, das sich in der Folge sehr bewährte. Wir fanden ein gutes Konzept für alle Sicherheitsbelange, das bis zum Endspiel umgesetzt wurde und im Wesentlichen heute noch gilt.

Das Endspiel wurde dann auch ohne Probleme und zur großen Zufriedenheit der UEFA veranstaltet. Dies drückte sich vor allem darin aus, dass Wien 1990 erneut den Zuschlag für ein Finale erhielt.

Mehr Sorgen machten uns die zahlreichen Open-Air-Konzerte, die im Stadion abgehalten wurden. Das neue Sicherheitskonzept galt ja nur für Fußballspiele. Die Konzertveranstalter waren zumeist finanziell schwach auf der Brust und sparten, wo es ging – vor allem bei der „Sicherheit". Sie engagierten billige Bewachungsunternehmen, die nur über geringe Personalressourcen verfügten und daher gezwungen waren, für den Anlass (ungeschultes) Personal zu engagieren. Junge Menschen, welche der geringe Lohn nicht abschreckte, weil sie ohnehin in erster Linie des Events wegen ins Stadion wollten. Man kann sich vorstellen, mit welchem Ernst sie dann ihren Aufgaben nachkamen. So hatten wir gewaltige Probleme, weil Ausgangstore nicht besetzt waren, die im Fall einer Panik sofort zu öffnen gewesen wären – oder weil zu viele Besucher in den Innenraum (Spielfeld, Laufbahn) gelassen wurden. Dort befanden sich natürlich die bevorzugten Plätze, war man doch den Stars am nächsten. Der Fassungsraum des Innenbereiches war allerdings begrenzt. Es musste unbedingt gewährleistet sein, dass der Innenraum im Notfall in etwa acht Minuten geräumt werden konnte.

Vor der Bühne drängten sich die jungen Menschen regelmäßig zu einem großen Pulk zusammen. Bei Hitze kam es zu Ohnmachten – in erster Linie von weiblichen Besuchern. Ich erinnere mich, dass bei einem Konzert gegen 150 junge Mädchen zusammenklappten und in das neben den Diensträumen der Polizei situierte Sanitätszentrum getragen werden mussten. Dort lagen sie auf Bahren nebeneinander, aufgereiht wie die Heringe, und ihre nackten Brüste vermittelten den freundlichen Eindruck einer sanften Hügelkette …

Wir lernten natürlich auch aus den Problemen bei Konzertveranstaltungen. So versuchten wir, den Platz vor der Bühne zu unterteilen, um die Menschenmassen ein wenig aufzulockern. Wir schufen weiters die Möglichkeit, die Menge bei Hitze mit Wasser besprühen zu können, machten bei den Bewachungsunternehmen, die jeweils engagiert waren, Dampf, effizienter zu arbeiten, ihre „Amateurordner“ besser zu kontrollieren. Trotzdem blieb diese Art von Veranstaltungen unwägbar und riskant, wie das Unglück im Berg-Isel-Stadion letztlich gezeigt hat.

ENDSPIELKRAMPF

Doch zurück zum Europacupfinale 1990: Es stand unter keinem guten Stern und war zweimal von der Absage bedroht. Zu unserem Unglück hatten sich nämlich der AC Milan und Benfica Lissabon für das Endspiel qualifiziert. Unglück deshalb, weil das Interesse, nach Wien zu kommen, in Italien ungleich größer war als in Portugal, was sich natürlich auf die Kartennachfrage auswirkte.

Wenige Tage vor dem Spiel schlug die UEFA Alarm. Sie hatte erfahren, dass aus dem portugiesischen Kontingent tausende Karten nach Italien gelangt waren. Eilig beraumten die UEFA-Granden eine Sitzung in ihrem Hauptquartier in Bern an. Auf Ersuchen des ÖFB nahm ich an den Beratungen teil.

Die Residenz der UEFA befand sich in den beiden letzten Etagen des eigenen vierzehnstöckigen Hauses. Die restlichen Geschosse waren gegen harte Franken vermietet. – Wer mit dem Lift in den 13. Stock befördert wurde, tauchte in eine Atmosphäre von diskretem, gediegenem Luxus ein. Und wer bisher nicht wusste, wo das Geld zu Hause ist, der war spätestens jetzt im Bilde.

Über eine Freitreppe ging es weiter in den letzten Stock …

Die Toilette imponierte mir besonders. Eine Sinfonie von Kacheln und allen möglichen Finessen moderner Hygiene. Als ich einmal einem Herrn des ÖFB über diese Wundertoilette berichtete, sagte er nur trocken: „Bei der Scheiße, die sie immer wieder bauen, brauchen sie auch ein schönes Häusl!"

Die Konferenz fand im letzten Stock statt und dauerte stundenlang. Die Portugiesen waren eine harte Nuss. Ihr Wortführer, ein großer, fleischiger Mann mit einem buschigen, schwarzen Schnurrbart, behauptete steif und fest, alle Karten des portugiesischen Kontingents seien bereits in Lissabon verkauft worden. Es sei daher undenkbar, dass Tickets in größerer Zahl nach Italien verscherbelt worden seien. Erst als ihm der Vertreter des AC Milan ein Büschel von Karten aus dem Kontingent Benficas unter die Nase hielt, die bei Mailänder Fanclubs gelandet waren, bequemte er sich, seinen „Hochstand" zu verlassen und zuzugeben, die Mehrzahl der Tickets sei an Reisebüros gegangen und daher aus dem Gesichtskreis des Vereines geraten. – Die Sorge der UEFA bestand nun darin, dass es durch die nach Italien verkauften Karten zu einer Vermischung der portugiesischen und italienischen Fans auf den Stadiontribünen kommen könnte.

DIE TOTENGLOCKE

Die zähen Verhandlungen wurden vom permanenten Läuten einer Glocke begleitet, das wohl von einem benachbarten Friedhof kam, auf dem ein Begräbnis stattfand. Als das Bimmeln nicht verstummen wollte, fragte unser englischer Vorsitzender, ob in Bern die Opfer einer Epidemie bestattet würden, die Glocke sei schon mehr als zwei Stunden zu hören … Und unter dem Läuten der „Totenglocke" könnten die Gespräche wohl kaum erfolgreich verlaufen …

Da erhob sich die Sekretärin wortlos, nahm den Vorsitzenden an der Hand und führte ihn zum Fenster. Sie wies mit der Hand auf die benachbarte Wiese, auf der eine einsame Kuh graste, die – warum wohl? – eine seltsame kleine Glocke um den Hals trug.

Die „Totenglocke“, welche unsere Besprechung so hartnäckig begleitete. Der Vorsitzende schüttelte verwundert den Kopf und sagte in Anspielung auf den Umstand, dass die „Leitkuh“ mit Glocke in der Regel das Vorhandensein einer Herde voraussetzt, trocken: „Kein Wunder, dass ihr die anderen Tiere davongelaufen sind!“

Als wir mit unserer Sitzung zum Ende kamen, machte auch die Kuh Schluss und trottete von der Wiese. Worauf die Italiener „argwöhnten“, sie sei von den Portugiesen engagiert worden, um unsere Besprechung zu stören …

SILBERSTREIF AM HORIZONT

Während des Heimflugs skizzierte ich den Inhalt der Gespräche und ihr Ergebnis für einen Bericht an den Polizeipräsidenten. Nach vielen Telefonaten mit Lissabon, Mailand und Wien hatten wir zuletzt rund 2600 Karten geortet, die aus dem portugiesischen Kontingent nach Italien „gewandert“ waren. Und konnten sie glücklicherweise auch im Stadion geographisch zuordnen, so dass strategische Maßnahmen der Polizei möglich waren. Das bedeutete einen dezenten Silberstreifen am Horizont, der allerdings durch die Prophezeiung der Italiener eine gewisse Trübung erhielt, dass viele Landsleute auf gut Glück (und ohne Karten) nach Wien kommen und versuchen würden, um jeden Preis ins Stadion zu gelangen, was vor allem auch Kartenfälschungen erwarten lasse …

FEUER AM DACH

Das erste Falsifikat tauchte prompt am Vortag des Spieles auf. Ein misstrauischer Mailand-Fan, der die Karte in Wien um 2600 Schilling von einem Landsmann erworben hatte, fragte im Hotel

Hilton, wo die UEFA ihren Sitz aufgeschlagen hatte, nach, ob das Ticket auch echt sei. Er kannte offensichtlich seine Pappenheimer. Denn tatsächlich erwies sich die Karte unter der Speziallampe als gute und mit freiem Auge nicht erkennbare Fälschung. Jetzt war Feuer am Dach!

Ich eilte ins Hilton und wurde natürlich sofort mit der Frage konfrontiert, ob man das Spiel unter diesen Voraussetzungen nicht absagen sollte. Zumal plötzlich immer mehr Falsifikate auftauchten, die in der Stadt, vor allem aber rund um das Stadion angeboten wurden. Ich gab mich trotz allem optimistisch und riet, sofort in die Öffentlichkeit zu gehen, vor dem Kauf von Karten zu warnen und darauf aufmerksam zu machen, dass beim Stadion drei Kassen geöffnet würden, in denen man Tickets auf ihre Echtheit überprüfen lassen könne.

Erst nach dem Spiel erfuhr ich, wie ernst es der UEFA bei Auftauchen der ersten Falsifikate damit gewesen war, das Spiel abzusagen. Nur das Vertrauen der Verantwortlichen in die Effizienz des ÖFB und der österreichischen Behörden hatte sie letztlich von diesem schwerwiegenden Schritt abgehalten.

An jenem Tag wurde die Frage einer eventuellen Absage übrigens nochmals an mich herangetragen. Diesmal von meinem Chef, dem Polizeipräsidenten. Auch diesmal sprach ich mich dagegen aus und argumentierte, dass wir an sich auf alle Eventualitäten vorbereitet seien und eigentlich nur gewinnen könnten. Im Falle einer Absage würde letztlich alles an uns hängen bleiben und der Prestigeverlust für Wien und die Wiener Polizei sehr groß sein. Daher sollten wir es wagen … Ich ersuchte ihn allerdings, alle Reserven zu mobilisieren und in die „Schlacht“ zu werfen.

Dies tat der Präsident dann auch. Er putzte die Schreibstuben aus und jagte auf die Straße, was gerade noch gehen konnte. – In der Pause des großen Spieles sprach mich übrigens auf der Ehrentribüne eine Dame an, die vom Fußball ebenso wenig verstand wie vom Polizeigeschäft, und verkündete mir, sie habe heute in der Stadt so viele lustige Polizisten gesehen. Ich antwortete ihr, dass es mich freue, wenn Polizisten im Dienst guter Dinge seien. Da lachte sie und sagte, sie habe das mit „lustig“ ein wenig anders gemeint ... Wahrscheinlich war sie unserem „letzten Aufgebot“ begegnet.

Wir waren tatsächlich gut vorbereitet. Im Stadion hatten wir erstmals eine transportable Videoüberwachungsanlage aufgestellt, mit der wir vor allem den Zuschauerraum und das nähere Umfeld des Stadions überwachen konnten. Auf der Jesuitenwiese war ein Videowall errichtet worden, um insbesondere den Italienern, die ohne oder mit gefälschten Karten da standen, eine Alternative bieten zu können. Der Hinweis auf diese Anlage sollte die Personengruppe der enttäuschten Fans eher bewegen, das Stadionvorfeld zu verlassen und nicht auf die unwahrscheinliche Chance zu warten, vielleicht doch irgendwie in die Arena zu gelangen und dadurch den Platz vor den Einlässen unnötig zu verstellen.

Es war dafür gesorgt, dass die Italiener mit Tickets aus dem portugiesischen Kontingent durch einen Polizeikordon von den sie umgebenden Benfica-Fans getrennt wurden. Eine Maßnahme, die den portugiesischen Verantwortlichen gar nicht schmeckte. Sie verlangten, man sollte diese Zuschauer in die italienischen Sektoren umsiedeln, und wollten mich für eventuelle Zwischenfälle verantwortlich machen. Wir blieben aber bei unserer Taktik und wurden in diesem Punkt auch durch die UEFA unterstützt.

Einen zentralen Punkt in der Sicherheitsstrategie stellten die Einlasskontrollen dar, die so umfangreich und genau wie nie zuvor geplant waren. Tatsächlich war es von entscheidender Bedeutung, dass es gelang, die – vor allem italienischen – Fans daran zu hindern, gefährliche Gegenstände, wie Messer, Stangen, Feuerwerkskörper etc., in den Innenraum des Stadions mitzunehmen und bei eventuellen Randalen zu benützen. Den italienischen Kollegen verdankten wir den Hinweis auf die zahlreichen „Fußballbräute“, deren Hauptaufgabe im Hinblick auf das Spiel darin bestand, an und in ihrem Körper verbotene Gegenstände in die Arena zu schmuggeln. Wir setzten daher in den italienischen Sektoren viele Frauen ein, die vor allem die weiblichen Fans zu filzen hatten. – Vor Spielbeginn waren wir dann verblüfft über die „Aufnahmefähigkeit" der Damen, welche die unglaublichsten Gegenstände an und vor allem in ihren Körpern versteckt hatten. Beispielsweise Feuerwerksraketen jeder Größe, so dass man diese Fußball-Ladys im wahrsten Sinn des Wortes als „Sexbomben" bezeichnen konnte. So blieb es nicht aus, dass sich einige Kollegen in ihrer einschlägig gepolten Fantasie vorstellten, was geschähe, sollte sich einmal eine dergestalt mitgeführte Rakete am sprichwörtlichen Feuer einer Mailänderin entzünden.

Am Abend vor dem Spiel fand im Festsaal des Palais Ferstel ein wunderschöner Empfang statt. Die nationale und internationale Fußballprominenz gab sich ein Stelldichein, viele Politiker und diverse Promis waren „a dabei". Alle wollten gefälschte Karten sehen und waren sinnigerweise enttäuscht, dass sie aussahen wie echte. In das seichte Geplapper mischten sich da und dort auch besorgte Töne, die wirklich Verantwortlichen zeigten angespannte Mienen.

FOLTEROPFER

Während ich schon langsam an Rückzug aus der Veranstaltung dachte – schließlich wartete auf mich ein harter Tag –, trat ein Ereignis ein, das alle meine Pläne schlagartig zunichte machte. Ich zitiere aus meinen Aufzeichnungen:

„Plötzlich kommt ein Streifenbeamter hereingekeucht, der mich sucht. Ich soll dringend den Präsidialjournalbeamten anrufen. Der teilt mir mit, dass die 'Folterkommission' des Europarates, die sich seit einigen Tagen in Wien aufhält, eben das Kommissariat Leopoldstadt aufgesucht hat. Der Polizeipräsident wünsche, dass ich sofort in den zweiten Bezirk fahre und mich der Kommission zur Verfügung stelle.

Ich sause ins Büro. Die Kommission ist gerade im Wachzimmer und sekkiert den Kommissariatswachkommandanten. Sie besteht aus einem Engländer, einem Schweizer und einer Dänin. Dazu eine Dolmetscherin. Ich hatte sehr gehofft, die Kommission würde erst nach dem Finale erscheinen. Aber leider ...

Es wird eine mühsame Geschichte. Zuerst löchern sie uns im Wachzimmer, besichtigen – ausgerüstet mit Plänen des Hauses – den Arrest. Dann ziehen sie sich mit mir in mein Zimmer zurück und beschäftigen mich mehr als eine Stunde. Sie wollen unter anderem Details über den letzten Haftakt wissen, stellen allgemeine Fragen. Immer ist eines der drei Kommissionsmitglieder sehr munter, während die beiden anderen zu dösen scheinen – schließlich geht es auf Mitternacht zu. So beschäftigen sie mich ohne Unterlass und bleiben selbst stets fit. Jetzt begreife ich langsam, warum man die Herrschaften volkstümlich 'Folterkommission' nennt.

Zuletzt wollen sie nochmals die Arresträume sehen. Stirnrunzelnd stehen die drei Weisen vor der nackten, schrägen Holzpritsche einer Zelle. Ich erkläre, dass Holz am besten zu säubern und daher hygienischer sei als jede andere Unterlage. Sie schauen mich verständnislos an. Da tritt der uns begleitende Sicherheitswachebeamte, ein pfiffiger Kerl, vor, beugt sich nieder und klopft mit dem Knöchel gegen die Pritsche. Dann richtet er sich lächelnd auf, sagt akzentuiert, mit Betonung auf der ersten Silbe: 'Weichholz!'

Die drei Weisen verziehen keine Miene. Spätestens zu diesem Zeitpunkt weiß ich, dass man für diese Mission die Richtigen ausgesucht hat. Humor und Folter vertragen sich nicht ...

Zuletzt wollen sie noch den einzigen Häftling sprechen, den wir seit kurzem haben. Einen Automateneinbrecher aus Südosteuropa. Es wird eine groteske Szene. Der verschlafene, schmuddelige Häftling – und die weltfremden und etwas naiv wirkenden Kommissionsmitglieder.

Der Häftling kapiert überhaupt nichts, hat noch nie etwas vom Europarat gehört. Und eigentlich will er schlafen. Die drei Weisen löchern ihn mit Fragen, die er nicht versteht. Nach einiger Zeit mische ich mich ein und erkläre, dass der Häftling offensichtlich Verständigungsprobleme habe, weshalb eine Befragung nicht wirklich sinnvoll erscheine. Außerdem wolle er schlafen, was zur Nachtzeit wohl verständlich sei. Wenn man ihn länger mit Fragen bombardiere, komme das unter diesen Umständen einer 'Folter' gleich. Sie lächeln schief und meinen, wenigstens hätten sie sich davon überzeugt, dass der Häftling nicht misshandelt worden sei. – Jetzt lächle ich schief.

Nach 24 Uhr lassen sie sich ein Taxi kommen und entschwinden in die Nacht. Ich fahre müde und leicht 'gefoltert' heim."

Ich hatte damals den Eindruck, die „Antifolterer" waren ein wenig enttäuscht, kein Blut in den Arrestzellen vorgefunden zu haben, keine Ketten und Folterwerkzeuge. Von ausgeschlagenen Zähnen, die auf dem Boden herumkollerten, ganz zu schweigen. Irgend jemand musste die Leopoldstadt als „Folterkommissariat" denunziert haben, sonst wären die redlichen Naivlinge nicht zu uns gekommen.

Dazu passt eine Geschichte, die Monate später spielte:

Am ersten Tag meiner Tätigkeit im Ministerium im Jänner 1991 erreichte mich der Anruf eines ORF-Redakteurs, der mich mit der Frage konfrontierte, wie ich damit leben könne, an die Spitze der österreichischen Sicherheitsverwaltung aufzurücken, wo ich doch zuvor in jenem Kommissariat Chef gewesen sei, in dem am meisten geprügelt werde …

Ich war über diese Frage verblüfft und verärgert, weil die Anschuldigung aus der Luft gegriffen war und nicht einmal ansatzweise den Tatsachen entsprach. Und ich rätselte darüber, wer uns zu diesem schlechten Ruf verholfen hatte.

Der Bericht der „Antifolterkommission" hatte, was unser Haus betraf, die einzige Konsequenz, dass das nackte „Weichholz" im Arrest als unzumutbar bezeichnet und das Auflegen von Plastikmatten vorgesehen wurde.

DAS GROSSE SPIEL

Doch zurück zum großen Spiel: An jenem 23. 5. 1990 lag eine seltsame Spannung über der Stadt. Es war mehr Polizei zu sehen als sonst. Portugiesische, vor allem aber italienische Fangruppen zogen durch die Straßen, schwangen Fahnen und machten Lärm. Zu gröberen Vorfällen kam es nicht. – Als ich lange vor dem Spiel ins Stadion fuhr, hatten die Schlachtenbummler schon den Prater erreicht. Positiv wirkte sich aus, dass die Südeuropäer in der Regel kein Alkoholproblem haben. Sie waren zwar temperamentvoll und laut – aber wenigstens nüchtern. Und eigentlich sehr geduldig. Ohne zu murren warteten sie in langen Schlangen vor den Eingängen ins Stadion und ließen dann die peniblen Einlasskontrollen über sich ergehen.

Und letztlich lief alles bestens. Um 20.10 Uhr war der Einlass beendet. Das Spiel konnte pünktlich beginnen.

Dazu einige Sätze aus meinen Aufzeichnungen:

„Wir haben keine Probleme. Nirgendwo gibt es Überfüllungen, offensichtlich sind nur wenige Italiener mit gefälschten Karten ins Stadion gelangt. Es werden fast keine Raketen und Rauchbomben gezündet. Jedenfalls wesentlich weniger als sonst bei einem Spiel des AC Milan. Einige Ansätze zu kleineren Reibereien unter den Zuschauern werden sofort im Keim erstickt. Alle Einrichtungen, die wir für dieses Spiel geschaffen haben, wie Videokontrolle, Außenbeschallung, Kommunikationszentrale, bewähren sich bestens.

Nach dem Spiel, das – so nebenbei – Milan 1:0 gewinnt, gratulieren uns die Herren der UEFA, des ÖFB, die anwesenden Politiker … Polizeipräsident Bögl steht wie ein Feldherr hinter der Balustrade der Ehrentribüne und blickt stolz auf das Treiben in der Arena. Er kann zufrieden sein. Wir haben uns – wenn schon nicht als Fußball-Land – so doch als Veranstalterland sehr bewährt …“

DER BALL IST RUND

Beim Stiegenabgang des VIP-Raumes im Stadion trat ein bekannter Banker auf mich zu, reichte mir die Hand und sprach den inhaltsschweren Satz: „Wir haben es wieder gesehen, der Ball ist rund!“ Höchstwahrscheinlich kannte er mich gar nicht und hatte sich lediglich angeschlichen, weil er gesehen hatte, dass andere Promis mit mir sprachen. Vermutlich interessierte er sich auch gar nicht für Fußball und war nur ins Stadion gekommen, um sich als strahlender VIP an diesem Tag auf der Ehrentribüne zu zeigen. Der flotte und für das vergangene Spiel völlig unpassende Spruch – es hatte der Favorit gesiegt – sollte wohl nichts anderes als seine Vertrautheit mit dem Fußballsport dokumentieren. „Wir haben es wieder gesehen, der Ball ist rund!“ – Ich runzelte die Stirn, blickte mich suchend um, fragte: „Welcher Ball?“– In seinem zunächst verwirrten Gesicht erschien ein verächtlicher Zug. Der Banker wandte sich abrupt ab. Hinter seiner Stirn war deutlich das Wort „Nebochant“ zu lesen …

DER ROSA SCHEIN

Anfang April 1990 erreichten die Bemühungen um Dezentralisierung der Führerscheinprüfungen den zweiten Bezirk. Im Kommissariatsgebäude wurden für diese Zwecke einige Räume adaptiert. Die in der Leopoldstadt etablierten Fahrschulen begrüßten die Möglichkeit, die Prüfungen im eigenen Bezirk absolvieren zu können, sehr.

Zu diesem Zeitpunkt hatte ich meine Prüfungstätigkeit, die ich acht Jahre ausgeübt hatte, bereits beendet. Durchaus leichten Herzens, wie ich zugeben muss. Denn es war kein angenehmer Job gewesen, zu einem hohen Prozentsatz schlecht vorbereitete und vielfach intellektuell überforderte Menschen um ein geringes Salär von ihrer Unwissenheit zu überzeugen. Dabei wurde auch dieses karge, von der Steuer argwöhnisch beobachtete Zubrot durch die vereinigte Neidgenossenschaft in Zweifel gezogen. „Weil die Prüfungen in der Dienstzeit stattfanden“ und dergleichen mehr. Argumente wie: „Es ist eine zusätzliche Leistung, die erbracht werden und auf die man sich vorbereiten muss“, „Während man prüft, bleibt die eigene Arbeit liegen und muss sozusagen ‘außertourlich’ – nach der Dienstzeit oder wie immer – erledigt werden“ hätten nicht gezogen, wären uns nicht die Fahrschulen zur Seite getreten. Wohl wissend, dass sich ohne diesen kleinen Nebenverdienst niemand aus freien Stücken als Prüfer zur Verfügung gestellt hätte.

Wer den Job ernst nahm, erlebte schwere Stunden. Die Hauptschwierigkeit lag im Unterschied des Bildungsniveaus der Prüflinge. Normalerweise sitzen einem Prüfer Menschen gegenüber, deren Bildung und Reife sich auf annähernd gleichem Niveau bewegen. Er weiß daher, was er voraussetzen kann. Bei Führerscheinprüfungen aber folgte beispielsweise auf eine Hausfrau mit Matura ein junger Bauarbeiter mit Hauptschulbildung. Ein Student drückte neben einem Hilfsschüler das Prüfungsbankerl. Dieser Umstand machte es damals dem Prüfer besonders schwer, das Wissen der ihm völlig unbekannten, unterschiedlich alten und gebildeten Kandidaten in der kurzen Zeit herauszufinden und vor allem festzustellen, ob sie die Regelkunde auch in ihren Zusammenhängen verstanden.

Ich selbst machte den Führerschein anfangs der Sechzigerjahre im Rahmen der Polizeiausbildung. Die Theorie fiel mir deshalb nicht schwer, weil ich zu diesem Zeitpunkt schon fast zwei Jahre auch als Strafreferent tätig war und täglich mit Straßenverkehrsordnung und Kraftfahrgesetz zu tun hatte.

Der Hofrat, der im Fahrkurs für Juristen die Theorieprüfung abnahm, trug diesem Umstand insofern Rechnung, als er uns zu Beginn sagte: „Aus Ihrer Praxis wissen Sie wahrscheinlich mehr über das Verkehrsrecht als ich. Sie haben die Prüfung bestanden!“

Über die Fahrprüfung ist mir nur noch in Erinnerung, dass einer meiner Kollegen, ein Bär von einem Menschen, der als Startkandidat das Auto aus der Roßauer Kaserne in die Türkenstraße fahren sollte, beim Einlegen des ersten Ganges den Schalthebel aus der Verankerung riss und dem Prüfer triumphierend unter die Nase hielt …

Mit Schaudern erinnere ich mich an die muffigen Prüfungsräume in der Roßauer Kaserne. Vor allem die im Parterre hatten den Charme von Munitionskammern in einem mittelalterlichen Fort. Halbdunkel, kahle Wände, Geruch nach Staub und Schweiß, Prüfungsschweiß in diesem Fall.

Frage des Prüfers: „Was können Sie mir über den Vertrauensgrundsatz erzählen?“

Der Kandidat antwortet unsicher und stockend. Sein Rederinnsal versiegt bald. Der Prüfer versucht die Atmosphäre aufzulockern, indem er scherzt:

„Wenn Sie dann ein bisschen Praxis haben werden im Straßenverkehr, werden Sie eher dem ‘Misstrauensgrundsatz’ den Vorrang geben …“

Der Fahrlehrer lächelt devot.

Der Prüfer fährt fort: „Nun, ein wenig haben Sie mir schon erklärt. Welche Personen sind denn vom Vertrauensgrundsatz ausgenommen?“

Der Kandidat runzelt die Stirn. „Alkoholisierte …“, kommt es zögernd.

„Gut. Welche Gruppe von Personen noch?“

Der Kandidat kaut auf den Lippen. „Kinder“, verkündet er schließlich.

„Schön. Ist es damit getan oder haben Sie noch jemanden zu bieten?“

Stille. – Der Kandidat denkt. Fast hörbar. Öffnet den Mund, schließt ihn wieder. Endlich geht ein Schein der Erleuchtung über sein Gesicht: „Alkoholisierte Kinder!“

VERSTAND IM HANDSCHUHFACH

Moderne Autos sind wie Geschosse. Die Technik macht sie immer schneller. Auch sicherer. Aber nicht in demselben Maß. Trotz diverser Hilfsmittel wird der Autofahrer mehr und mehr gefordert und letztlich überfordert. Der Verstand kann mit der Schnelligkeit nicht Schritt halten …

Wenn ich einen fünfjährigen Buben, den das Autofahren interessiert, frage, ob es seinem Vater, der mit 150 Stundenkilometern über die Autobahn rast und zum Auto vor ihm in der Fahrspur einen „Sicherheitsabstand“ von 5 Metern einhält, gelingen kann, den PKW im Notfall rechtzeitig zum Stillstand zu bringen, wird er das – obwohl er seinen Vater natürlich für einen tollen Autofahrer hält – in diesem Extremfall höchstwahrscheinlich verneinen. Weil eben schon ein fünfjähriger Autonarr mit seinem Verstand und seiner Erfahrung als Mitfahrer annähernd beurteilen kann, ob sich's ausgeht oder nicht, ohne je etwas von Reaktionszeit, Brems- oder Anhalteweg gehört zu haben. Mit gleicher Wahrscheinlichkeit ist anzunehmen, dass es jener Fünfjährige fünfzehn Jahre später seinem Vater gleichtun wird, obwohl er nun natürlich so viel mehr Erfahrung mit Autos hat und vor allem in der Fahrschule sehr wohl über die enorme Strecke gehört hat, die man braucht, um einen PKW aus hoher Geschwindigkeit zum Stillstand zu bringen. – Das ließe den provokanten Schluss zu, der Mensch gewinne zwar nach dem fünften Lebensjahr an Erfahrung, baue aber verstandesmäßig ab … Ein natürlich unzulässiger Schluss. Denn was der Fünfjährige bestenfalls ahnte, weiß der Zwanzigjährige an sich genau. Er könnte sogar auf den Meter ausrechnen, um wieviel der Sicherheitsabstand zu kurz ist, den er gerade einhält. Allein, die Geschwindigkeit überholt den Verstand. Oder besser die Lust an der Geschwindigkeit und am Risiko. Außerdem haben ja immer nur die Anderen Unfälle … Da ist es wohl am besten, den Verstand gleich im Handschuhfach sicher zu verwahren.

Frage des Prüfers: „Was bedeutet dieses dreieckige Verkehrszeichen mit dem Flugzeug darauf?“

Die Kandidatin blickt ihn aus blassblauen Augen seelenvoll an. Sagt nach einer Pause: „Achtung …“, verstummt dann wieder.

„Achtung ist im Zweifel immer gut. – Womit müssen Sie also rechnen, wenn Sie dieses Verkehrszeichen sehen?“

Die Kandidatin greift nervös an ihren Ausschnitt, antwortet zögernd: „Mit Flugzeugen auf der Fahrbahn …?“

„Auf der Fahrbahn?“ Der Prüfer ist nicht gerade begeistert. „Haben Sie dieses Verkehrszeichen schon einmal gesehen? Oder Flugzeuge auf der Fahrbahn?“

Die Kandidatin schüttelt den Kopf.

„Was glauben Sie, wo werden Sie eher die Chance haben, dieses Verkehrszeichen zu sehen, auf einer Straße durch den Wienerwald oder … sagen wir bei Schwechat?“

Die Kandidatin richtet sich auf und sagt mit fester Stimme:

„Auf einer Straße durch den Wienerwald!“

Der Prüfer runzelt die Stirn. „Warum das?“, fragt er mit einem Anflug von Verzweiflung.

„Da ist die Chance, einem Flugzeug zu begegnen, besonders groß, führt doch eine breite Flugschneise über den Wienerwald …“

MELKKÜHE

Autofahrer – die Melkkühe der Nation! Als Rindviecher schon daran erkennbar, dass sie Lasten und Schikanen geduldig ertragen, die ihnen von allen Seiten auferlegt werden. Man presst sie finanziell aus, lebt gut von ihnen und macht sie für viele Widerwärtigkeiten verantwortlich, die uns Menschen nerven oder beunruhigen: die Luftverschmutzung, das Baumsterben, die Klimaveränderung, die Aggressionssteigerung im Alltag, das Krötensterben in deren Wanderzeit und vieles mehr. Speziell in grünen Hirnen wuchert der Groll gegen die Autofahrer und schlägt sich in vielen teuflischen Ideen nieder, wie man den bösen Benzinkutschern das Leben vermiesen könnte. Durch exorbitante Spritpreise, eine schikanöse Verkehrspolitik … und jedenfalls immerwährende Schelte. Wie ehrlich diese Einstellung im Einzelfall gelebt wird, zeigt das seinerzeit kolportierte Verhalten einer grünen Politikerin in Wahlkampfzeiten.

WAHLSCHMÄH

Die durchaus sympathische Dame reiste zu den Veranstaltungen am Land – dem Glaubensbekenntnis ihrer Partei entsprechend – im Postbus an, was vom Wahlvolk als schönes Beispiel grüner Gesinnung anerkannt wurde. – Bald sickerte jedoch durch, dass die gute Dame den Postbus jeweils eine Station vor der Ortschaft, in der wahlgekämpft wurde, bestieg und nach getaner Arbeit auch nur eine Station ins freie Land fuhr, um dort in einen fetten Mercedes zu steigen, der sie zur nächsten „Vorstellung" – mit Postbus etc. – beförderte. Da erhielt die Sympathie einen argen Dämpfer. – Dies als Beitrag zum Thema: Ehrlichkeit in der Politik …

Dabei hätte jedem eingeleuchtet, dass eine derartige Kampagne nur mit dem Auto bewältigt werden kann. Aber nein, man wollte die Volksverbundenheit der Politikerin zeigen und ihr Bekenntnis zu den grüngeliebten „Öffis". Der Verzicht auf die demonstrative Benützung des Postbusses wäre als Verrat an der Forderung angesehen worden, anstelle der verteufelten Automobile öffentliche Verkehrsmittel zu benützen und dadurch die Welt zu retten …

Bei dieser Gelegenheit könnte auch über die heimliche Zuneigung so manch strammen Fahrradpolitikers zu seinem Auto berichtet werden, die ihn in den Augen aufrechter Grünsympathisanten als „Verratpolitiker" erscheinen ließe. Es geht hier aber nicht um eine Darstellung politischer Wahrhaftigkeit, sondern um die Position des Autos in der Verkehrspolitik. Da passt eine andere Geschichte besser.

WER DIE ÖFFIS NICHT EHRT

Vor Jahren erwähnte ich einer Rathauspolitikerin gegenüber, ich hätte die Absicht, am Nachmittag ins Hanappistadion zum Fußball zu gehen. Sie erwiderte, sie hoffe, ich werde mit öffentlichen Verkehrsmitteln nach Hütteldorf fahren. Ich wandte ein, von Salmannsdorf sei es mit dem Auto über den Schottenhof ein Katzensprung ins Wiental. Und fragte, wie ich denn mit Öffis adäquat zum Rapidstadion gelangen könne? Ohne nachzudenken antwortete sie: „Mit dem 10 A!"

Nun ist der 10 A im wahrsten Sinn ein Bus für „Quereinsteiger". Er bringt vielleicht weiter – aber kaum je ans Ziel. Kilometerlang fährt er kreuz und quer durch Wien. Dementsprechend meine Antwort: „Mit dem 10 A? – Da müsst' ich mir ja einen Urlaubstag nehmen!"

Geschockt über so viel Indolenz, stieg die Dame in den Dienstwagen …

Wer mich kennt, weiß: Das Auto ist für mich kein Kultgegenstand, sondern ein bloßes Fortbewegungsmittel. Ich benütze es so selten wie möglich.

Lange Jahre war das Patentrezept gegen die Verkehrsflut in Wien – die Schikane. Mit dieser intelligenten Methode glaubte man, den Bürgern das Autofahren vermiesen zu können und sie in die Öffis zu zwingen. Das Wort „Schikane" vermied man in diesem Zusammenhang natürlich. Offiziell sprach man von sinnvollem Rückbau zur Beruhigung des Verkehrs. Was im Klartext hieß: Behinderung des Verkehrsflusses durch künstliche Einbauten und Reduktion der „grünen Wellen". Auf Bezirksebene unterstützt durch perverse und unüberschaubare Einbahnregelungen, die alle Wege drastisch verlängerten. Ziel: der totale und unerbittliche Stau, der die Menschen aus ihren Autos treiben sollte. – Bald konnten sich die Stadtväter zufrieden zurücklehnen und die majestätische Abgaswolke bewundern, die täglich über der Stadt in den Himmel wuchs.

Einen Haken hatte die Geschichte allerdings: Es steckten nicht nur die Autos im Stau, sondern auch die Öffis – mit Ausnahme der U-Bahn. Daher gab es alsbald Maßnahmen zur Beschleunigung des öffentlichen Verkehrs, die natürlich auch wieder zu Lasten des Individualverkehrs gingen. So konnte man zwei Fliegen mit einer Klappe schlagen. Es entstand ein Fleckerlteppich von Busspuren, eine Vorrangschaltung für Straßenbahnen an lichtgeregelten Kreuzungen und dadurch eine Verschärfung der Stausituationen. – Flankierend dazu erfolgte ein Wegrationalisieren von Parkplätzen durch „intelligente" bauliche Maßnahmen. Es setzte der „Große Lauschangriff" des Herrn Verkehrsstadtrates ein, der in der Stadt ein Netz von überdimensionalen „Ohrwascheln" (vorgezogene Gehsteige) auslegen ließ. Dazu bei Haltestellen von Straßenbahnen vorgezogene Trottoirs, die – plausibel – zum Schutz der Fahrgäste angelegt wurden, allerdings durchaus mit dem begleitenden Hintergedanken einer zusätzlichen Behinderung des Individualverkehrs … Und Ähnliches mehr.

Was war nun das Ergebnis all dieser Bemühungen? Zunächst eine erhebliche Verschlechterung der Luftqualität über der Stadt, die natürlich voll und ganz den Autofahrern angelastet wurde und nicht etwa den „Stauvätern". Sodann eine weitere Zunahme der Verkehrsdichte, weil die p.t. Automobilisten – allen Schikanen zum Trotz – keineswegs daran dachten, ihre „heiligen Kühe" im Stall zu lassen. Sie schimpften zwar, fassten aber das Lenkrad fester und erwiesen sich letztlich weiterhin als liebe, geduldige, dumme Zeitgenossen ohne Gedächtnis. Vergaßen sie doch in der Wahlzelle im Regelfall den „Denkzettel" …

Niemand dachte damals daran, die seltsame Hartnäckigkeit der Menschen, mit der sie am Auto festhielten, ernstlich zu hinterfragen. Ein cleverer Zeitgenosse beantwortete diese Frage mit einer Reihe von Gegenfragen:

MY CAR IS MY CASTLE

„Mußten Sie schon einmal Ihrem Auto nachlaufen?

Ist Ihnen Ihr Auto schon einmal vor der Nase davongefahren?

Haben Sie in Ihrem Auto schon einmal keinen Sitzplatz bekommen?

Ist Ihnen in Ihrem Auto schon einmal jemand auf die Zehen gestiegen oder hat Sie angerempelt?

Haben Sie in Ihrem Auto schon einmal unter Zugluft gelitten, weil ein wildfremder Mensch partout ein Fenster geöffnet haben wollte?"

So ging die Liste seiner Gegenfragen noch eine Weile weiter, bis er schloss:

„Es ist nicht nur eine Frage der Bequemlichkeit. Hier geht es um die Bewahrung der Individualität, der Intimsphäre. In einem überfüllten U-Bahnzug geht Ihnen beides verloren, besonders dann, wenn sich jemand unanständig benimmt und der böse Geruch die unglücklichen Fahrgäste zu einem Klumpen leidender Kreaturen zusammenschweißt … Im Auto fühlt man sich zu Hause, man hört die Musik, die man mag, und wird nicht durch die Gespräche geschwätziger Handymanen von seinen Gedanken abgelenkt. Blechwände schützen vor der Umwelt, und man könnte wahrlich abwandeln: My car is my castle …"

Prüfer: „Jetzt stelle ich Ihnen noch eine Frage, die Sie rein verstandesmäßig und ohne je in die Straßenverkehrsordnung geschaut zu haben, beantworten können müssten!"

Der Fahrlehrer erbleicht beim Wort „verstandesmäßig" und schüttelt sanft den Kopf.

Prüfer: „Wir haben eine Straße mit zwei Fahrspuren. Also eine in jeder Fahrtrichtung. Für ein kurzes Stück verengt eine Baustelle die Fahrbahn auf eine Spur. Zwei PKWs kommen einander auf diese Verengung zu entgegen. Wer hat Vorfahrt?"

Der Kandidat denkt sichtbar nach. Dass sein Verstand gefragt ist, macht ihm die Sache noch schwieriger. Dann wählt er eine Antwort, die seine diesbezüglichen Grenzen offenbart.

„Wer … Vorfahrt … hat …? – Der Stärkere!“

Mittlerweile haben sich die Perspektiven der Wiener Verkehrspolitik ein klein wenig verschoben. Die „Hintennachdenker“ im Rathaus setzen nicht mehr nur auf plumpe Schikane. (Wie Verkehrsstadträten nun auch erlaubt ist, einen Führerschein zu besitzen.) Hin und wieder versucht man sogar, Autofahrer mit intellektuellen Mitteln davon zu überzeugen, dass es akzeptable Alternativen zu den unvermeidlichen Benzinkarossen gibt. Saftige Fahrpreiserhöhungen bei den Öffis zählen allerdings eher nicht dazu. Auch nicht die krampfhaften Versuche, die Wiener zu Radfahrern zu machen. Und zwar nicht etwa zu Gesundheitsradlern, die auf der Donauinsel oder in der Lobau ihrem Hobby frönen, sondern zu „Abgasradlern“, die in den provozierten Staus sendungsbewusst im „Schlängelverfahren“ dem Lungenkrebs entgegenstrampeln.

ALLES ÜBER „ABGASRADLER“

Das Radwegenetz in Wien gleicht immer noch einem Fleckerlteppich, der anfangs mehr oder weniger konzeptlos zusammengeschustert wurde. Weniger nach dem Bedürfnis der Radfahrer als nach Laune und Geographie. Laune der Bezirks- und anderen Kaiser und den räumlichen Gegebenheiten. („Do is’ brat, do gang si’ aner aus!“) So entstanden beispielsweise im Bezirk A aus dem Nichts 169,5 Meter Radweg – um sang- und klanglos wieder im Nichts zu enden, weil sich die Straße verengte … Große Ankündigung im Bezirksblatt, eine umtriebige Eröffnungsfeier mit einem übergewichtigen Bezirkskaiser auf einem ächzenden Fahrrad. Stolze Nennung der Geldsumme, die man „für die Radfahrer“ ausgegeben hat. Respektive, die’s den Steuerzahler gekostet hat … oder, besser gesagt, die aus Steuergeldern aus dem Fenster geworfen wurde. Denn Radfahrer sieht man in der Folge auf diesem Weg nie. Oder nur sehr selten. Beispiel gefällig? Schüttaustraße im 22. Bezirk. Opulenter Radweg auf Länge des Goethehofes. Praktisch nie genützt. Endet im Nichts. Oder: Radweg in der Schottengasse. Ihm wurde ein Fahrstreifen geopfert. Vor allem zur Fiakerzeit Autostau bis zum Ring. Der Radweg endet irgendwo im Pflaster der Innenstadt und wird selten genützt. Hurra!

Bei der Planung von Radwegen wird es anscheinend unterlassen, vorher zu untersuchen, ob diese von den Abgasradlern voraussichtlich auch angenommen werden, und – was die Höhe der Investitionen anbelangt – zu wenig bedacht, dass Radfahren für die große Masse eine witterungs- und jahreszeitabhängige Art der Fortbewegung ist – im Grunde also eine Halbjahresbeschäftigung. So kann man das Fahrrad auch nicht als vollkommenen Ersatz für andere Verkehrsmittel im städtischen Bereich betrachten. Höchstens als sinnvolle Ergänzung.

Prüfer, die vor ihm sitzende mittelalterliche Dame, welche nun schon zum 13. Mal antritt, väterlich anlächelnd: „Sie sitzen beim Heurigen, der Wein schmeckt Ihnen. Sie essen heißen Leberkäs' und trinken dazu drei Vierterln … Dürfen Sie danach das Rad besteigen und heimwärts fahren?"

Die Dame, fahrig vor Nervosität „Drei Viertel Wein … drei Viertel Wein … da ist das Rad zu unsicher … da nimmt man besser das Auto!"

So erlebte ich durch Jahre und Jahrzehnte das Verkehrsleid in Wien. Als Strafreferent, als Führerscheinprüfer und nicht zuletzt als autofahrender Bürger. Mit der lange geübten Praxis der reinen Schikane konnte ich mich nie recht anfreunden. Die geschundenen Autofahrer nachhaltig von der Straße wegzubringen, konnte nur durch Schaffung vernünftiger Alternativen gelingen. Darum aber kümmerte man sich stets zu wenig konsequent. Die „Öffis“ sind – von Ausnahmen (U-Bahn) abgesehen – mit all den Widrigkeiten, die sie Fahrgästen bereiten, noch immer nur für „Alter-Naive“ die gewünschte „Alternative“ …

Bei einem Abendempfang im Rathaus klagte ein Verkehrsverantwortlicher, das Beschleunigungsprogramm für städtische Autobusse mache nicht die gewünschten Fortschritte. Es gelinge in der Regel noch immer nicht, den Individualverkehr abzuhängen. Als ich bescheiden vorschlug, ganz einfach die Haltestellen als Haupthemmnisse zu streichen, damit die Busse bis zur Endstelle ungehindert durchbrausen könnten und damit sicher schneller seien als jedes Auto, sah mich der Rathausmensch nur seltsam an und wusste den Rest des Abends mit mir nichts mehr anzufangen …

VIEL SPASS MIT LEICHEN

„Viel Spaß mit Leichen". Unter diesem Titel fasste ich vor rund dreißig Jahren einige skurrile Geschichten um die „Kommissionierung" von Leichen zusammen. Dieses unerfreuliche Geschäft war immer schon eine der wesentlichen Aufgaben der Polizeijuristen. Die polizeiliche Kommission – bestehend aus Amtsarzt, einem Kriminalbeamten und dem Juristen – hatte bei Todesfällen festzustellen, ob fremdes Verschulden zum Tod der jeweiligen Person geführt hatte, und aus dem Ergebnis der Untersuchung die notwendigen Konsequenzen zu ziehen.

Diese Kommissionierungen waren nie ein Vergnügen, das lässt sich denken, manchmal jedoch kam es zu grotesken Situationen, die dem Tod ein Lächeln abnötigten – oder zumindest ein Augenzwinkern … Solche Leichen blieben in Erinnerung und wanderten in den Anekdotenschatz der Kriminalisten. – Wahrscheinlich war es eine Form des Selbsterhaltungstriebes, auch dem schaurigen Rendezvous mit der Vergänglichkeit eine heitere Seite abzugewinnen.

Ein Beispiel aus der grauen „Steinzeit" der Fünfzigerjahre. Entnommen der oben erwähnten Sammlung grotesker Leichengeschichten:

KONFETTI

Es war Faschingszeit, auf den Straßen lag schmutziger Schnee. Die Schaufensterpuppen trugen bunte Papierschlangen um den Hals.

In einer vornehmen Villa starb das Oberhaupt der Familie. Ein Patriarch alten Stils. Bekannt in den Wirtschaftskreisen des Landes.

Die polizeiliche Kommission rüstete zum Aufbruch. Der diensthabende Kommissär, ein blasser junger Mann, fuhr eilig in den Uniformmantel, schoss mit wichtiger Miene aus dem Zimmer. Die Kollegen lachten hinter ihm her. Ein besonderer Spaßvogel hatte dessen Manteltaschen reichlich mit jenen berühmten, bunten Papierstückchen gefüllt, die zu den Symbolen der Faschingslust zählen …

Ein ältliches Hausmädchen führte sie in das Sterbezimmer. Der ehrwürdige Tote lag in einem großen, kunstvoll geschnitzten Bett, die Hände über der Decke gefaltet. Es brannten Kerzen auf einem Hausaltar neben dem Totenlager. Die Vorhänge waren zugezogen. Im Halbdunkel waren zwei Gestalten zu sehen, die neben dem Bett saßen. Sie erhoben sich, als die Kommission eintrat.

Die Stimmung war so feierlich, dass sogar der Kriminalbeamte, der an sich ein Gemüt hatte wie ein Büffel, instinktiv den Kopf einzog und die Schuhe leise auf den Boden setzte. Der Kommissär fasste unwillkürlich nach seinem Mantelsack. Er war nicht vorschriftsmäßig adjustiert. Er trug keine Handschuhe. Hastig fuhr seine Linke in den Mantelsack, erwischte einen ledernen Zipfel.

Sie waren beim Bett angekommen. Steil ragte die Nase des Toten aus den Kissen. Unter ihr ein dünner Schnurrbart, dessen Enden schlaff niederhingen … Es roch nach Weihrauch. Die Witwe und ihr Sohn traten ihnen entgegen.

Der Kommissär zog eilig an dem ledernen Zipfel. Mit den Handschuhen fuhr eine bunte, schillernde Fontäne aus dem Sack, stieg über dem ehrwürdigen Toten lustig in die Höhe, – fiel sachte zerflatternd in sich zusammen. Grüne, rote, gelbe, blaue Tupfen auf Kissen und Decke. Konfetti!

FREITODE

Ich erinnere mich an viele Selbstmorde. Und an das Unvermögen der unglücklichen Menschen, weiter als bis zu ihrem letzten Atemzug in die Zukunft zu sehen.

Da war ein Zahnarzt in der Mariahilfer Straße, der seine Ordination penibel säuberte, bevor er sich mit einem Jagdgewehr die

Schädeldecke zur Zimmerdecke hinaufschoss und den Raum mit Blutspritzern überzog.

Ich erinnere mich an einen Chemiker in der Gumpendorfer Straße, der das Altern und Hässlichwerden seines Körpers nicht ertragen konnte. Er wollte in der Blüte seines Lebens sterben und der Nachwelt einen schönen Körper hinterlassen. Seine Frau dachte wie er. Sie räumten auf, zogen Festtagskleider an und legten sich aufs Ehebett. Dann nahmen sie Gift. – Nur hätten sie für ihr Vorhaben – was ein Chemiker wissen müsste – nicht Zyankali schlucken dürfen …

Als wir sie fanden, war das Zimmer im Todeskampf verwüstet, die Leichen lagen unnatürlich verkrampft auf dem Boden, die Gesichter hässlich verzerrt. Ein schauriger Anblick …

Oder der tragische Selbstmord einer jungen Frau, die den Freitod suchte, weil sie in ihrer Firma zu einem Lustobjekt der männlichen Belegschaft geworden war. Da sie nicht die Kraft aufbrachte, diesen Zustand zu ändern, beschloss sie, aus dem Leben zu scheiden. Sie wählte – damals noch möglich – den Tod durch Leuchtgas. Sie badete, machte sich in jeder Weise schön, zog ein durchsichtiges Negligé an und setzte sich vor den Gasherd. Sie wollte in begehrenswerter Schönheit gefunden werden. Die Männer in ihrer Firma sollten sehen, was sie verloren hatten. Wahrscheinlich hatte sie die Vorstellung, überirdisch schön im offenen Sarg zu liegen – als Rache an den Männern, für die sie nun unerreichbar geworden war …

Was die bedauernswerte Frau nicht bedachte: Als sie bewusstlos wurde, fiel ihr Kopf mit dem Gesicht auf die Herdplatte. So lag sie stundenlang, bis der Gasgeruch die Hausbewohner aufmerksam machte. Als wir sie auf den Boden legten, war ihr Gesicht plattgedrückt und nahezu unkenntlich geworden …

LEUCHTGAS ALS PROBLEM

Vor der Entgiftung des Gases waren Gasleichen an der Tagesordnung. In erster Linie Unfälle, aber auch Selbstmorde und wahrscheinlich hin und wieder Morde. Ich habe mich immer gefragt, wieviele Tötungsdelikte (mir) damals unerkannt „durchgerutscht" sind. Es gab beim Gas zum Beispiel die Problematik des Haupthahnes auf dem Gang. Man musste ihn lediglich für Sekunden abdrehen und dann gleich wieder aufdrehen, schon war am Gasherd die Flamme erloschen und das Gas konnte ungehindert und giftig ausströmen. Diese Manipulation am Haupthahn war praktisch nur nachweisbar, wenn es Zeugen gab. Die einzig richtige Konsequenz der Stadtverwaltung stellte die Entgiftung des Gases dar. – Zum Leidwesen der Lebensmüden …

MAKABERE GESCHICHTEN

Eine Geschichte, die so makaber ist, dass sie an der Grenze dessen liegt, was man noch erzählen kann, ereignete sich an einem Bahnübergang in Simmering. Eine junge Frau wurde von einem Zug überrollt und zerstückelt. Unter anderem wurde auch der Kopf abgetrennt. Unverzüglich holte man die in unmittelbarer Nähe wohnende Mutter herbei, damit sie die junge Frau identifiziere. Man hatte die Leichenteile körpergerecht in einen Sarg gelegt. Als die Mutter hingeführt wurde, hob der Kriminalbeamte den Deckel ab, nahm den Kopf an den langen, blonden Haaren und hielt ihn der Frau mit den Worten „Is' s'es?" entgegen. Worauf die Arme wortlos ohnmächtig zusammenbrach.

Ein Beweis dafür, wie der stete Umgang mit Grauslichkeiten Menschen abstumpfen und gedankenlos machen kann gegenüber den Gefühlen anderer.

Bis zu einem gewissen Grad war es allerdings auch notwendig abzustumpfen, um selbst keinen seelischen Schaden zu nehmen.

Ich erinnere mich da an eine hochbetagte Dame, die einsam und unbemerkt in ihrer Wohnung in der Blümelgasse in Mariahilf verstarb. Erst Wochen später wurde sie gefunden. Als wir das Zimmer, in dem sie auf dem Boden lag, betraten, glaubten wir, sie lebe noch, weil sich ihr Kleid deutlich bewegte. Im Näherkommen sahen wir, dass es Klumpen von Maden waren, die den Stoff in Bewegung hielten.

Ich kannte einen Kriminalbeamten, der bei Kommissionierungen bewusst oder unbewusst mit den Leichen sprach, während er sie entkleidete oder die Taschen ihrer Bekleidung durchsuchte. Es war das wohl eine Art Abreaktion seiner Gefühle im Angesicht des Todes. So wies er eine jugendliche Selbstmörderin sanft zurecht, indem er sagte: „Bist so a hübsches Madl, wie kannst' so an' Bledsinn machen. Wird da' no' lad tuan …" Einmal verlor er beim Übersteigen einer Leiche das Gleichgewicht und trat ihr gegen den Bauch. Sie wehrte sich mit einem Grunzton, der aus tiefsten Tiefen kam. „Es war net absichtlich, pudel di net auf, und überhaupt, jetztn hast nix mehr zum Reden, varstehst?"

Ein rauer, grundehrlicher Geselle, der einen Zwillingsbruder hatte, dem er zum Verwechseln ähnlich sah. Mit dieser Ähnlichkeit, die sogar ihre Mutter immer wieder verunsicherte, trieben die Brüder ihren Schabernack. Zum Beispiel suchte der Kieberer eines Vormittages einen Friseur auf und ließ sich die Haare schneiden. Am Nachmittag betrat der Bruder das Geschäft und verlangte: „Haare schneiden!" Der Friseur erwiderte verblüfft. „Aber, Sie waren ja heute schon einmal da!" Worauf der Kunde dem verdatterten Meister seine langen Zotteln über den Ohren zeigte und klagte: „Das stimmt schon, aber ich hab' das Pech, mir wachsen die Haar' so schnell nach!"

Doch zurück zu den Leichenkommissionierungen, die in Erinnerung bleiben:

Einmal wurde es sogar dem hartgesottenen Kriminalbeamten zu viel, als wir in der Dürergasse zu der Leiche eines Mannes gerufen wurden, die schon zwei Wochen neben einem auf höchster Stufe laufenden Heizstrahler im Bett lag. Der Kopf des Mannes war aufgedunsen und pechschwarz verfärbt, was zum weißen Bettzeug, das bis zum Kinn hochgezogen war, in schaurigem Kontrast stand. Als wir nähertraten, kroch gerade eine hellhäutige Made aus dem linken Nasenloch, um schnellstens im rechten wieder zu verschwinden. Ein Anblick, der dem Kriminalbeamten heftiges „Aufstoßen" verursachte.

Wasserleichen, verweste Leichen, zerfetzte Verkehrstote und Kinderleichen stellten die höchsten Anforderungen an Nase bzw. Gemüt. Da konnte es Stunden oder Tage dauern, bis die grausigen Eindrücke verarbeitet waren.

TEMPOLEICHEN

Ein Straßenzug verfolgte mich mit tödlichen Verkehrsunfällen. Die Amundsenstraße über den Schottenhof im 14. Bezirk. Eine Strecke, die durch den Wald führt und vor allem zur Nachtzeit zum Tempobolzen einlädt. Im Laufe der Jahre musste ich vom Zentraljournal aus x-mal zu PKWs ausrücken, die in arger Weise um Bäume gewickelt waren und deren zumeist junge Lenker ihre Raserei mit dem Leben bezahlt hatten.

Ich fahre diese Strecke auch heute noch oft und sehe jedes Mal die Wracks und zerfetzten Körper vor meinem geistigen Auge. Als bittere Erinnerung an so manchen Einsatz in dunkler Nacht.

Dummheit und Verantwortungslosigkeit waren die Auslöser der meisten schweren Unfälle, zu denen ich damals ausrücken musste. Und ich stellte mir immer wieder die Frage, welches System wohl die chronisch dummen, verantwortungslosen und daher als Lenker von Geschossen todesgefährlichen Menschen zuverlässig vom Erwerb einer Lenkerberechtigung ausschließen könne. Bis jetzt haben wir es leider nicht gefunden …

Vor vielen Jahren, als es die Raststätte Auhof noch nicht gab, führte eine scharfe Rechtskurve von der Autobahn ins Wiental. Eines Morgens im Sommer musste ich zu einem Unfall ausrücken. Ein PKW hatte sich in dieser Kurve überschlagen. Der Lenker, ein junger Mann, war zu Tode gekommen. Eine erste Überprüfung ergab, dass der Wagen in der Nacht zuvor in St. Pölten gestohlen worden war. In der Brieftasche des Toten fanden wir seine Visitkarte. Unter dem Namen stand der Beruf: „Experte für Eigentumsübertragungen". So war es letztlich ein bedauerlicher „Dienstunfall" gewesen …

Zum „erfreulichen" Ende des „Leichenkapitels" noch eine kleine Story aus dem Sammelband „Viel Spaß mit Leichen". Wieder eine Geschichte aus der „Steinzeit" der Fünfzigerjahre:

TOD HINTER GLAS

Es sollte eine erholsame Reise in den Süden werden. Für das junge Ehepaar allerdings ein kleiner Wermutstropfen: Die Mutter der Frau hatte darauf bestanden, mitzufahren. Man hatte Mama fürsorglich im Beiwagen verstaut. – Ein friedliches Dahinrollen. Mama war sozusagen „weggepackt", die gläserne Kuppel geschlossen …

Felder, Berge, Wiesen, Wälder zogen vorüber. Gegen Abend erreichte man die Grenze. Mama wollte nicht mehr weiter. Sie hatte genug von der bohrenden Einsamkeit unter dem Glassturz. – Allein, nach kurzer Pause klappte die Kuppel erbarmungslos nieder, der Motor heulte auf. Durch das Glas konnte man Mamas Lippen sehen, die noch nicht zur Ruhe gekommen waren …

Es wurde schnell dunkel. Gleichzeitig begann es leicht zu regnen. – Beim nächsten Hotel machten sie Halt. Der Fahrer stellte die Beiwagenmaschine auf dem Parkplatz ab. Mama war ungnädig, blieb ungerührt sitzen und fand es nicht einmal der Mühe wert, den Glassturz zu lüften.

So ging denn das junge Paar allein los, Quartier zu machen.

Die Sache erwies sich als kompliziert. Nach längerer Suche ergatterten sie ein winziges, windschiefes Zweibettzimmer, das erst hergerichtet werden musste. Und wohin mit Mama? Sie konnte doch nicht im Beiwagen übernachten!

Der Portier wusste Rat: „Vielleicht zwei Häuser weiter – Privatzimmer!"

Na schön, Mama würde zwar keine Freude haben …

Mama schmollte immer noch. Ja, sie zuckte mit keiner Wimper. Sie hatte nicht einmal das Verdeck geöffnet. – Da lüftete der junge Mann den Glassturz und machte die bestürzende Entdeckung, dass in der alten Dame ganz und gar kein Leben mehr war …

Sie saßen am Bettrand und grübelten. – Arme Mama! Jetzt musste sie doch im Beiwagen übernachten.

Das Morgengrauen brachte einen eiligen Aufbruch. Rasch zurück zur Grenze! Mama musste geschmuggelt werden. Nur keine Leichen in einem fremden Land …

Bleich und übernächtig stolperte das junge Paar auf den Parkplatz, blieb plötzlich – wie erstarrt – stehen. Das Motorrad war verschwunden!

Alles Suchen blieb vergebens. Gestohlen! Der Dieb musste Augen gemacht haben, als er in den Beiwagen blickte …

Die Herren von der Polizei waren zunächst skeptisch und dachten an ein Märchen. Tagelange Verhöre folgten. Anfragen flatterten durch die Gegend. Als ob noch nie Motorräder gestohlen worden waren – oder Schwiegermütter nicht auch eines natürlichen Todes sterben könnten … Endlich ließ man das junge Paar laufen.

Das Motorrad wurde in den internationalen Fahndungsblättern verlautbart. Mama nicht. In Ermangelung einer Fahrgestellnummer. – Der Effekt blieb allerdings in beiden Fallen gleich. Motorrad und Mama sind bis heute verschollen.

DAS BIEDERMEIERHAUS

Die österreichische Sicherheitsverwaltung gleicht in ihrem Aufbau einem Altwiener Haus. Verwinkelte, enge Stiegen, Pawlatschen im Hof. In den krummen Gängen biedermeierlicher Mief. Über allem der liebenswerte Charme historisch gewachsener Bausubstanz …

Ausländer haben Probleme, sich in dem Gebäude zurechtzufinden. Österreicher – Spezialisten ausgenommen – stellen nicht den Anspruch, sich in dem Winkelwerk auszukennen. Dies gilt auch und insbesondere für das Gros der Politiker, die es von Haus aus trefflich verstehen, über Dinge zu plauschen, von denen sie nur eine ungefähre Ahnung haben. So ist man in Österreich bisher mit dem Status quo einverstanden gewesen, zumal ein wesentlicher Faktor der Zufriedenheit ausreichend gegeben war: Sicherheit!

Tatsächlich stimmte über Jahrzehnte das Produkt der Arbeit der österreichischen Sicherheitsverwaltung. Besser als in anderen Ländern, in denen es scheinbar vorteilhaftere Strukturen gibt.

Es liegt in der Mentalität der Österreicher – speziell der heimischen Staatsdiener –, lieber verschlungene Pfade zu gehen als gerade Straßen. Verschlungene Wege lassen mehr Raum für die hierzulande gepflogenen barocken Spielchen im Umgang mit Menschen. Wer könnte beispielsweise auf die groteske Hackordnung in einzelnen Bundesländern verzichten, die zwischen Sicherheitsdirektor, Polizeidirektoren und Landesgendarmeriekommandant besteht. Es ist unbestritten der Sicherheitsdirektor der Sicherheitschef im Land. In den Augen der anderen Chefs allerdings eher als Symbolfigur. Wehe, er mischt sich tatsächlich ein! Dann ist Feuer am Dach. Jeder fühlt sich als uneingeschränkter Häuptling in seinem Schrebergarten. Und überhaupt, wo käme man denn da hin? – Die Bezirkshauptleute, die – man möchte es kaum glauben – ebenfalls in die Sicherheitsverwaltung eingebunden sind, denken ähnlich wie die anderen „Chefs“.

Nur in einer etwas milderen Form. Sie sind sozusagen die „Nebenerwerbsbauern“ in der österreichischen Sicherheitsverwaltung und haben in der Regel herzlich wenig Interesse an dem Sicherheitsgeschäft. In diesem Punkt bestünde primärer Reformbedarf – aber da sei die Politik vor! – Zu diesem Thema später mehr …

DER BEZIRKSINSPEKTOR

Zurück zu den uniformierten Chefs: Vor Jahren begab es sich bei einem ländlichen Fest, dass sich ein Bäuerlein aus einem Tal hinter den Bergen an den anwesenden Sicherheitsdirektor mit einer Frage wandte. Der gute Bauersmann hatte keine Ahnung, welche Persönlichkeit vor ihm stand. Bisher war ein Gendarmeriebezirksinspektor der ranghöchste Exekutivbeamte gewesen, mit dem er zu tun gehabt hatte. Weshalb er daher sicherheitshalber die Anrede „Herr Bezirksinspektor!“ wählte. Durch den massigen Leib des Sicherheitsdirektors ging ein Ruck des Entsetzens. Er starrte den Bauern an, als sei dieser ein giftiges Insekt. Nach Verebben des ersten Schocks zeigte er auf den unweit stehenden Gendarmeriechef (damals immerhin ein wohlbestallter Oberst) und sagte in spitzem Ton: „Dort – dort ist der Bezirksinspektor!“

Diese Episode erspart wohl weitere Kommentare.

OFFIZIERE GEGEN KONZEPT

Oder der Grabenkampf zwischen Polizeijuristen und Leitenden Beamten um Macht und Einfluss, der seit Jahrzehnten als Posse in unendlich vielen Aufzügen vor einem begeisterten Publikum tobt. Weil niemand den Mut hatte, klare Hierarchien und Befehlsstrukturen zu schaffen, was besonders kontraproduktiv bei der Polizeidirektion Wien zutage trat.

Es ist schon ein Unding, Fach- und Dienstaufsicht zu trennen, weil nur der wirklich etwas durchsetzen kann, der auch die Dienstaufsicht hat. Dramatisch wird es aber, wenn man zusätzlich noch die Fachaufsicht teilt – oder besser: zerfleddert –, wie das in Wien im so heiklen Bereich der Kriminalitätsbekämpfung in den Bezirken über Jahrzehnte der Fall war. – So gab es viele „halbe“ Chefs, mehr „Nebengesetzte“ als Vorgesetzte – oder, besser gesagt: einen Haufen von „nebengesetzten“ Vorgesetzten, die lediglich halb zählten. Ein System, das nur mit österreichischen Menschen praktiziert werden kann, deren Sympathie für „schlampige“ Verhältnisse, für „hatscherte“ Kompromisse, für ewige Provisorien und ihre Fähigkeit, sich ohne Murren in das „Vermeidliche“ zu fügen, im Laufe der Jahrhunderte eine unübertroffene Flexibilität erzeugt hat, die letztlich alle Unebenheiten überwinden hilft.

Über die zweite Hälfte des vorigen Jahrhunderts hinweg waren die Polizeijuristen – insbesondere auf den Kommissariaten – die „Hackler“, die das System erhielten. Tonnen von Akten gingen über die Schreibtische der Konzeptsbeamten, während die Leitenden Beamten bei Sicherheitswache und im Kriminaldienst eine vergleichsweise ruhige Kugel schoben. Dafür ernteten die Juristen Spott, Hohn und gegen sie gerichtete Intrigen. Die Leitenden hatten ja jede Menge Zeit für intrigante Spielchen, welche Ansehen und Einfluss- bzw. Entscheidungsmöglichkeiten des Konzeptsbeamten einschränken sollten. Während die Juristen in Aktenstößen wühlten, saßen die Leitenden beim Chef, unterhielten ihn und verspritzten ihr Gift. So gab es permanente Spannungen, Untergriffe und Querelen, die zumeist zum Nachteil des „Konzepts“ endeten. Da spielte mit, dass jene Polizeijuristen, welche dem Frondienst entkamen, indem sie Chefs wurden oder ins Ministerium wechselten, häufig ihre Herkunft vergaßen und das Spiel der Leitenden unterstützten – oder zumindest nicht unterbanden.

Ein weiterer Punkt, der zum Nachteil der Kommissariatsjuristen ausschlug, war, dass die guten Leute früher oder später abwanderten. So blieben jene übrig, denen eine Karriere verwehrt war – um es vornehm auszudrücken –, und die jungen, unerfahrenen Konzeptsbeamten, die am Beginn ihrer Laufbahn standen. In der Regel keine umwerfenden Anwälte der Sache der Polizeijuristen.

Während die Leitenden die Notwendigkeit des Einsatzes von Juristen – zumindest im Kommissariatsbereich – mehr oder minder bestritten, waren die Konzeptsbeamten der einhelligen Meinung, Leitende seien für die ordnungsgemäße Abwicklung des Dienstbetriebes notwendig, die Arbeit sollte nur ein bisschen gerechter verteilt sein – und die Herren Offiziere ein wen'gerl mehr am Arbeitsleid partizipieren … Das wieder regte den Widerspruch der Leitenden an, die einwandten, ein hoher Prozentsatz der Arbeit der A-Beamten habe mit Juristerei ohnehin nichts zu tun und könnte durchaus auch von B- oder C-Beamten erledigt werden. – Nur natürlich nicht von ihnen!

So ging es hin und her. Und im Wesentlichen blieben die Probleme bis in die Neunzigerjahre unverändert bestehen. Die Konzeptsbeamten hackelten, hatten – von der Führungsriege abgesehen – nichts oder nur wenig mitzureden bzw. zu entscheiden und letztlich die böse Nachred'.

Schon als junger Konzeptsbeamter wurde mir klar, dass lediglich der als Boss etwas gilt, der keinen Schweiß vergießt. Die obersten Chefs sahen dies allerdings konträr und deckten uns mit Arbeit ein, um uns mehr „Geltung" zu verschaffen.

Viele Polizeioffiziere zogen im Laufe der Zeit an mir vorüber. Es waren engagierte und fachlich gute darunter, die sich bemühten und das Beste aus ihrem Job machten. Mit manchen von ihnen war und bin ich befreundet. Das Gros der Leitenden Beamten hinterließ aber bei mir keinen bleibenden Eindruck. Außer es zeigte einer von ihnen spezielle Talente – indem er besonders viel Alkohol vertrug, große Mengen von Speisen vertilgen konnte oder ganz einfach skurrile Dinge machte.

DER FUSSBALL IM KOPF

An einen Leitenden Kriminalbeamten erinnere ich mich besonders gut. Ich machte einige Jahre mit ihm Dienst. Er hatte nur den Fußball im Kopf, seine Arbeit verrichtete er so nebenbei. Mit dem kleinen Finger der linken Hand.

An einem Montagmorgen kam er mit strahlender Miene zum Rapport. Was dem Chef sofort auffiel. „Sie sind ja ganz aufgekratzt, Herr Oberinspektor! Waren Ihre Beamten über das Wochenende so erfolgreich? Ist vielleicht sogar der Raub in der …gasse aufgeklärt worden?“ Der Oberinspektor lächelte noch breiter und legte die Rechte aufs Herz. „Das weiß ich leider nicht“, sagte er, „aber der Sportklub hat gestern gewonnen!“

Ich machte aus meiner Einstellung – vor allem gegenüber den Leitenden Kriminalbeamten – nie ein Hehl. Das wurde mir übel angekreidet und trug mir den Ruf ein, ein „Leitendenhasser“ zu sein. Darauf wandte ich ein, ich sei kein Hasser leitender – sondern „träger“ Beamter. Diese Formulierung wurde erst recht als verallgemeinernde Unterstellung zurückgewiesen.

AUSSTERBENDE SPEZIES

Heute – Jahre später – haben sich die Dinge entscheidend geändert. Die Konzeptsbeamten gehören einer aussterbenden Spezies an. Vor allem in Wien. Es begann mit dem „Kommissariat Neu“, das gegen Ende der Neunzigerjahre kreiert wurde. Damit schossen sich die Konzeptler selbst ins Out. Vor allem durch die Übertragung der Kriminalitätsbekämpfung an die Kriminalbeamten zur selbständigen Bearbeitung. Es blieb nur eine fakultative Eingriffsmöglichkeit des Sicherheitsreferenten übrig, der sich Ermittlungsschritte – wie Einvernahmen – vorbehalten konnte. Wenn er „wollte“. Von wenigen Ausnahmen abgesehen, zogen sich daraufhin die Sicherheitsreferenten, dem „inneren Schweinehund“ folgend, von einer aktiven Teilnahme an der Kriminalitätsbekämpfung vornehm zurück. Und, siehe da, es funktionierte auch so. Auf diese Weise hatten sich die Konzeptler nicht nur rar, sondern auch weitgehend überflüssig gemacht

Dazu kam, dass die Bedeutung der Verwaltungsstrafverfahren in den Bezirken durch weitgehende Verlagerung der Strafagenden zum Magistrat deutlich abgenommen hatte und für die verbliebenen einfachen Verfahren B-Beamte statt Juristen eingesetzt wurden. So engte sich der Tätigkeitsbereich der Konzeptsbeamten weiter ein, und als nachvollziehbare Konsequenz dieser Entwicklung wurde auch ihre Zahl pro Kommissariat auf ein Minimum reduziert.

Nun gibt es schon seit Jahren keine Kurse für den Konzeptsdienst, daher auch keinen Nachwuchs mehr. So werden sie aussterben, die „Konzeptler“ – wie einst die Saurier!

EIN ZUG FÄHRT INS BLAUE

Das Innenressort befindet sich seit geraumer Zeit in einem totalen Umbau. Mit allen Widrigkeiten, die solche „Baumaßnahmen“ mit sich bringen. Allerorts Schutt, Staub, der Durchsicht und Orientierung behindert, nicht zu reden von dem unvermeidlichen, Frust erzeugenden „Begleitlärm“.

Der berühmte „Reformzug“ ist unterwegs. Die Fahrgäste schweben in Unsicherheit, wohin die „Räder rollen“, und hoffen, dass wenigstens der Lokführer und die ihn umgebenden Heizer das Ziel kennen. Sie beobachten Mitpassagiere, welche vorzeitig „aussteigen“, oder jene Unglücklichen, denen das Gepäck von den Zugsverantwortlichen auf den Perron gestellt wird – vor allem aber die Neueinsteiger, bei denen sie sich fragen, ob auch alle eine gültige Fahrkarte besitzen …

Die Fahrgäste sind aber nicht nur frustriert, weil ihnen die Endstation unbekannt ist und sie nicht wissen, ob sie am Ende noch dabei sein werden. Sie beklagen auch, dass im Reformzug nur wenige Auserwählte das Upgrading in die Erste Klasse schafften und das Gros der Passagiere ein Downgrading in untere Klassen in Kauf nehmen musste.

Nun also wird das „Biedermeierhaus Sicherheitsverwaltung“, von dem schon die Rede war, abgerissen und durch einen schlichten Neubau ersetzt. Manche meinen, man hätte das alte Haus sanieren können, die Bausubstanz sei noch gut gewesen. Andere kritisieren weniger den Abriss an sich, als die Art und Weise, in der vorgegangen wird. Nämlich ohne Rücksicht auf die Erhaltung wertvoller, historischer Bauelemente, die dem nüchternen Zweckbau einen Hauch von Tradition und Wärme geben könnten.

Wohin rollt der Zug nun – so Gott will – wirklich? Wie wird sich der „Neubau“ präsentieren?

Nun, wie die Überschrift besagt: Der Zug rollt ins „Blaue“! Er wird in einer vereinheitlichten Sicherheitsexekutive enden, die der p.t. Bevölkerung in blauen Uniformen unter die Augen tritt. – Aber vielleicht sollte ich die Formulierung „unter die Augen treten“ in diesem Zusammenhang vorsichtshalber vermeiden, um willkommenen Missverständnissen vorzubeugen. Also, die „geeinte“ Sicherheitsexekutive wird am Ende in Blau auf den Straßen erscheinen – wohl unter dem internationalen Namen „Polizei“! – Die traditionsbewusste österreichische Bevölkerung wird eine Weile brauchen, sich an eine Farbe zu gewöhnen, die sie seit Jahrzehnten den privaten Wächtern, den „Schlüsselwachtern“ zuordnet. Und die, die „Schlüsselwachter“ nämlich, werden sich neue Uniformen zulegen müssen, damit keine Verwechslungen geschehen. Wahrscheinlich grüne oder graue …

Franz Olah hatte im Sinn, Polizei und Gendarmerie zusammenzulegen. Er hätte diese Verschmelzung damals übers Knie gebrochen, war aber zu kurz im Amt, um das Projekt zu starten. In den Siebzigerjahren begann man, die Korps langsam aneinander anzunähern. Zum Beispiel, indem man die Offiziersausbildung in Mödling vereinheitlichte und die Aspiranten aller Sparten in den zweijährigen Kursen zusammenspannte. Trotzdem blieben die Gräben zwischen Gendarmerie und Polizei bestehen. Ich erinnere mich an eine Abschlussfeier eines derartigen Kurses Anfang der Neunzigerjahre, zu der ich als Vorsitzender der Prüfungskommission natürlich auch eingeladen war. Als ich in das Heurigenlokal kam, in welchem die Feier stattfinden sollte, sah ich mich zu meiner Verwunderung jungen Herren in Uniform gegenüber – ich hatte gemeint, dass man besser in Zivil feiert. Was mich noch mehr erstaunte: Auf der linken Seite des kleinen Saales saßen in geschlossener Formation die „Grauen", auf der rechten Seite die „Grünen", was die Frage aufwarf, was die zwei Jahre auf einer Schulbank eigentlich bewirkt hatten.

Franz Löschnak brachte die Sache auf den Punkt, indem er feststellte: „Die Zusammenlegung ist kein Problem, wenn man die Annäherung schrittweise und so behutsam betreibt, dass die Korps zuletzt nur mehr die Uniform unterscheidet!"

Das war dann auch die Strategie. Ausbildung und Ausrüstung wurden weitestmöglich vereinheitlicht und so eine Basis für die Zusammenlegung geschaffen.

Hatte der amtierende Innenminister noch vor zwei Jahren zu dieser Frage erklärt, die Verschmelzung von Polizei und Gendarmerie sei für ihn kein Thema, kam im Jahr der Nationalratswahlen 2002 die plötzliche Sinnesänderung, das Projekt rutschte nach den Wahlen sogar ins Regierungsprogramm – und heute stehen wir mitten in der Umsetzung!

Ohne Zweifel eine mutige Aktion! – Aber, das fragen sich viele, was bringt's letztlich unter dem Strich, wenn man von der Tatsache ausgeht, dass beide Korps ohnehin bereits denkbar weit aneinander angenähert sind? Nun, materiell zunächst weniger, als man sich ausrechnet. Der Minister war in Beantwortung dieser Frage bisher auch – mit Recht – sehr zurückhaltend. Keinesfalls aber stimmen die optimistischen Zahlen des Rechnungshofes, die offensichtlich von relativ alten Berechnungen ausgehen und die fortschreitende Annäherung der beiden Wachkörper in den letzten Jahren nicht berücksichtigen.

Ideell wird die Zusammenlegung zunächst ein gewaltiges Minus bringen. Denn es wird Jahre dauern, bis die beiden Korps auch in den Köpfen zusammengewachsen sind.

Trotz all dieser Überlegungen ist die energische Maßnahme des Ministers zu begrüßen. Sie bedeutet eine wichtige Frontbegradigung – ohne den negativen Touch, der diesem militärischen Terminus in der Regel anhaftet. Denn im Kriegsfall bedeutet Frontbegradigung zumeist nichts anderes als geordneter Rückzug …

STRUKTUREN UND ABFLACHUNGEN

Von größerer Bedeutung als die Zusammenlegung von Polizei und Gendarmerie, die letztlich nicht viel mehr als eine „kosmetische Operation" bedeutet, stellt sich die Neuordnung der Sicherheitsverwaltung dar. Und zwar von der Umstrukturierung des Ministeriums angefangen bis hinunter in die letzten Zipfel der „Nachgeordneten".

Im Bereich der Zentralstelle Ministerium ist in den letzten Jahren viel geschehen. So wurde das Bundeskriminalamt gegründet, für das es schon seit 1998 konkrete Pläne gab. Natürlich sind mittlerweile interne Kritiker aufgetreten, die sich bei allen Neuerungen so sicher einstellen wie der Heuschnupfen im Frühling, welche bekritteln, die Dienststelle sei zu groß geraten und zu schwerfällig und welche die Buchstaben BKA für die Bezeichnung „BüroKratieAmt" setzen, in welchem mehr Wert auf die Erstellung von Formblättern und Listen gelegt werde als auf effiziente operative Arbeit. Wie auch immer, es ist schwierig, die Richtigkeit dieser in erster Linie aus den Bundesländern kommenden Kritik zu beurteilen. Ich jedenfalls betrachte die längst fällige Auflösung der Sondereinheiten EDOK und EBS sowie

Gründung des BKA als positiv und vor allem den Erfordernissen unserer Zeit angepasst.

Auch die Staatspolizei wurde reformiert und das „Bundesamt für Verfassungsschutz und Terrorismusbekämpfung“ geschaffen. Die Pläne zur Errichtung eines derartigen Amtes gehen bis auf Minister Löschnak zurück, wurden aber nicht realisiert, weil die SPÖ eine Reform des Staatsschutzes von einer gesetzlichen Festlegung der Befugnisse der Heeresdienste abhängig machte. Und dieses Gesetz kam erst in der Legislaturperiode ab 2000 zustande. Auch dem BVT gegenüber gibt es „Verdachtschöpfer“, die ein zu großes Naheverhältnis zum Heeresnachrichtenamt argwöhnen – vor allem weil der neue oberste Stapochef aus dem Heer kommt und zuletzt im HNA Dienst machte. – Nach Gesprächen mit diesem Mann, der einen sehr korrekten Eindruck vermittelt, bin ich aber zuversichtlich und würde den kritischen Menschen raten, zunächst einmal eine „verdachtschöpferische Pause“ einzulegen, abzuwarten und das neue Amt arbeiten zu lassen.

Wie allerdings die Länderstrukturen aussehen werden, wird erst zu entscheiden sein. Die LKAs und LVTs dem jeweiligen Sicherheitsdirektor zu unterstellen, erscheint als vernünftigste und auch am leichtesten zu realisierende Variante. Bleibt dadurch doch der indirekte Einfluss der Landeshauptleute gewahrt, die nach dem Sicherheitspolizeigesetz bekanntlich bei der Bestellung der Sicherheitsdirektoren mitwirken.

Neben der Errichtung der beiden Ämter als Ersatz für die Gruppen C und D des Innenministeriums wurde mit der achten oder neunten Änderung der Geschäftseinteilung seit 2000 der gravierendste Schnitt in den Strukturen vorgenommen. Die „Gruppen“, in denen jeweils zwei oder mehr Abteilungen zusammengefasst waren, wurden als Hierarchieebenen aufgelöst, die Zahl der Abteilungen reduziert, jene der Referate, der kleinsten Organisationseinheit im Haus, aufgestockt. Dies wurde als Abflachung der Hierarchie bezeichnet. Bei näherer Betrachtung konnte man allerdings konstatieren, dass an die Stelle der Gruppenleiter so genannte „Bereichsleiter“ – als Neuschöpfungen – getreten waren, die ebenso zwei oder mehr Abteilungen vorstehen.

Natürlich brachte die Strukturänderung auch „Abflachungen“ mit sich. Abflachungen des Personalstandes, Abflachungen von Gehältern, Abflachungen in Stimmung und Motivation … Zahlreiche ältere, erfahrene Beamte wurden „entsorgt“, indem ihnen „klargemacht“ wurde, dass es besser wäre, in Pension zu gehen, andere, dem Ministerium dienstzugeteilte Beamte, wurden ihren Stammdienststellen zurückgegeben. Vielen Beamten, die durch die Geschäftseinteilung ihre Positionen verloren, standen Abwertungen ins Haus oder stehen solche noch bevor. Mit allen finanziellen Nachteilen, woraus sich verständlicherweise auch eine Verflachung der Stimmung ergab. Und nur „Auserwählte“ profitierten von der Umstrukturierung.

FARBENLEHRE

Apropos Auserwählte: Als ehemaliger Diener dreier Herrn Minister kann ich – sozusagen aus erster Hand – einiges über die ministerielle „Farbenlehre“ in unserem Lande erzählen …

Zunächst einmal wird jeder verstehen, dass Minister sich mit Personen zu umgeben trachten, denen sie vertrauen. Auch und vor allem politisch. – Folgerichtig beginnt daher jeder neue Ressortchef nach seinem Amtsantritt die Lage zu sondieren und jene Positionen herauszufiltern, die er – so bald wie möglich – mit „seinen“ Leuten besetzen will. Besonders dann, wenn ein „Farbwechsel“ stattgefunden hat (also eine andere politische Partei nun den Ressortchef stellt). Daher auch der Ausdruck: „Minister färben ab“ – als wären sie frisch gestrichene Kandelaber …

Kritik an einem Minister zu üben, der Beamte seiner Couleur bevorzugt, verkennt demnach die traditionelle österreichische

Praxis und muss – so sie von politischer Seite kommt – als pragmatische Wadelbeißerei eingestuft werden.

Anders ist die Frage zu beurteilen, wie schnell und mit welchen Methoden ein „blaues“ Ministerium „rot“ gefärbt wird, respektive ein „rotes“ „schwarz“ ... und so fort.

Dazu meinte unlängst ein alter Kollege: „Auf Schwarz geht’s besonders leicht, Schwarz deckt besser ...“ Worauf sich nichts sagen lässt, wie jeder Malermeister bestätigen wird.

Was sind nun die Instrumentarien des politischen Umfärbens? In erster Linie Strukturreformen, Auflösung bestehender, Bildung neuer Organisationseinheiten. Mit neuen Chefs, versteht sich. Strukturänderungen haben darüber hinaus den Vorteil, dass sie dem p.t. Publikum wunderschön zu verkaufen sind. Ein Minister, der anpackt, der sein Ressort abspeckt, es den Erfordernissen des 21. Jahrhunderts anpasst, toller Bursche. Wenn die Funktion eines Chefs einer neuen Organisationseinheit ausgeschrieben werden muss, besteht ein bewährtes Auswahlverfahren durch eine Kommission, deren Aufgabe es ist, natürlich völlig unbeeinflusst – nach dem Wunsch des Ministers – eine Kandidatenreihung vorzunehmen. Eine oft sehr schwierige Angelegenheit, weil der Wunschkandidat ja bisweilen nicht der beste ist.

Da wird der Kommission Fingerspitzengefühl abverlangt. Und taktisches Geschick. Indem man beispielsweise den besten und den Wunschkandidaten gemeinsam an die erste Stelle reiht – oder, wenn das der Fairness zu sehr gegen den Strich ginge, den Günstling auf Platz zwei. Der Minister kann letztlich ja auch den letztgereihten Kandidaten nehmen, hätte in diesem Fall allerdings den größten Bedarf, seine Wahl zu begründen („Er/Sie ist zwar nur an letzter Stelle gereiht – aber die Abstände zwischen den Kandidaten waren, wie mir versichert wurde, nur sehr gering. Sie waren alle fast gleich gut. Und übrigens, der/die Auserwählte hat mein Vertrauen!“).

Nur damit Klarheit besteht: Die oben geschilderte Vorgangsweise ist nicht der Regelfall, stellt aber eine realistische Möglichkeit dar.

Dann gibt es noch den sanften Druck, zu gehen, sich in etwas zu fügen. Das hässliche ausländische Wort „Mobbing“ möchte ich unbedingt vermeiden. Subtile Druckmittel: Ausnützen menschlicher Schwäche, Androhen oder Einleiten disziplinärer Untersuchungen ins Blassblaue, Inaussichtstellen, sexuelle oder andere Vorlieben unters Volk zu bringen …

Soll alles schon dagewesen sein! – Wie im normalen Leben sozusagen …

PFLEGE DER SCHWACHSTELLEN

Um das neue Haus der Sicherheitsverwaltung gibt es noch viele offene Fragen. Wie, zum Beispiel, steht es um das Schicksal der Polizeidirektionen? Werden sie den Weg alles Irdischen gehen? Werden aus den größeren Direktionen „Landespolizeikommanden“? – Die Entblätterung dieser Organisationseinheiten von behördlichen Aufgaben hat ja schon begonnen. Werden die Restbestände auch noch zu den Magistraten wandern und damit reine Kommanden der Sicherheitspolizei übrigbleiben? – Das alles steht im Moment noch mehr oder weniger in den Sternen. Frappierend ist allerdings die gewiss unbewusste Annäherung an Elemente einer Polizeiverwaltung, wie sie im „Tausendjährigen Reich“ eingerichtet war. Sichtbar beispielsweise im deutlichen Bestreben einer Entbehördung der Administration, der Zurückdrängung der Juristen als „Fachidioten“ in einzelne Verwaltungsnischen, in dem Drang zur Zentralisierung und der Konzentration von Organisationseinheiten in Großdienststellen. Im „Dritten Reich“ war die Polizei als leicht lenkbares und massiert einsetzbares Werkzeug zur Erhaltung der politischen Macht organisiert. – Heute hat sie andere Aufgaben zu erfüllen.

Das nunmehr bald zur Gänze in Schutt gefallene „Biedermeierhaus“ der alten österreichischen Sicherheitsverwaltung hatte einen Pfeiler, der als Schwachstelle in der Konstruktion bezeichnet werden konnte: die Bezirkshauptmannschaft als Sicherheitsbehörde erster Instanz. Von wenigen Ausnahmen abgesehen, nahmen die BHs ihre Aufgaben im Sicherheitsbereich – als eigentlich artfremd – nur lässig wahr und „lebten" von der Tatsache, dass die Gendarmerie ihre Aufgaben selbständig erfüllte, auch wenn sie dabei nicht immer die vorgesehenen Schranken beachtete. In den Neunzigerjahren des vorigen Jahrhunderts gab es daher mehrfach Überlegungen, die Gendarmerie auf Ebene der Bezirke mit Behördenstatus auszustatten und damit die Sicherheitsverwaltung entscheidend zu straffen. Es kam allerdings nie zu ernsthaften Versuchen, diesen Gedanken weiter zu verfolgen. – Aus politischen Gründen, versteht sich! Eine derartige Verschiebung der Kompetenzen vom Land zum Bund wäre von den Landesfürsten als Verlust von Macht und Einfluss betrachtet und mit Sicherheit verhindert worden. Heute, wo die Regierung die „Bezirkshauptmannschaft" als Kernzelle und Drehscheibe der Administration entdeckt hat, erscheinen derartige Gedanken noch weniger realisierbar. Obwohl die mit neuen Agenden ohnehin überfrachteten BHs ihre Aufgaben im Sicherheitsbereich in Hinkunft auch nicht eifriger wahrnehmen werden. So wird die zu schwach dimensionierte Säule im „Biedermeierhaus" wohl als einziges wesentliches Bauelement im neu zu errichtenden Haus der Sicherheitsverwaltung erhalten bleiben …

„KRISPINDL" INNENMINISTERIUM

Wer die Vorgänge analysiert, ein wenig in die Zukunft sinniert, sieht das ehrwürdige Innenressort auf dem Weg zu einem ferngesteuerten Ministerium. Unter der Vorstellung: sicherheitsbehördliche Agenden zu den Ländern (BHs, Magistrate), Kriminalpolizei nach der StPO-Reform unter der Fuchtel des Justizministeriums – mit der Option auf eine spätere Gerichtspolizei –, Staatsschutzamt als Anhängsel des Heeres? Was bleibt da noch übrig?

Ein kleines Polizeiministerium, dem die Sicherheitspolizei untersteht, ein bisserl Fremdenwesen, Wahlangelegenheiten – ein Torso. So dass vielleicht eines Tages wirklich jemand auf die Idee kommen könnte, die Regierung noch schlanker zu machen, indem man das Polizeiministerium dem Heeresministerium angliedert und einen Minister für innere und äußere Sicherheit kreiert.

„Die staatliche Verwaltung muss schlanker werden!" So lange, bis sie kaum noch aufrecht gehen kann .... Seit ich mich dem hohen Alter nähere und öfter Gesundheitspostillen lese, weiß ich, was von Schlankmachen um jeden Preis zu halten ist.

96 KILO GRAM

Apropos: Als ich in Pension ging, hatte ich durch schlechte Lebensweise und Stress das stattliche Gewicht von 96 Kilogramm. Ich litt darunter und sprach von „staatlichem Gewicht", das mir mit jedem Kilo Gram bereite, weil ich dem ungesunden Dienst als Diener des Staates die Schuld an der Gewichtszunahme gab. Mit 1. Jänner 2000 begann ich daher intensiv Sport zu betreiben. Mit dem Erfolg, dass die Kilos purzelten und ich innerhalb weniger Monate auf 84 Kilogramm abspeckte.

Im Ministerium, das ich noch hin und wieder aufsuchte, reagierte man auf mein Abschlanken mit gewohnter Häme: „Der schaut da jetzt aus. – Direkt ausg'ronnen. – Der geht richtig ein. – Der muss was haben, vielleicht ein klein's Krebserl?"

Sie konnten sich damals – Ende 2000 – unter Abschlanken noch nichts Richtiges vorstellen, die lieben Kollegen. Heute wissen sie schon besser Bescheid, was Abschlanken bedeutet. Dass man nachher unter Umständen auch ein bisserl schlechter aussieht als vorher ...

DIE DER NEID VERBINDET

Die „Genossenschaft" Österreich wird durch unbändigen Neid zusammengehalten. In den Wohnstuben unserer Landsleute haben „Feindbilder" denselben Stellenwert wie Familienbilder. Denn der Neid ist uns ans Herz gewachsen wie die selige Großtante. Hätten wir nicht schon genug Museen, wir müssten eines errichten für die Präsentation unserer Feindbilder. Da hingen sie alle, in langer Reihe und güldenen Rahmen. Zuvörderst natürlich die Beamten (pfui!), die Politiker …

Reduktion des Beamtenheeres, Pragmatisierung, Pensionsreform, Politikerprivilegien, Selbstbehalte im Gesundheitswesen: ideale Nährböden für Neidgenossen und Feindbildmaler.

Anstelle von sachlicher Diskussion über unvermeidliche Einschnitte, einer Harmonisierung der Systeme: Giftpfeile in alle Richtungen, schiefe Argumente, getürkte Statistiken, der Versuch, Äpfel als Birnen darzustellen und umgekehrt …

Als kleiner Beitrag zur Versachlichung der Debatte über die Beamten und ihre Privilegien eine authentische Geschichte:

Als ich Ende der Fünfzigerjahre in den Polizeidienst trat, bekreuzigten sich meine Studienkollegen und fragten mich, ob ich einen Dachschaden habe. Zum Bund könne man doch nicht gehen! Sie selbst vertschüssten sich in private Sphären. Und immer, wenn ich einen von ihnen in den folgenden Jahren traf, behandelte er mich wie den „armen Vetter".

Auch später, als ich auf der Stufenleiter nach oben geklettert war und die Beamtengehälter einigermaßen an das allgemeine Niveau angepasst worden waren, blieb ich im Verhältnis zu den mittlerweile natürlich auch aufgestiegenen Kollegen der arme Schlucker. Und ich erkannte, dass sich daran bis zu meinem dienstlichen Ende auch nichts mehr ändern würde, weil die Spitzengehälter im Beamtenbereich an die Gehälter im mittleren Management von Unternehmen ganz einfach nicht heranreichten.

Zuletzt war ich dann durch neun Jahre Chef einer „Firma“ mit 30.000 Mitarbeitern und österreichweit mehr als 1000 Filialen, die ein in aller Welt anerkanntes österreichisches Produkt erzeugte: Sicherheit. Ein faszinierender Job mit einer ungeheuren Verantwortung, der eine Arbeitsbereitschaft rund um die Uhr an sieben Tagen in der Woche verlangte …

In dieser Zeit erhielt ich einige Angebote aus der Privatwirtschaft, eines von einem international renommierten Unternehmen, das mir nahezu das Vierfache von dem bot, was mir Väterchen Staat monatlich auf die Hand legte. Dazu Extras, die mir die Augen aus dem Kopf trieben. Die anderen Angebote beliefen sich auf das Doppelte und mehr meines monatlichen Nettogehaltes (incl. pauschalierte Überstunden). Auch Mitarbeitern aus meinem Sekretariat wurden stolze private Angebote unterbreitet, die weit über ihrem Gehaltniveau lagen. Wir lehnten aus drei Gründen ab:

1.) weil wir mit unserer Tätigkeit und dem Dienstgeber zufrieden waren,
2.) weit wir sichere Jobs hatten und
3.) weil wir damit rechnen konnten, durch eine ordentliche Pension einen Ausgleich für vergleichsweise niedrigere Aktivbezüge zu erhalten.

Postskriptum: Ich diente ein Jahr über das gesetzliche Pensionsalter hinaus und ging erst mit sechsundsechzigeinhalb Jahren in Pension. In 42 effektiven Dienstjahren hatte ich 4 (vier!) Krankentage und keinen einzigen Kuraufenthalt (obwohl ich eine Zeit lang den Titel „Hofrat“ führte).

Postpostskriptum: dient allen Akademikern, die seinerzeit nicht zum Bund gegangen sind, weil sie in der Privatwirtschaft mehr verdienten und heute in wütenden Leserbriefen über die Ungerechtigkeit der Beamtenpensionen wettern, zur Kenntnis.

WER DIE BEAMTEN NICHT EHRT

Als Polizeibeamter im Kommissariatsdienst hat man wenig Kontakt zu Politikern. Höchstens einmal zu einem Bezirksrat oder zum Bezirksvorsteher. Alle anderen sind weit weg – und das ist ein unbestreitbarer Vorteil. Aber es ist auch das Präsidium weit weg und der Polizeipräsident sitzt hoch über den Wolken. Den Horizont bildet der Stadthauptmann oder der Abteilungskommandant. An ihnen hat man sich – je nach Sparte – zu orientieren.

Den Innenminister sieht man höchstens im Fernsehen und ist der Überzeugung, dass das reicht. Nur alle heiligen Zeiten kommt der Ressortchef auf Kommissariatsbesuch oder erscheint auf einem Bezirksfest als Aufputz. Dann hält er einem die feuchte Hand hin und es durchzuckt einen die freudige Erkenntnis: „Er ist auch nur ein Mensch, er schwitzt wie ich …"

Und in seinen müden Augen sieht man, dass ihm die vielen Menschen und ihre blöden Fragen genauso auf die Nerven gehen wie einem selbst. Man fühlt sich ihm direkt nahe. Dann öffnet er den Mund, sagt „Bla-bla" – und ist plötzlich wieder weit weg …

Einmal sollte ich irgendeinen Orden der Republik für irgendwelche Verdienste erhalten. In voller Wichs versammelten wir uns im Festsaal des Innenministeriums. Der Minister, ein groß gewachsener Mann mit streng zurückgekämmtem Haar, wies zu Beginn seiner Rede darauf hin, wie schwer es ihm eigentlich falle, uns die Orden zu übergeben. Sei er doch der festen Meinung, derartige Auszeichnungen seien ein Anachronismus. Wirklich verdient hätten ihre Medaillen nur die Lebensretter … Wir schauten einander verblüfft an. Nicht, weil wir seine Meinung nicht nachvollziehen konnten. Sondern weil uns die Taktlosigkeit vor den Kopf stieß, mit der er uns unverblümt seine private Ansicht in die Ohren bellte. Wir spürten die Verachtung, die er für uns empfand, und sein Unvermögen, mit Menschen umzugehen.

Nach dem Festakt, der so wenig festlich verlaufen war, standen wir im kleinen Kreis beisammen und besprachen den Affront.

„Ich bin nicht heiß auf den Orden, den hätt' er mir mit der Post schicken können“, meinte einer der Kollegen.

„Und keiner von uns ist aufgestanden und hat den Saal verlassen!“

„Die Beamten waren immer schon feig!“

„Er hat gedacht, den braven Jasagern kann man alles hineinsagen.“

„Und du meinst wirklich, er hat gedacht? …“

JUGEND ERSETZT ALLES

Zu Beginn stotterte meine Karriere. Ich hatte in Mariahilf einen sehr freundlichen Chef, der mich auch schätzte, aber die unumstößliche Meinung vertrat, ein „provisorischer“ Beamter könne nicht anders als mit „Gut“ beurteilt werden. Dieses „Gut“ hing mir lange Zeit nach, und ich brauchte bis zum Oberkommissär die heute unvorstellbare Zeit von zwölfeinhalb Jahren. In dieser Zeitspanne kann man es in unseren Tagen mit dem entsprechenden politischen Schub bis zum Sektionschef bringen …

Es ist keine vernünftige Entwicklung, die Jungen auf Kosten der Alten zu forcieren. Eine Tendenz, die im Innenressort schon unter früheren Ministern einsetzte, die eine Reihe von Beamten zwischen fünfunddreißig und vierzig Jahren in höchste Positionen beriefen. Natürlich auf Kosten von Altgedienten und Erfahrenen. Dies löste bei den Übergangenen – wie man sich vorstellen kann – Frustration aus. Sie verabschiedeten sich entweder in chronische Lustlosigkeit oder – wenn möglich – in den Ruhestand. In jedem Fall waren sie für das Ressort verloren. Ausschlaggebend für die „Verabschiedung“ dieser zum Teil sehr verdienten Beamten war einzig und allein die Berufung der Jungen, welche ihnen jede Zukunftsperspektive nahm.

Löschnak, ein von mir sehr geschätzter Minister, war von der Richtigkeit seiner „Strategie der Jugend“ überzeugt. Politiker messen in anderen Zeitdimensionen als Berufsbeamte, die nicht in Legislaturperioden denken und Kontinuität im Auge haben. Unter „Kontinuität" verstehen Politiker in ihrer eindimensionalen Sichtweise zumeist nichts anderes, als möglichst lange am Ruder zu bleiben.

Löschnak wollte mit den Jungen frischen Wind durch die Amtsstuben blasen und bedachte zu wenig, dass aus jedem Sturm mit der Zeit ein Lüfterl wird und Motivation unweigerlich nachlässt, so sie nicht immer wieder vom Drang, weiter und nach oben zu kommen, angeheizt wird. Einem Beamten, der in jungen Jahren mit Zauberhand in schwindelnde Höhen gehievt wird, fällt unweigerlich nach einiger Zeit die Decke auf den Kopf, weil die Karriere steht und ihm die Gnade eines kontinuierlichen Aufstiegs in kleinen Dosen „vermasselt" wurde. – Aber da ist der Minister, der ihn „gemacht" hat, meistens schon wieder weg. – So wie des Beamten Motivation …

Allerdings eröffnet sich unter Umständen eine zweite Variante: Dem Beamten steigt der rasche Aufstieg in die Spitzenposition zu Kopf. Er bildet sich ein, seine außerordentliche Karriere ausschließlich seinen außerordentlichen Fähigkeiten zu verdanken und – hebt ab. Dann wird der frische Wind, den er erzeugen soll, zum Wirbelwind, der in den Amtsstuben ein Chaos hinterlässt.

Mein Einwand gegen so manchen Höhenflug war allerdings von der falschen Voraussetzung ausgegangen, über dem Innenministerium werde für alle Zeiten die „rote Sonne" scheinen. Der Regierungswechsel im Jahre 2000 ließ jedoch diese Sonne untergehen und zwang die Höhenflieger nach und nach zur Notlandung auf schlechteren Positionen. Ein warnendes Beispiel für die „Überflieger" unter neuer Sonne …

Apropos: Auch unter neuer Sonne ging der Trend zur Jugend weiter. Sonnenkinder schwebten in lichte Höhen, und ihre glockenhellen Stimmen priesen den „Herrn".

Viele erkannten nun, dass beamtliche Tugenden – wie Erfahrung, fachliche Qualifikation – endgültig gegenüber anderen Vorzügen ins Hintertreffen geraten waren.

SCHACHSPIEL OHNE BAUERN

In den Siebziger- bzw. Achtzigerjahren lenkte bei der Polizeidirektion Wien ein Hofrat als Personalvertreter die Geschicke des Konzeptsdienstes. Natürlich in erster Linie nach politischen Gesichtspunkten. Aber doch auch in dem Bestreben, die guten Polizeijuristen in ihrer Karriere zu fördern, ebenso versierte alte Beamte zum Zug kommen zu lassen und tüchtige Junge als Nachschub für später sorgfältig aufzubauen.

Solange er sich um dieses Geschäft kümmerte, lief alles in geordneten Bahnen. Die es eher verdienten, kamen zum Zug. Vor allem, wenn sie das richtige Parteibuch hatten. So konnten Karrieren auf Jahre geplant werden.

Natürlich hatte der Hofrat auch Gegner, die ihm vorwarfen, die Polizeijuristen wie Schachfiguren herumzuschieben. Einmal sagte ein politischer Widersacher zu ihm: „Für dich sind die Konzeptler nur Bauern in einem großen Schachspiel!" Der Hofrat zog die Brauen hoch und gab zur Antwort: „Mein Schachspiel – wie du es nennst – kennt keine Bauern, nur Läufer, Springer oder Türme. Und", setzte er mit einem Lächeln hinzu, „es gibt auch kein Matt!"

Es gab tatsächlich kein Matt in seiner Zeit. Als er sich zurückzog, seine Voraussicht und ordnende Hand fehlten, gerieten die Dinge mehr und mehr aus dem Lot.

Heute – ich habe schon darauf hingewiesen – befinden sich die Konzeptsbeamten bestenfalls zwei Züge vor dem Matt!

Nun mag das Aussterben dieser Spezies für die breite Öffentlichkeit völlig unerheblich scheinen. Wem allerdings die Polizei am Herzen liegt, der wird die Entwicklung mit wehmütiger Skepsis betrachten. Denn das Aussterben des „rechtskundigen Beamten" bedeutet einen nicht zu unterschätzenden Verlust an Prestige auf dem unerbittlichen Weg der Polizei zum fremdgesteuerten Nurwachkörper. Und wer immer sich im Korps über das Ausscheiden der Juristen die Hände reibt, sollte gefälligst zur Kenntnis nehmen, dass er dem Juristen nicht entkommt. Ob der nun Staatsanwalt heißt oder Bezirkshauptmann oder Senatsrat. Ist da letztlich nicht doch der Jurist das kleinere „Übel", der aus dem „Verein" kommt und sich im Polizeigeschäft auskennt?

EINE SCHÖNE ZEIT NEIGT SICH DEM ENDE ZU

Meine Jahre in der Leopoldstadt waren eine schöne Zeit, und ich konnte mir nicht vorstellen, dass sie vor der Pensionierung enden sollte. Die Bemerkung des Präsidialchefs anlässlich eines Ministerbesuches im Kommissariat Ende Jänner 1990: „Sie dürfen sich nicht im Glauben wiegen, im zweiten Bezirk alt zu werden …" tat ich mit einem Lächeln ab. Ich war fest davon überzeugt, kein für mich in Frage kommender Posten könnte so interessant sein, dafür die Leopoldstadt aufzugeben.

BESCHAFFENHEIT EINES PRÄSIDIALISTEN

Ob man im Präsidium damals tatsächlich Pläne mit mir hatte und wie sie gegebenenfalls aussahen, kann ich nicht sagen. Wenn das allerdings jemand wusste, dann der Präsidialchef.

Präsidialchefs bei den Polizeidirektionen und besonders in Wien waren die grauen Eminenzen, die hinter den Kulissen unermüdlich das planten, vorbereiteten, umsetzten, was der Polizeipräsident respektive die Polizeidirektoren der Öffentlichkeit effektvoll verkauften. Sie waren die Fädenzieher im Hintergrund und traten kaum je publikumswirksam in Erscheinung. In den Behörden betrachtete man sie mit gemischten Gefühlen, weil man in ihnen die Urheber vor allem der unerfreulichen dienstlichen Neuerungen vermutete. Die Polizeichefs erwarteten von ihnen schrankenlose Loyalität, Bescheidenheit, Weisheit, unbegrenztes Wissen und die Bereitschaft, sich der „Sache" zu opfern. Was immer die Sache war …

Besonders Joschi Holaubek, stets mehr Politiker als Präsident, verlangte diese Vorzüge und dazu den Hang zur Selbstaufgabe. So hielt er einmal seinem Präsidialchef mit groben Worten einen Vortrag, was er von ihm alles fordere. Der ließ das Gepolter ruhig über sich ergehen und erwiderte dann: „Der Unterschied zwischen dem, wie Sie mich haben wollen, und was ich zu geben bereit bin, liegt bloß in einem Buchstaben, Herr Präsident!“ Holaubek starrte ihn verblüfft an. – „Ich will Ihr Präsidialist sein, Herr Präsident, Sie erwarten von mir einen Präs-Idealisten …“

Wie Holaubek, der ein sehr geradliniger Mensch war und Wortspielereien weniger schätzte, auf diese Antwort reagierte, ist nicht überliefert.

In meiner langen Polizeilaufbahn lernte ich eine Reihe von Präsidialchefs kennen. Fast alle wirkten grau, wie man das von derartigen Eminenzen erwartet. Grau, misstrauisch, zurückhaltend, ein bisserl misanthropisch … Als ich einmal einem von ihnen eine Idee vortrug, von der ich mir Verbesserungen erwartete, schmetterte er meinen Geistesblitz ein wenig grantelnd mit den Worten ab: „Kollege, wo Menschen am Werk sind, wird nix besser!“

Aus meiner heutigen Erfahrung würde ich diesen Ausspruch abwandeln: „Wenn's Probleme gibt, liegt die Hauptschwierigkeit in der Regel bei den Menschen …“

LETZTE AUFGABEN

Das Jahr 1990 hatte dem Kommissariat einige schwierige Aufgaben und überdurchschnittlich viel Arbeit gebracht. Die Polenmärkte, das Prostituiertenproblem im Stuwerviertel, das Europacupfinale im Stadion … Im September gab es dann noch ein Ereignis im Sportbereich, das allen Tennisfreunden unvergesslich bleiben wird. Das Daviscupmatch gegen die USA im dafür adaptierten Praterstadion. Polizeilich kein Problem, aber als

Event erwähnenswert. Ich fand darüber folgende Notiz in meinen Aufzeichnungen:

„Die Daviscupveranstaltung im Stadion ist eine Supersache. Die Veranstalter haben einen wunderschönen Centercourt ins Oval gezaubert. Und zwar in die Kurve, die der Praterhauptallee zugewandt ist. Mit VIP-Zelt und allen Schikanen. – Der Länderkampf ist bis zum Schluss spannend und endet schließlich mit einem 3:2 Sieg der Amerikaner, weil Skoff Michael Chang leider nicht Paroli bieten kann. Das Wetter ist sehr schlecht, es regnet immer wieder, so dass sogar am Montag gespielt werden muss. Als der Dauerregen gegen Mittag aufhört, kommen die Tennisfreunde langsam wieder aus ihren Löchern und streben – zunächst zögernd – und dann in Scharen dem Stadion zu. Es werden zuletzt 15.000 Besucher, die trotz Niederlage das Tennisfest genießen …"

PLATZANWEISER STATT TENNISPARTNER

Bei diesem Spiel traf ich Minister Löschnak. Er war völlig unbemerkt und ohne Begleitung ins Stadion gekommen und stand, als ich ihn entdeckte, ein wenig ratlos da, weil er seinen Sitzplatz nicht finden konnte. Ich kam ihm zu Hilfe, und er bedankte sich in seiner etwas trockenen Freundlichkeit. – Kein Wort über das Gespräch, das wir Anfang Juli in seinem Büro hatten, und sein Angebot an mich, als Gruppenleiter „Polizei" ins Ministerium zu wechseln. Und vor allem kein Wort über meine Absage zu Septemberbeginn. Ich war froh darüber und guter Hoffnung, nichts mehr von derartigen Ministerplänen zu vernehmen. In meiner Euphorie hörte ich nicht das Ticken der Zeitbombe, die mich wenige Monate später aus dem zweiten Bezirk doch in die Herrengasse katapultieren sollte …

So hatte das Gerücht, das nach meinem Wechsel ins Ministerium die Runde machte, ich hätte diesen Aufstieg einzig dem Umstand zu verdanken, jahrelanger Tennispartner des Ministers zu sein, ein Stäubchen von realem Hintergrund: hatte ich dem Ressortchef doch zumindest einmal geholfen, bei einer Tennisveranstaltung seinen Sitzplatz zu finden …

DIE LANGEN BEINE DER GERÜCHTE

Lügen haben kurze Beine – und doch zu oft ein langes Leben. So wie Gerüchte, die sich – wie man so schön sagt – hartnäckig halten. Gerüchte entstehen nicht aus dem Urschleim, sie werden in die Welt gesetzt. Häufig als Halbschwestern der Lüge. Gerüchte haben in der Regel „lange Beine" und überleben die Betroffenen. Dialoge wie der folgende sind daher in Gesprächen alter Freunde keine Seltenheit:

„Meine Herrn, der Fritzl, das war ein Gauner! Gott hab' ihn selig …"

„Ja, der hat viele Weiber g'schleppt, zuletzt a Schauspielerin, mir fallt der Name nicht ein."

„Das hat der Maier zumindest immer behauptet. Der guate Maier, jetzt is' er a scho' tot."

„Der Fritzl soll ihr auch einen Gschrapp'n ang'hängt haben."

„Oder zwei …"

„Hat das der Maier g'sagt?"

„Er war sich net sicher."

„Woher hat der Maier das alles g'wusst?"

„Von der Schauspielerin ihrem Mann. Der hat sich g'wundert, dass sie ein Kind nach dem anderen kriegt, wo ihm doch der Arzt g'sagt hat, dass er eigentlich zeugungsunfähig is'."

„Mhm … Und wem haben die Kinder ähnlich g'schaut?"

„Dem Maier!"

Mittlerweile sind alle, um die sich das Gespräch drehte, mit Ausnahme der Kinder natürlich verstorben. Inklusive des Kolporteurs des Gerüchts. Nur das Gerücht selbst lebt noch in bester Frische und erfährt immer mehr Ausschmückungen.

GERÜCHTE KOMMEN WIE GERÜCHE AUS DER KÜCHE

Polizeiarbeit baut auf Fakten, Beweisen und unwiderlegbaren Schlüssen. Verschmäht Spekulationen, windige Vermutungen. Erstaunlich, dass in einem solchen auf Erforschung von Tatsachen ausgerichteten Apparat und dem über der Exekutive thronenden Ministerium Gerüchte wie Schwammerln wachsen.

Gerüchte, warum wer was wird, aus welchem Grund dieser oder jener bei Postenbesetzungen übergangen wurde oder werden wird … Wer mit dem Minister täglich laufen geht, um eine bessere „Laufbahn“ zu haben … Welche Dame mit dem Kommandanten ins Bett geht – aus dem nämlichen Grund … Anonyme Schreiben an die Chefs, in denen böse Gerüchte verbraten werden, um Konkurrenten aus dem Sattel zu heben, missliebige Kollegen anzuschwärzen … Ein grandioses Bild menschlicher Schwächen, das der Ausspruch eines alten Obristen würdig rahmt: „Der Tratsch ergänzt die Dienstaufsicht!“ Manchmal scheint er sie auch zu ersetzen …

Bei einer Konferenz aller Behördenleiter in meiner Zeit als Generaldirektor brachte der Kriminalpsychologe des Ressorts das Thema „Gerüchte“ aufs Tapet und ersuchte um mehr Fairness im Handling von Tratschereien. Er war selbst unlängst Opfer eines unerfreulichen Gerüchtes geworden. Ein vermeintlicher Freund hatte – anstatt sich durch Rückfrage bei ihm der Richtigkeit dieser vagen Behauptungen zu versichern – das Geschwätz munter weiter erzählt. Mit dem Erfolg, dass sich das Gerücht nicht nur epidemisch verbreitet, sondern auch wie ein Ballon, der mit Gas gefüllt wird, aufgebläht hatte.

Die Diskussion, welche der Rede des Psychologen folgte, war wenig ermutigend. Skeptische Stimmen überwogen, was mich veranlasste, in meiner abschließenden Rede an die versammelten Spitzenbeamten auch auf diesen Punkt einzugehen. Durch einen Tonbandmitschnitt ist diese Redepassage erhalten, und ich möchte sie hier ausschnittsweise zitieren:

„Wir haben uns auch über den möglichst fairen Umgang mit Gerüchten unterhalten, die in der Generaldirektion jederzeit zu Diskontpreisen angeboten werden. Die Diskussion hat geteilte Meinungen über den ehrenwerten Vorschlag unseres Kriminalpsychologen, den Tratschereien durch Rückfragen die Grundlage zu entziehen, gebracht. Die Skeptiker unter ihnen überwogen. Ich würde sagen: die Realisten … Denn eines ist klar: Die vorzugsweise bösartigen Quatschereien stellen so etwas wie ein geistiges Grundnahrungsmittel für alle Boshaften, Wichtigtuer, Übeldenkenden, Schadenfrohen dar, und das ist in der Summe der menschlichen Lebewesen – wie der Nationalratspräsident nach Abstimmungen festzustellen pflegt – die Mehrheit. Daher wird das mit den Rückfragen auch nichts bringen. Einerseits, weil sich niemand der Gefahr aussetzen will, das wunderschöne 'böse Gerücht' durch so eine Rückfrage zu zerstören, andererseits, weil Dementis ohnehin nicht geglaubt werden und letztlich niemanden daran hindern, den Tratsch weiterzutragen …

Bestenfalls mit dem Zusatz: 'Natürlich bestreitet er alles, aber das kennt man ja schon …' Nur bei den seltenen 'guten' Gerüchten lohnt es sich zu dementieren. Diese Dementis werden eher geglaubt, verkehren sie doch das Positive der 'Nachricht' in der Regel ins Negative. Und negative Botschaften, die andere betreffen, werden stets mit besonderer Dankbarkeit gehört. Beispiel: Es verbreitet sich die frohe Kunde, der Generaldirektor werde demnächst in Pension gehen. Dieser – mit dem Gerücht konfrontiert – dementiert scharf. Ein Widerruf der Frohbotschaft, der glaubwürdig klingt. Er war immer schon ein alter, verkalkter Sesselkleber! … Mit diesem negativen Zusatz ist die Geschichte hervorragend unters Volk zu bringen. – Ein Beispiel für ein negatives Gerücht und die Schwierigkeit, es zu dementieren: Nehmen wir an, jemand bringt auf, der Generaldirektor habe bei seinen zahlreichen Auslandsdienstreisen in aller Welt uneheliche Kinder gezeugt. – Das wird gewiss mit Begeisterung geglaubt und mit funkelnden Augen weitererzählt, wobei die Kinderzahl im Maß der Verbreitung des Gerüchtes steigt. Nun greift ein Optimist die Idee unseres Kriminalpsychologen auf und ruft den Generaldirektor an. Fragt, was es mit dem Gerücht auf sich hat. Wie sollte der reagieren? – Barsch dementieren? Die Auskunft verweigern? Beides würde das Gerücht nur nähren. Noch dazu, wo man so geneigt ist, diesen Unsinn zu glauben … Schwierig! Im speziellen Fall des Generaldirektors allerdings, als dessen größtes Handikap sein Alter angesehen wird, böte sich jedoch eine elegante Lösung mit der lächelnden Antwort an: 'Was, so viele? Ich fühle mich geschmeichelt!'

Leben Sie wohl, liebe Kolleginnen und Kollegen! Kommen Sie gut heim in Ihre Dienststellen – zu den neuesten Gerüchten. Und sollte Ihnen tatsächlich zu Ohren kommen, ich hätte mehrere uneheliche Kinder, scheuen Sie sich nicht, rufen Sie mich, bitte, an. Ich würde mich gerne einmal geschmeichelt fühlen …"

Gerüchte sind also das Salz in der Suppe des Büroalltags. Besser gesagt: des Alltags überhaupt. Denn die Gerüchtegeilheit ist überall präsent. Nicht umsonst drängen immer wieder Bücher in die Bestsellerlisten, die Gerüchte und Spekulationen als „Tatsachen" verkleidet unters Volk bringen. Und als sogenannte Enthüllungen reißenden Absatz finden.

Bei Enthüllungen stehen allerdings am Ende zumeist die Tatsachen „nackt" da, hier sind es „bloße" Gerüchte. Dass gegen Tratschereien mittlerweile ein Kraut gewachsen sei, ist hingegen ein bloßes Gerücht.

UMGANG MIT MEDIEN

In meinem letzten Jahr in der Leopoldstadt machte ich so richtig Bekanntschaft mit den Medien. Das Fernsehen kam einige Male, ich nahm an Rundfunksendungen teil und gab zu den verschiedensten Themen Zeitungsinterviews. Zunächst machte ich keine schlechten Erfahrungen mit den Journalisten. Es ging bei den

Beiträgen um Ausländerkriminalität, Polenmarkt, Sicherheit im Stadion. Ich hatte keinerlei Schulung im Umgang mit Medien, wie sie heutzutage höheren Polizeibeamten selbstverständlich geboten wird. Daher war ich geschockt, als ich mich das erste Mal im Fernsehen sah. Hölzern, unsicher, ständig die trockenen Lippen leckend. Seltsamerweise wurde ich auf dieses Interview in der Öffentlichkeit durchaus positiv angesprochen. Und so bewahrheitete sich, was ein Justizminister einmal sinngemäß gesagt hatte: „Es ist egal, wie man im TV auftritt und welche Figur man macht. – Hauptsache, man ist im Fernsehen!"

Eines erkannte ich bald: Es liegt nicht unbedingt im Interesse der Journalisten, einen Beamtenwurm gut aussehen zu lassen. Vor allem in der Zeit im Ministerium war ich unausgesetzt mit Verballhornungen meiner Aussagen in Interviews konfrontiert, mit Gräuelfotos und sinnverdrehenden TV-Schnitten. Bald kapierte ich, dass die Fotografen bei Pressekonferenzen nur darauf lauerten, eine Regung von mir zu erhaschen, während ich ergriffen lauschend neben dem deklamierenden Minister saß. Kaum juckte mich die Nase und ich startete Gegenmaßnahmen, klickten schon die Auslöser. Und am nächsten Tag fand ich in Tageszeitungen ein Konterfei, das mich mit einem verdächtig beim Nasenflügel hantierenden Zeigefinger zeigte. Findige TV-Journalisten schafften es spielend, Interviews so zu schneiden, dass nahezu das Gegenteil von dem herauskam, was ich tatsächlich gesagt hatte. Und in Live-Sendungen, in denen man an sich vor derartigen Schnitten gefeit ist, überfiel man mich mit Fragen, auf die ich nicht vorbereitet sein konnte, weil man mir ein anderes Interviewthema angekündigt hatte. All das führte dazu, dass ich ständig genötigt war, meine verballhornten, verstümmelten Aussagen richtigzustellen, zu interpretieren und auf diese Weise aus der Defensive zu agieren. – Im Plenum des Parlaments wurden meine publizierten respektive über den Bildschirm transportierten „Sager" immer wieder verwurstet und zwar manchmal von Rednern aller Parteien in unterschiedlichen Auslegungen. In

Wirklichkeit hatte ich zwar etwas ganz anderes gesagt, musste aber still sein, wollte ich nicht riskieren, darauf hingewiesen zu werden, den Medien gegenüber besser zu schweigen. Was natürlich nicht immer möglich war, weil ich zumeist im Auftrag des Ministers sprach – oder in meiner Polizeizeit über Anweisung des Präsidiums. Und in der Regel waren es heikle oder unangenehme Themen, zu denen ich „ins Feuer“ geschickt wurde.

Ich erinnere mich da zum Beispiel an meine Auftritte zu Fragen des Polenmarktes und der Ausländerkriminalität, in denen ich als kleiner Stadthauptmann einen Spagat zwischen dem Verständnis für die Nöte der Ausländer, dem Unbill, das die Bevölkerung beklagte, und einer Darstellung der Notwendigkeit polizeilichen Einschreitens zu vollführen hatte. Was nicht immer leicht fiel.

DAS FALSCHE DOPPEL

Oder in meiner Ministeriumszeit: Wir hatten gerade die Laserpistolen zur Geschwindigkeitsmessung im Straßenverkehr eingeführt, als Beschwerden kamen, der Strahl sei für die angepeilten Autofahrer extrem augenschädlich. Es käme zu Verbrennungen und Hornhautablösungen und dergleichen mehr. Großes Geschrei! Die Medien stürzten sich wie die Geier auf dieses schöne Thema, mit dem wieder einmal bewiesen werden konnte, wie fahrlässig und gedankenlos die Behörden agierten. Der Minister schickte mich an die Medienfront. Das Fernsehen erschien beutelüstern in meinem Büro.

Ich führte das Interview so, wie ich es gewöhnt war. Steif, sachlich. Legte Gutachten von Experten vor, die Augenschäden auf Grund derartiger Lasermessungen ausschlossen. Der ORF-Mann war sichtlich unzufrieden mit dem Verlauf des Gesprächs. Fast resignierend arrangierte er noch ein so genanntes „falsches Doppel“. Was bedeutete, dass er den Interviewpartner auch aus anderen Positionen aufnehmen ließ – und zwar ohne Ton, wie er versicherte, – um in der Sendung zur Belebung des Bildes auch andere Blickwinkel einspielen zu können.

Er stellte also wieder seine Fragen, ich beantwortete sie, es musste ja Mundbewegungen geben. Dieses „vorgetäuschte“ Interview verlief naturgemäß lockerer, der Ton war ja abgeschaltet. Ich ging mehr aus mir heraus, ließ mich durch einige Fragen provozieren, unwillige, barsche Antworten zu geben, mit den Armen zu gestikulieren …

Als ich abends die Sendung sah, wusste ich, warum diese Vorgangsweise „falsches Doppel“ hieß. Der Reporter hatte mich gelinkt, der Ton war nicht abgeschaltet gewesen und es erschien in Wirklichkeit dieses angeblich nachgestellte Interview mit einem barschen, gestikulierenden Generaldirektor.

AUSGEBRANNT

Oder der Transport von ausgebrannten Brennstäben aus einem italienischen Atomkraftwerk Ende der Neunzigerjahre über den Brenner. Als die Beförderung dieses atomaren Mülls durch das heilige Land Tirol ruchbar wurde, war der Teufel los. Niemand wollte zur Kenntnis nehmen, dass diese Fahrt nicht die geringste Gefahr für Umwelt und Bevölkerung gebracht und die polizeiliche Eskorte keinen anderen Sinn gehabt hätte, als das Ladegut gegen Wegnahme und im Straßenverkehr zu sichern. Es nützte auch nichts, dass namhafte Experten versicherten, ausgebrannte Brennstäbe seien „leer“ und somit weitgehend harmlos. Vor allem in einem Spezialtransporter. Politiker und Journalisten sahen das heilige Land verstrahlt!

Daher also Sika an die Front! Ein Jüngling vom ORF erschien in meinem Büro und machte ein Interview. Als ich selbiges dann am Abend auf dem Bildschirm sah, glaubte ich, Ohren und Augen nicht zu trauen. Es war so geschickt geschnitten worden, dass es die ungerechtfertigte Panik eher noch verstärkte als kalmierte …

Ein harscher Briefwechsel mit dem ORF folgte. Doch erwies sich wieder einmal, wie sehr die Lage der Fernsehzentrale „Küniglberg“ auf einer vorzeitlichen Meeresdüne die Reaktionen der Verantwortlichen beeinflusst. Die Beschwerde verlief im „Sand“.

DURCHLÄSSIG DURCH LÄSSIGEN UMGANG MIT INFOS

Nicht abreißen wollten – solange ich denken kann – die Beschwerden von Politikern und Journalisten über die Durchlässigkeit der Exekutive respektive des Innenministeriums. Eine Durchlässigkeit, die im Wesentlichen alle wichtigen und noch so geheimen Informationen an die Öffentlichkeit gelangen ließ. Die Kritik war einerseits nachvollziehbar, andererseits ein bisschen verwegen, als gerade jene, welche die undichten Stellen im Sicherheitsapparat rügten, am meisten davon profitierten. – Politiker konnten auf Grund dieser Informationen in der Öffentlichkeit punkten, Journalisten die Blätter mit g'schmackigen Stories füllen.

Die „Zusammenarbeit“ zwischen Kriminalpolizei und Journalisten war zu jeder Zeit ein Problem. Das Resultat zumeist ein unausgewogenes. Das heißt, es ging in der Regel mehr an Informationen hinaus, als Vorteile für den „Apparat“ hereinkamen.

Nun ließen sich durchaus Argumente für diese „Zusammenarbeit“ finden. Man konnte die Berichterstattung ein wenig steuern, wenn man Informationen gab, man konnte über die Medien mit unbekannten Straftätern kommunizieren, man konnte die Mitarbeit der Bevölkerung gewinnen und dergleichen mehr. Allerdings war Voraussetzung, dass immer die Sache im Mittelpunkt derartiger Strategien stand und nicht persönliches Kalkül. Das war der entscheidende Punkt.

Den meisten Indiskretionen lagen nicht Strategie und beispielsweise Interesse an einem Weiterkommen in einem Kriminalfall zugrunde – sondern Geltungsbedürfnis, Profilierungssucht, manchmal auch Neid und Bosheit. In den wenigsten Fällen gab es finanzielle Motive – auch wenn das in der Öffentlichkeit immer wieder geargwöhnt wurde. Weil sich in unserer Zeit mit Geld eben alles erklären lässt. Die Journalisten nützten vielmehr die menschlichen Schwächen aus, wenn sie einen Beamten am Haken hatten. Sie „nahmen ihn wichtig", sie unterstützten sein Geltungsbedürfnis, indem sie ihn hin und wieder lobend erwähnten oder ein Bild brachten, auf dem er (auch) zu sehen war. Was natürlich im privaten Umkreis besonders gut ankam. Die Mama freute sich, die Freundin, der Stammtisch zeigten sich beeindruckt ...

So ist es längst nicht mehr notwendig, dass sich ein Journalist, um zu Informationen zu kommen, über Nacht im Wiener Sicherheitsbüro einsperren lässt, wie das in den Fünfzigerjahren einmal tatsächlich der Fall war. Insiderinformationen sind heute bequemer zu haben und nachfolgende Ermittlungen zur Feststellung, wer geplaudert hat, in der Regel aussichtslos.

Wenn ein solcher Fall von Indiskretion öffentlich bekannt wurde, war das immer wieder Wasser auf die Mühlen der jeweiligen parlamentarischen Opposition und politischer Journalisten, die dem Innenminister vorwarfen, „er habe das Ressort nicht im Griff". Eine Anschuldigung, welche jedes Mal große Aufregung im Haus hervorrief, weil man offensichtlich einem Minister keinen schlimmeren Vorwurf machen kann.

MINISTERS „WARENHAUSKATALOG"

Ich könnte einen Leitfaden über die gängigsten Ministerrepliken zu den verschiedensten Anlässen herausgeben. An erster Stelle steht die Ankündigung einer Verbesserung der Schulung, die sich bei jeder wie immer gearteten Fehlleistung eines Exekutivbeamten anbietet. Ich kann mich an einen konkreten Fall erinnern, der den Minister zu einer Reaktion zwang. Er rief einige Mitarbeiter zu sich, um den nächsten Schritt zu beraten. Bevor noch die an sich sinnlose Debatte begann, steckte der Pressemensch aus dem Kabinett den Kopf zur Tür herein und sagte: „Chef, ich schreib' gerade die Presseaussendung. Das allgemeine Blabla. Als Konsequenzen werden wir die Schulung nehmen. Okay?“ Womit der folgenden Diskussion der Saft genommen war …

Es boten sich – je nach Gegebenheit – die Einsetzung einer Sonderkommission an (oder die Betrauung eines Büros für innere Angelegenheiten mit Ermittlungen), die Einleitung von Disziplinarverfahren, sofortige Suspendierung (egal, ob gerechtfertigt oder nicht, macht sich immer gut als „harte“ Maßnahme) bis hin zur markigen Erklärung, „man werde alles daran setzen, den Vorfall einer restlosen Klärung zuzuführen, und sodann die notwendigen Konsequenzen ziehen“, was immer man darunter verstehen wollte. (Wenn es so weit war, hatte die Öffentlichkeit den Fall ohnehin aus den Augen verloren und längst andere „Sorgen“.)

Der Minister konnte also aus einem reichen Sortiment von möglichen Reaktionen wählen, um seine intakte Kompetenz unter Beweis zu stellen. Wenn so nebenbei auch dem Ressort ein Nutzen entstand, sollte es recht sein.

Jedenfalls blieben letztlich alle Bemühungen, die Informationsströme nach außen zu unterbinden, respektive zu kanalisieren, ohne Erfolg. So sehr wir auch versuchten, die Abläufe im administrativen Bereich nachvollziehbarer zu machen, um wenigstens auf diese Weise den Kreis der Plauderer einengen zu können.

Ein Chef aus meiner Anfangszeit bei der Polizei hatte zu diesem Thema einmal gesagt, man werde die Quatscherei nie ausrotten können, derartige Bestrebungen gingen gegen die Natur des Menschen. Um die Durchlässigkeit nachhaltig zu reduzieren, müsste man die Menschen ändern und nicht das System … Daran musste ich immer denken, wenn es wieder einmal so weit war.

NACHLÄSSIG DURCHLÄSSIG

De facto ist die Gesellschaft in allen Schichten „durchlässig“ und das natürlich nicht nur in Österreich, obwohl ich in Abwandlung eines klassischen Zitates einmal formulierte: „Österreich, das Land, wo die Indiskretionen blühen“ – sie blühen in Wahrheit überall, überall, wo es Menschen gibt.

Schlimm wurde es, wenn diese „Indiskretionen“ sich nicht auf „Hand-wasch-Handvorgänge“ mit Journalisten beschränkten, sondern massiv ins Strafrechtliche gingen. Gegen Ende der Neunzigerjahre häuften sich diese Fälle. Weitergabe von Informationen an Politiker, Detektive, Ganoven gegen Geld und andere greifbare Vorteile.

Nun hatte ich ja schon Anfang der Neunzigerjahre vor einer Entwicklung zur Korruption als Gefahr für die Gesellschaft gewarnt und doch insgeheim gehofft, es werde die Exekutive gegen diese Seuche weitgehend immun bleiben.

Es wurden Sonderkommissionen gebildet, welche die einzelnen Fälle klären sollten. Der Minister überlegte die Aufstellung einer Einheit für Innenrevision nach ausländischem Beispiel. Ich riet ihm davon ab. Auf einigen Reisen – insbesondere in die USA – hatte ich das Funktionieren derartiger Einrichtungen studiert und durchaus zwiespältige Eindrücke gewonnen.

Meine fachlichen Einwände zählten letztlich weniger als das Argument, die Aufstellung einer Sondereinheit könnte als böses Signal angesehen werden – und zwar sowohl in der Exekutive als auch in der Öffentlichkeit. „Aha, so ernst ist die Situation in der Polizei … Die wissen sich vor Korruption nicht mehr anders zu helfen …“ Respektive: „Wegen einiger schwarzer Schafe rückt man jetzt uns alle in ein schiefes Licht und beginnt eine Dauerbespitzelung …“

Wir arbeiteten also weiter mit Sonderkommissionen. Rückblickend bin ich nicht so sicher, ob das unbedingt die richtige – politische – Entscheidung war. Denn andererseits suggerierte die

Aufstellung einer Einheit für interne Angelegenheiten Härte und den festen Willen eines Innenministers, mit dem Bösen in den eigenen Reihen aufzuräumen.

Wie auch immer: In meiner Polizeizeit gab es in Wien eine derartige Einheit nicht. Beamtendelikte wurden durch das Sicherheitsbüro bearbeitet, betrafen sie Beamte dieses Büros, dann hatte das Kommissariat lnnere Stadt einzuschreiten. Das funktionierte durch Jahre und Jahrzehnte bestens. In die Fänge des Sicherheitsbüros zu gelangen, war für Polizeibeamte beileibe kein Honiglecken.

Heute ist – dem Zug der Zeit folgend – sehr wohl eine eigene „Beamtenverfolgungseinheit" in Wien etabliert, und im Ministerium stapfen die Mitarbeiter des „Büros für interne Angelegenheiten" durch saure Wiesen im Ressort.

Was hatte mich nun tatsächlich dazu veranlasst, dem Minister von der Aufstellung einer „internen" Einheit abzuraten?

BLUTHUNDE DER CHIEFS

Auf meinen Studienreisen hatte ich zunächst einmal festgestellt, dass alle Länder, die über eine operative Innenrevision verfügten, in diesem Bereich einen objektiv weitaus größeren Handlungsbedarf hatten als wir. Positiv fiel mir die abschreckende Wirkung auf, die durch diese Sondereinheiten erzielt wurden. Weiters das sehr professionelle Vorgehen der Spezialagenten. Kein Wunder, beschäftigten sich diese Beamten durch Jahre nur mit Amtsdelikten und kannten alle Tricks. Allerdings standen sie – wo immer ich hinkam – in einem extremen psychischen Spannungsverhältnis zwischen einem Gefühl der „Allmacht" und der deprimierenden Erkenntnis, von den Kollegen des Exekutivkorps gehasst zu werden.

Dieses Gefühl der Allmacht resultierte aus umfangreichen Vollmachten, welche dieser Einheit zugestanden waren, und dem Wissen, selbst kaum einer ernsthaften Kontrolle zu unterliegen.

Auf Hass, Verachtung und Ablehnung stießen sie, wo immer sie auftauchten, vor allem auch bei dem Gros der Kollegen, das absolut sauber war und Korruption jeglicher Art ablehnte.

Aus dieser eigenartigen Situation leitete sich wohl der Fanatismus ab, mit dem die Mitglieder der Innenrevision vielfach gegen ihre Kollegen ermittelten und sie aufs Kreuz zu legen versuchten. Fanatismus ist in diesem Geschäft ein schlechter Ratgeber. Daher liefen in einigen Metropolitan-Polices, die ich besuchte, Untersuchungen gegen Beamte der internen Abteilung, denen unsaubere Methoden und Überschreitung ihrer Befugnisse vorgeworfen wurden.

Ich hatte den Eindruck, dass sogar die „Chiefs" diesen Einheiten, deren Notwendigkeit sie immer wieder betonten, in ihrem Innersten mit Vorbehalten und Misstrauen gegenüberstanden. – Und in seltener Übereinstimmung sprachen die Polizeibeamten quer über den Kontinent von den „Bluthunden" der Chiefs.

Aus dieser Problematik leitete sich letztendlich die Konsequenz ab, dass Beamte, die längere Zeit in einer dieser Einheiten gearbeitet hatten, für eine andere investigative Tätigkeit im Rahmen der Kriminalpolizei nicht mehr verwendbar waren. Was in Ländern mit großen Personalressourcen kein Problem bereitete, in Kleinstaaten aber sehr wohl früher oder später Schwierigkeiten bringen konnte.

Unter dem Eindruck dieser Erfahrungen hatte ich also davon abgeraten, auch in Österreich solche Einheiten aufzustellen. Zumal sich das System der Sonderkommissionen durchaus bewährt hatte. Sie wurden für jeweils einen Fall gebildet, die Beamten gut ausgesucht. Nach Abschluss der Ermittlungen kehrten sie wieder an ihren normalen Arbeitsplatz zurück. Es gab kaum Spannungsverhältnisse, keine Hassgefühle und keine Kriminalisten, die durch ihre Tätigkeit als „verbrannt" zu bezeichnen waren. Und die Ergebnisse waren auch nicht schlecht. Trotzdem bin ich – wie schon gesagt – nicht sicher, ob mein Rat damals gut war.

Wahrscheinlich braucht unsere Zeit „Bluthunde".

BEAMTE ALTERN SCHNELLER

Während die Lebenserwartung der Österreicher stetig steigt, „altern" die Beamten in diesem Land zusehends schneller. In meiner Polizeizeit war es noch die Regel, dass Staatsdiener – speziell in mittleren und gehobenen Positionen – gemächlich „ausdienten". Und kein Mensch hatte daran etwas auszusetzen. Man schätzte das gediegene Wissen und die Erfahrung der Langgedienten. Die Jungen holten sich Rat und Zuspruch bei ihnen und schwiegen respektvoll, wenn die „Alten" am Wort waren. Hatten die Weißköpfe gesundheitliche Probleme, wurden sie verständnisvoll unterstützt.

Nicht selten waren Chefs in diesen längst vergangenen Tagen von Krankheiten gezeichnet, nach Operationen rekonvaleszent und schleppten sich doch bis zum Tag X ins Büro. Sie empfanden es nicht nur als Pflicht, sondern auch als Recht, bis zur letzten Stunde zu dienen. Damals konnte ein Gespräch lauten:

„Der M. wird wohl bald in Pension gehen?" – „Nein, nein, der ist doch erst 63!" Heute ist die Diktion eine andere:

„Der M. bewirbt sich um den ...Posten!" – „Was, der alte Idiot? Der ist ja schon 58. Dass manche Leute nicht erkennen, wann sie ans Aufhören denken sollten!"

In unseren Tagen hüten sich (nicht nur beamtete) Chefs in den Fünfzigern, körperliche Schwächen zu zeigen. Die Barrakudas lauern. Und die „JIC-Generation" ist im Vormarsch. Das sind die Jungen, Innovativen, Coolen ... Wobei „jung" nicht nur für glattes Aussehen und einen beweglichen Verstand steht, sondern auch für Mangel an Erfahrung und Persönlichkeit, „innovativ" Respektlosigkeit gegenüber gewachsenen Strukturen bedeutet sowie unverhüllte Freude daran, keinen Stein auf dem anderen zu lassen, und „cool" eine besondere Form von Kaltschnäuzigkeit bis Menschenverachtung im Umgang mit „Mitarbeitern".

Ein alter Kollege meinte zu den JICs im Ressort: „Sie haben keine Vergangenheit, dazu sind sie zu jung, sie haben keine

Zukunft, dazu haben sie zu viel Gegenwart. Daher nenne ich sie auch nur 'Gegenwarte'. Schau doch nur, was mit den JICs aus Löschnaks Ära geworden ist. Sie sind erloschen wie Sternschnuppen und haben im Verglühen nicht einmal eine Rauchwolke hinterlassen. Das ist das Schicksal der meisten 'Gegenwarte' und 'Auf-Streber' ..."

Solange JICs in Mode sind, werden Beamte nach dem fünfzigsten Geburtstag zu welken beginnen wie Hochzeitssträuße in den Flitterwochen. Und die Kollegenschaft wird sie weiterhin sanft davon zu überzeugen suchen, dass sie ideenlos, verbraucht und zu alt sind, sich den Herausforderungen der Zeit erfolgreich zu stellen ... Dass sie als nutzlose Mitläufer langsam daran denken sollten, den Jungen Platz zu machen, sich bei aller Wertschätzung (Schmäh) so bald wie möglich zu „schleichen"!

Die Lebenserwartung der Österreicher nimmt stetig zu. Achtzigjährige laufen Marathon, studieren, fahren mit ihrem Auto zum Nordkap, bevölkern die Sehenswürdigkeiten der Welt, wechseln die Partner ... Sie sind noch derart mobil, dass sich die Menschen fragen: Wann werden unsere Senioren (endlich) alt?

In meinem letzten Dienstjahr besuchte ich Japan und den dortigen Generaldirektor der Polizei. Es war dies ein kleiner, lebendiger Mann Mitte siebzig. Er wurde von seinen Mitarbeitern ehrerbietig behandelt, auch wenn er beim Abendessen immer wieder unmotivierte Grunzlaute ausstieß, die uns erschreckten ...

In anderen Ländern des asiatischen Kulturkreises traf ich ebenfalls des Öfteren Beamte in diesem Alter, die hohe Funktionen bekleideten. Die JICs dürften dort so um die fünfzig sein. Oder hat man in diesen Ländern einen anderen Zugang zu „Erfahrung" und weiser „Abgeklärtheit"?

Im Gegensatz zu dem Schicksal vieler Beamter in der Verwaltung, die zu einem möglichst frühen Zeitpunkt in die Pension getreten werden, wurde meine Dienstzeit durch ein so genanntes „Ehrenjahr" verlängert. Sehr zum Unmut mancher JICs, die meinten, ich sei ohnehin schon Jahre zu lange im Amt. Der damalige Staatssekretär im Finanzministerium stellte anlässlich der letzten Budgetverhandlungen unseres Ressorts, die ich erlebte, nüchtern fest:

„Eigentlich hat sich der Staat durch Ihre Verlängerung viel Geld erspart!"

Freundlicherweise hätte er noch hinzufügen können: „Abgesehen von Ihrer wertvollen Arbeitskraft, Ihrer Erfahrung, die er sich für ein weiteres Jahr gesichert hat …" Oder: „Noch dazu, wo es schwer sein wird, einen gleichwertigen Nachfolger zu finden …" – Doch nichts dergleichen sagte er. Von einem Finanzmenschen sollte man aber auch keine verbindliche Ausdrucksweise erwarten. Für den gibt es den Begriff „verbindlich" nur im Sinn von „Verbindlichkeiten" …

Die anwesenden JICs schwiegen betreten. Der Aspekt, den der Staatssekretär da aufzeigte, erschreckte sie …

Die armen JICs sollten sich aber durch derartige Aussagen das Weltbild nicht vermiesen lassen. Sie werden eine späte Genugtuung erfahren, wenn im Zuge der neidgenossenschaftlichen Pensionsdiskussion irgendein „Experte" zur Feststellung gelangt, alle Reformmühe werde den Karren nicht aus dem Dreck ziehen, so man nicht den Stier an den Hörnern packe und eine Radikalkur verordne, die da lautet: „Deckelung" der Lebenserwartung von pensionierten Spitzenbeamten durch Überreichung der „Seidenen Schnur" mit Vollendung des 75. Lebensjahres als „Solidaropfer" …

WENN EINER KEINE REISE TUT

Wenn einer keine Reise tut, dann kann ihm auch nichts passieren. Das war der Leitspruch meines ersten Chefs bei der Polizei. Er hatte als junger Mensch mit seiner Braut eine Mittelmeerreise unternommen und war – vermutlich im Zustand höchster Glückseligkeit – über Bord ins Wasser gefallen. Ein Jahr später war er auf seiner Hochzeitsreise in die Schweiz gefahren und in ein schweres Zugsunglück geraten. Seither hatte er keine Reise mehr unternommen, weil er befürchtete, nach dem Gesetz der Serie ein drittes Unglück zu er- und möglicherweise nicht zu überleben. – Er verbrachte fortan seine Urlaube im Schrebergarten und mied – soweit möglich – Massenverkehrsmittel. So er alle heiligen Zeiten ins Präsidium fahren musste, bestieg er mit saurer Miene den altehrwürdigen 58er, der ihn durch die Mariahilfer Straße ins Zentrum brachte. Als er aber an einem Monatsersten in dieser Straßenbahn Opfer eines Taschendiebes wurde, der ihn um die Brieftasche mit dem gesamten Monatsgehalt erleichterte, kam ihm der letzte Rest von Lust an Ortsveränderung abhanden.

Der Chef ging bald darauf in Pension und zog sich in sein Gartenhaus zurück. Wenige Monate darauf verstarb er an den Folgen eines Oberschenkelhalsbruches, den er sich bei einem Sturz über den Gartenschlauch zugezogen hatte.

Ein Jahr nach seinem Tod machte ich meine Hochzeitsreise in die Schweiz. Und geriet in ein Eisenbahnunglück, das allerdings mein Leben in keiner Weise gefährdete. Trotzdem wurde ich nachdenklich und erinnerte mich an das Schicksal meines ersten Chefs bei der Polizei. War es ein Omen? Sollte ich mich den Rest meines Lebens in ein Gartenhaus zurückziehen, das ich gar nicht besaß? Um letztlich an einem Schlauch zu scheitern?

Ich beschloss, mir keinen Schrebergarten zu kaufen und mich dem Leben zu stellen. – Auch auf die Gefahr hin, eines Tages von einem Dampfer ins Meer zu stürzen.

Das war eine gute Entscheidung, denn in der letzten Phase des Beamtendaseins war ich ununterbrochen mit Reisen konfrontiert. Sie gehörten quasi zu meinen Aufgaben. Entweder als Begleiter des jeweiligen Ministers oder in meiner Funktion als Generaldirektor, zuständig für die Erhaltung der Sicherheit im Lande. – Es wurden in aller Welt Kontakte gepflogen, Kooperationsverträge geschlossen. Die meisten hatten kaum mehr als symbolischen Charakter …

Lustreisen waren es keine, die wir da unternahmen. Im Gegenteil: Hetzjagden durch ein dichtes Programm mit sehr geringem Unterhaltungswert. Da und dort konnte einmal eine Stunde abgezweigt werden, um Land und Leute ein wenig kennenzulernen.

Ich erinnere mich beispielsweise an eine Reise mit Minister Löschnak nach China. Wir kamen ziemlich „zernepft“ in Peking an. Es herrschte Gluthitze. Nach dem zeremoniellen Empfang wurden wir sehr umständlich in die Stadt gebracht, weil die Flughafenautobahn gerade im Bau war. Tausende Menschen mit Schaufeln säumten die schmale Fahrspur. So gelangten wir verspätet ins Hotel, konnten uns gerade mal Hände und Gesicht waschen und mussten im verschwitzten „Reiseg'wandl“ zum ersten Termin mit dem chinesischen Innenminister fahren. In dem heißen Besprechungsraum überkam uns bleierne Müdigkeit. Nach und nach nickte fast die gesamte Delegation ein. Nur der Minister hielt eisern durch und rettete so die peinliche Situation. Die Chinesen verzogen keine Miene, registrierten aber sehr wohl unser Schlafbedürfnis. So sprach mich beim Abendessen ein Mitglied der chinesischen Delegation, das ich von Wien her kannte, lächelnd darauf an: „Schef sagen, Besplechung bessel in Schlafsaal als in Sitzungssaal …“

Oft und oft sehnten wir das Ende einer strapaziösen Dienstreise herbei. Und doch hatten wir immer ein bisschen vom Flair des fremden Landes im Gepäck, wenn wir am Ende erschöpft in Schwechat aus dem Flugzeug stiegen.

Der Chef der Abteilung, in der internationale Verträge ausgearbeitet wurden, ein guter Freund aus Polizeitagen, war der absolute Reiseprofi im Haus. Kaum ein Land der Erde, das er nicht in dem heißen Bemühen aufgesucht hatte, irgendeinen Vertrag vorzubereiten.

Als ich ihn nach meiner Pensionierung einmal traf, erinnerte er mich an einen meiner spontanen Aussprüche, der ihn sehr amüsiert hatte. Zur Vorgeschichte: Des „Reiseprofis“ Büro, das er zwischen seinen Auslandsaufenthalten frequentierte, befand sich in der Bräunerstraße. Einmal wollte ich ihn telefonisch sprechen, seine Sekretärin teilte mir aber mit, er sei gerade in der Gegend der „Seidenstraße“ dienstlich unterwegs.

Tage später fand bei mir eine Sitzung statt, an der auch unser mittlerweile zurückgekehrter „Reiseprofi“ teilnehmen sollte. Er verspätete sich aber und erschien erst, als wir mitten in der Beratung waren. Ich fragte ihn mit hochgezogenen Brauen: „Lieber Freund, kommst du aus der Bräunerstraße oder von der Seidenstraße?“

Die Reisen mit dem Minister liefen nach einem strengen Zeremoniell ab, waren daher zumeist entsprechend enervierend. Das Entertainment bestritten die Politiker mit den üblichen nichtssagenden Floskeln. Fachlich waren die Beamten beider Seiten ohnehin besser beschlagen als die Minister. Das heißt, man hörte nichts Neues und nichts anderes als Blabla in verschiedenen Sprachen. Was einigermaßen ermüdend war. Natürlich standen in Wirklichkeit nicht unbedingt Sachprobleme im Mittelpunkt der Besprechungen, sondern die Möglichkeit des politischen Kontaktes, des gegenseitigen Kennenlernens etc. Verbrämt mit vielen Worten. – Wir waren zuversichtlich, dass eventuelle politische Knackpunkte wenigstens in den zumeist stattfindenden Vieraugengesprächen der Minister erörtert wurden …

Bei Reisen von Beamtendelegationen ins Ausland ging es weniger förmlich zu. Es fehlte das übliche Brimborium des „Staatsbesuches“. Die Besprechungen waren intensiver, sachbezogener und des politischen Beiwerks entkleidet. Dadurch gab es mehr Freiraum und Chancen, sich nebenbei auch ein ungefähres Bild des Gastlandes zu machen.

STAR DES RUSSISCHEN STAATSZIRKUS

Ein Besuch in Moskau im Jahr 1992. Ich wurde von den Chefs der Kriminal- und Staatspolizei begleitet. Wir waren in einem Gästehaus im so genannten Silberwald an der Peripherie der großen Stadt untergebracht und standen Tag und Nacht unter Kontrolle. Auch wenn ich zusammen mit dem Kripochef, einem lieben, alten Freund, morgens in den Wald laufen ging, hatten wir das Gefühl, dass uns „Beschützer" folgten – ohne dass wir allerdings je einen von ihnen zu Gesicht bekommen hätten.

Wir hatten eine Reihe anstrengender Besprechungen hinter uns zu bringen. Unter anderem empfing uns auch Innenminister Jerin, den ich von seinem Wien-Besuch her kannte.

Und doch blieb Gelegenheit für eine Besichtigung der Hauptsehenswürdigkeiten Moskaus. Unter anderem brachte uns Ludmilla, die vom russischen Innenministerium zur Verfügung gestellte Führerin, welche sehr gut Deutsch sprach, in den berühmten Staatszirkus, einer Attraktion der Hauptstadt.

Ich bin an sich kein großer Zirkusfreund, doch ließ ich mich gern zu diesem Besuch verführen, weil er nach endlosen Sitzungen eine Abwechslung brachte. Was ich zu dem Zeitpunkt, als ich vorfreudig lächelnd in der ersten Reihe der Arena Platz nahm, allerdings nicht wusste, war, dass mir eine „tragende" Rolle in diesem Programm zugedacht war. Sonst hätte ich mich in die letzte Reihe unter die Kuppel gesetzt …

Nicht weniger als viermal wurde ich im Laufe der Vorstellung um „Mitarbeit" ersucht. Ich musste prüfen, ob ein Reifen tatsächlich geschlossen war, stand kurz in Gefahr, von einem tolldreisten Clown eine Schaumtorte aufgesetzt zu bekommen. Als Höhepunkt meiner Tätigkeit für das russische Publikum wurde ich von einem Mann in Frauenkleidern in die Manege gezogen. Ich versuchte, mich zur Wehr zu setzen, aber Ludmilla schrie: „Gehen Sie mit, gehen Sie mit, es passiert nichts!" Die „Mannfrau" zerrte mich in die Mitte der Manege und sprach unaufhörlich auf mich ein. Ich verstand natürlich nicht ein Wort. Ludmilla kreischte: „Sie sollen die Arme ausstrecken …" Und Tränen der Heiterkeit flossen über ihre Wangen. – Dann geriet die Aktion außer Kontrolle. Die „Mannfrau" keifte mich unaufhörlich an, worauf ich, um der Sache ein Ende zu bereiten, die bereits ausgestreckten Arme dazu benützte, meine Hände um ihren Hals zu legen und sanft zuzudrücken. Das Publikum – speziell der männliche Teil – johlte, die Stimme der „Mannfrau", welche die Situation sofort nützte, mutierte in ein heiseres Krächzen, dann ließ sie sich „ohnmächtig" in den Sand fallen … Lösung einer häuslichen Szene auf Russisch. – Unter ohrenbetäubendem Applaus wankte ich aus der Manege. Meine beiden Begleiter hielten sich die Bäuche vor Lachen.

Ludmilla bestritt, die Sache eingefädelt zu haben. Ich konnte auch aus ihr nicht herausbringen, was der Clown mit mir eigentlich vorgehabt hatte.

Ich hoffte, mein Auftritt werde sich nicht als ein Fall von „Gewalt in der Familie" bis nach Österreich herumsprechen. – Für die kleine Delegation aus Wien lag das Resümee der Geschichte jedenfalls klar auf der Hand: Wer sich im österreichischen Innenministerium behauptet, kann auch im russischen Staatszirkus bestehen!

MAFIA SCHÜTZT POLIZEI

Beliebte Reiseziele waren die in den verschiedensten Teilen der Welt stattfindenden jährlichen Interpol-Generalversammlungen. Sie boten nicht nur Gelegenheit, ferne Länder zu besuchen, sondern auch alte Kollegen aus allen Kontinenten zu treffen und Erfahrungen auszutauschen.

Man hat Interpol immer wieder mangelnde Effizienz vorgeworfen. Behauptet, es sei dies eine schwerfällige Organisation, die einer modernen Kriminalitätsbekämpfung eher im Weg stehe, als sie zu unterstützen. Die Kritiker vergaßen dabei zu bedenken, dass das Hauptproblem dieser Organisation in der unterschiedlichen Qualität der Polizei in den Mitgliedsländern bestand. Ein Manko, das kurzfristig nicht zu beseitigen war. Eine weitere Fehlmeinung, der Kritiker häufig unterlagen, lag darin, der Interpol Aufgaben zuzuordnen, die sie nicht zu erfüllen hatte, weil sie zu keinem anderen Zweck geschaffen worden war, als – in erster Linie personenbezogene – Informationen auszutauschen. Keinesfalls hatte sie aber operative Befugnisse, wie das immer wieder fälschlicherweise angenommen wurde. – Unter dem Druck der Kritik und der als Konkurrenz angesehenen Europol wurde in der zweiten Hälfte der Neunzigerjahre begonnen, die Strukturen der Lyoner Zentrale abzuschlanken und das Aufgabenfeld sukzessive in Richtung Analyse, Lagebeurteilung, Erstellung von Programmen zur Verbesserung der länderübergreifenden Verbrechensbekämpfung zu erweitern.

Einmal fand die Generalversammlung in einem mondänen Badeort an der Ostküste Südamerikas statt. Traumhafter Strand, eine Ansammlung eleganter Villen inmitten gepflegter Gärten. Geruch nach Luxus und Reichtum. Ein Paradies für die „Gestopften", wie man das im Jargon ausdrücken würde.

Der Kern des kleinen Städtchens mit Yachthafen und die etwas außerhalb liegende Veranstaltungshalle waren peinlich sauber. Keine Spur von Kriminalität und schrägen Figuren, die auf diesem Kontinent fast überall, wo es Elend und Luxus gibt, anzutreffen sind. – Alle waren sehr zufrieden. Die Generalversammlung lief ruhig und ohne Zwischenfall ab. Niemand wurde bestohlen oder von Bettlern belästigt. Es war für alle, die Südamerika kannten, fast gespenstisch. Eine Atmosphäre von Sauberkeit lag wie eine Glocke über dem Ort und umnebelte die honorige Interpol. Ein holländischer Kollege kritisierte: „Wir setzen uns mit der Jahrestagung immer in paradiesische Gegenden, in denen es kein Elend und keine Kriminalität gibt. Sollten wir als Interpol nicht eigentlich dort tagen, wo das Verbrechen zu Hause ist?"

Nun, dem armen Mann konnte geholfen werden. Zumindest nachträglich, als durchsickerte, eine mächtige kriminelle Organisation habe für die Dauer der Generalversammlung dafür gesorgt, dass jegliche Kriminalität im Tagungsort bei Strafe unterblieb. Alle Ganoven dürften sich daran gehalten haben. Es wurden im kritischen Zeitraum keine Leichen an Land geschwemmt.

BÜROKRAT GEHT BADEN

Die Interpol-Generalversammlung des folgenden Jahres fand in Dakar statt. In einem von den Arabern am Rande der Stadt errichteten Konferenzzentrum. Eine grüne Oase im Sandgelb der Umgebung. Die Finanziers hatten es übernommen, zehn Jahre auch für die Erhaltung des Zentrums zu sorgen. Diese Zeitspanne müsste mittlerweile verstrichen sein. Es wäre interessant zu wissen, in welchem Zustand sich dieses ehrgeizige Projekt heute befindet.

Am vorletzten Tag der Veranstaltung wurde ein Ausflug ins Landesinnere geboten, in dessen Verlauf eine Fahrt in einem sehr fragilen Boot unternommen wurde. Wir waren alle locker gekleidet, nur ein norwegischer Kollege im Tagungsanzug mit Krawatte. Zu allem Überfluss schleppte er auch einen riesigen Aktenkoffer mit, von dem er sich offensichtlich nie trennte.

Und es kam, wie es kommen musste. Beim Verlassen des wackligen Bootes begann es so heftig zu schwanken, dass der liebe Kollege das Gleichgewicht verlor und mitsamt Koffer in den Fluss stürzte.

Man sah kurze Zeit nur den strohblonden Kopf und die Krawatte, die an der Oberfläche schwamm. Der Aktenkoffer hatte sich beim Aufprall geöffnet, und zahllose Papiere trieben dem Meer zu.

Wir waren zunächst vor Lachen unfähig, dem armen Kollegen zu helfen, der in Panik versuchte, Koffer und Papiere zu retten, und dabei fast abgesoffen wäre.

Ein schwedischer Kollege brachte es auf den Punkt: „Wenn ein Bürokrat ins Wasser geht, dann sollte er unbedingt seine Akten mitnehmen, damit sichergestellt ist, dass er auch wirklich umkommt!"

BEAMTENBOMBER

Die Tagesreisen zur EU nach Brüssel standen bei uns nicht sehr hoch im Kurs. Frühmorgens zwängten sich in Schwechat rudelweise dunkelgewandete, aktenkofferbewehrte Staatsdiener in den so genannten „Beamtenbomber". Mürrisch blätterten sie in ihren Unterlagen und vermieden es, den Mund zu mehr als einem krächzenden „Hallo" zu öffnen, wenn sie einen bekannten Kollegen aus einem anderen Ressort sahen. Ein unendlich öder Tag in den sterilen Räumen der „Nervenzentrale Europas" lag vor ihnen und auf ihren sensiblen Gemütern.

Der Mund wurde erst aufgetan, wenn das karge Frühstück kam.

Ich erinnere mich da an eine dieser öden Reisen nach Brüssel, die ich mit dem Minister zu absolvieren hatte. Mit von der Partie war ein höchst ehrenwerter Sektionschef, der das eilig vor ihn hingeknallte Tablett misstrauisch beäugte, als Erstes das Besteck aus dem Weg räumte und in die Außenbrusttasche des Sakkos steckte. Dann ordnete er penibel das vor ihm ausgebreitete Durcheinander von Speisen und Behältnissen, um sich schließlich damit zu begnügen, ein trockenes Gebäck zu essen und eine Tasse Kaffee zu trinken. Als er sich vom Tablett befreite, vergaß er auf das „ausgelagerte" Besteck. So entstieg dem Beamtenbomber in Brüssel ein stolzer österreichischer Sektionschef, dem an Stelle eines Stecktuches oder Kugelschreibers Messer, Gabel und Löffel – damals noch aus Metall – als offensichtlich unverzichtbare Werkzeuge des täglichen Lebens aus der Brusttasche ragten …

Zu dieser Zeit waren die Sitzungen in Brüssel das reine Elend. Sie zogen sich stundenlang, es wurde unglaublich viel Papier produziert, und wenn man spätabends wieder in den Bomber stieg, hatte man das Gefühl, die Sache nicht einen Millimeter voran gebracht zu haben …

Das Innenministerium war damals durch eine sehr nette und tüchtige Dame ständig im Nervenzentrum der EU vertreten. Sie hatte eine stattliche Figur und die Neigung, unvermittelt zu stürzen. Auf der Straße, im Restaurant, auf der Stiege … Einmal stolperte sie auf einer engen Treppe und begrub den vor ihr gehenden Kollegen unter sich. – In der Folge scheuten sich die Kavaliere, beim Abwärtsgang auf Stiegen vor dieser Dame zu sein. Wegen ihrer Figur nannten wir sie liebevoll die „vierte Säule von Maastricht“ …

TAUSEND UND KEINE NACHT

Einmal erlebte ich im Gefolge des Bundeskanzlers Vranitzky ein Staatsbankett in Dschedda, Saudi-Arabien. Man bot den Gästen ein märchenhaftes, orientalisches Fest. Zunächst wurden wir in einen großen Saal geführt, dessen Boden mit einem riesengroßen Teppich bedeckt war. An den Wänden standen Stühle, auf denen die geladenen Gäste – selbstverständlich nur Männer – Platz zu nehmen hatten. Und zwar in der Anordnung: Österreicher – Araber – Österreicher – Araber … Man unterhielt sich auf Englisch. Das ging sehr gut. Wie immer, wenn Leute aufeinander treffen, die eine fremde Sprache, in der sie sich verständigen, nur radebrechen.

Dann kam die übliche Vorstellung. Gastgeber und Bundeskanzler schüttelten unsere Hände und lächelten leutselig. Als dieses Brimborium beendet war, geleitete man uns in den großen Speisesaal, der ebenso prächtig geschmückt war wie zuvor der Empfangssaal. Die Tische bogen sich unter der Last der Speisen. Berge von Früchten, Fleisch, diversen Fladen, Getränke in großen Krügen. Schwarze Boys wieselten herum und erfüllten jeden Wunsch.

Ich saß am Ende der Ehrentafel. Meine arabischen Nachbarn überboten sich in Gastfreundschaft und legten mir die besten Stücke auf den Teller.

Zu meinem Glück wurde die Tafel aufgehoben, bevor mir die Bauchdecke platzte. Im Hinausgehen raunte mir Karl Schlögl, damals noch Staatssekretär, zu: „So was muss man erlebt haben! Wie in Tausendundeiner Nacht.“

Diese „tausendundeinte Nacht“ war mir allerdings nicht vergönnt. Ich musste direkt vom Bankett zum Flughafen fahren, um die Maschine nach Ankara zu erreichen. Der Bundespräsident sollte am folgenden Morgen auf Staatsbesuch in die Türkei kommen. Wegen der damals angespannten Kurdenfrage wollte er mich in der Delegation haben.

So erlebte ich in Ankara das nächste Staatsbankett. Und dieses war an (westlicher Nüchternheit) nicht zu überbieten. Obwohl man sich streng genommen auch im Orient befand. Wir saßen in einem Saal des Kemal-Atatürk-Palastes an schmucklosen, runden Tischen und hätten eine profane „Staatsausspeisung“ erlebt, wäre nicht das meisterliche Wiener Oktett aufgetreten, das so wunderschön aufspielte, dass uns Österreichern vor Stolz fast die Tränen kamen …

Und noch ein Eindruck dieser Reise geht mir nicht aus dem Kopf: Zwei Tage später saßen wir im letzten Abendlicht im Amphitheater von Ephesus und lauschten den Wiener Philharmonikern. Die Arena gefüllt mit Touristen. Die Steine gaben die Hitze des Tages wieder, und eine blutrote Sonne versank am Horizont. Auf den felsigen Hügeln der Umgebung die Silhouetten der Polizisten, die über unser Wohl wachten. Dazu das überirdisch schöne Spiel der Wiener Musikanten, die in die sinkende Nacht hinein spielten …

Später erzählte mir einer der Musiker, sie hätten zuletzt vor Dunkelheit die Noten kaum mehr lesen können und halt einfach „musiziert“ …

NOCH EIN STAATSBANKETT

Wie ein Staatsgast in der Wiener Hofburg nach allen Regeln österreichisch-monarchodemokratischer Etikette verköstigt wird, habe ich schon in einem anderen Buch beschrieben.

Im Gefolge unseres Bundespräsidenten hatte ich nun die Ehre und das Vergnügen zu erleben, wie das in einer anderen Monarchodemokratie – nämlich einer echten, mit einem echten König – praktiziert wird: in Spanien.

Auf den ersten Blick besteht der Unterschied zwischen den beiden Ländern, was die zeremonielle Ausspeisung betrifft, im „echten König" und allem, was dazugehört: nämlich echtem Hofstaat, echtem Hofzeremoniell, echtem Adel … Wodurch die Geschichte lebhafter, bunter wird. Und das alles zusammen gegen Mitternacht verschoben. Denn vor 23 Uhr kriegt man bei solchen Anlässen in Spanien den Löffel nicht zu fassen …

Prunkvoller Rahmen im Königspalast von Madrid. Frackzwang, prächtige Garderoben und Uniformen, ordengeschmückte Männerbrüste …

Ich war beeindruckt – aber auch beeinträchtigt. Mein Frack und hier vor allem das Hemd begann sich aufzulösen. Ich musste die Hilfe unserer Damen in Anspruch nehmen, die mich mit Sicherheitsnadeln spickten und dadurch halbwegs vorschriftsmäßig bekleidet erhielten (eine von den Fracksamariterinnen erkor mich an diesem Abend zum österreichischen „Sicherheitsnadelchef").

Als ich weit nach Mitternacht ins Hotel zurückkehrte, war der Frack am Ende. Er zerfiel in seine Teile, und ich konnte nur mit Mühe mein Zimmer erreichen, ohne die strengen Moralvorstellungen der Spanier zu strapazieren.

JAGDFLUGZEUGE VON LINKS

Meine skurrilste Dienstreise machte ich im September 1993 mit Justizminister Michalek nach Wolgograd zu einer Konferenz der Innenminister der russischen Teilrepubliken.

Wir hatten eine achtsitzige Düsenmaschine gechartert und flogen zunächst nach Kiew. Dort sollte ein Navigator an Bord kommen, denn auf dem Weiterflug waren zahlreiche militärische Sperrgebiete zu beachten.

Ursprünglich hätte ja der Innenminister nach Wolgograd fliegen sollen. Er war aber verhindert, so sprang Michalek ein.

Wenige Tage vor unserer Abreise geriet Russland in eine Staatskrise. In Moskau kam es zu bewaffneten Auseinandersetzungen, und die ebenfalls zur Konferenz eingeladenen Minister anderer europäischer Länder sagten wegen der unsicheren Lage die Reise ab. Nur nicht die „wagemutigen" Österreicher. Michalek blieb cool und beendete alle in Richtung Absage gehenden Überlegungen mit einer lässigen Handbewegung. So war auch für seine Begleiter der Fall klar, und wir starteten.

Bei der Zwischenlandung in Kiew verfrachtete man uns in einen schmucklosen Raum am letzten Ende des Flughafengebäudes. Was uns weiter nicht irritierte. Störender erwies sich der Umstand, dass in der Toilette der rote Läufer gelagert war, den man für uns nicht ausgerollt hatte. Was den Mitgliedern unserer Reisegruppe wahrhaft akrobatische Fähigkeiten abverlangte, weil er den Weg zur Muschel blockierte. Die Toilette war nebenbei teilverstopft und ließ größere Transaktionen nicht geraten sein …

Der Navigator war ein freundlicher älterer Mann, der wie ein Holzsammler gekleidet war. Er hatte eine zerschlissene Landkarte bei sich und einen uralten Rechenschieber, den er vorzugsweise als Lineal zu verwenden schien.

Was wir damals nicht wussten: Die Russen hatten aus Begeisterung darüber, dass wenigstens eine ausländische Delegation anreiste, den geraden Weg durch alle Sperrgebiete freigegeben. In unserer Unwissenheit beobachteten wir den Himmel rund um uns, und ab und zu rief ein Spaßvogel: „Jäger von links …“

Der „gerade“ Weg ließ uns mehr als eine Stunde vor der Zeit in Wolgograd landen, sodass wir auf unsere Gastgeber warten mussten, die durch unser frühes Eintreffen überrascht waren. Man brachte uns in eines der 08/15-Gästehäuser, die in der Sowjetzeit offensichtlich genauso durch ein Architektenteam landesweit im Einheitsstil errichtet worden waren wie einst die Bahnhöfe in der Monarchie. Der Besucher des „gelobten“ Landes sollte auf diese Weise nie sagen können, wo er sich befand, wenn er morgens die Augen aufschlug.

Wolgograd machte den Eindruck einer besetzten Stadt. Überall Militär und Polizei. Die Tagungsteilnehmer, die alle wie geklonte Breschnjews aussahen und wohl ihre Wurzeln in dieser Zeit hatten, wirkten angespannt und nervös. Sie umstanden die Fernseher, über die pausenlos Berichte aus Moskau gesendet wurden.

Nach der feierlichen Eröffnung der Innenministertagung gab man uns für eine Stadtbesichtigung frei, die in großen Limousinen und in großem Tempo vonstatten ging. Inklusive Kranzniederlegung durch den Minister an einer der vielen Gedenkstätten.

Man zeigte uns das Haus, in dessen Keller General Paulus, der Oberbefehlshaber der deutschen Besatzer in Stalingrad, kapituliert hatte, die majestätische Wolga, breit wie ein Meeresarm, die Ruine eines Lagerhauses als Denkmal der Zerstörung. Der durchlöcherte Ziegelbau trug die Aufschrift einer deutschen Handelsgesellschaft, die schon zu Zarenzeiten eine Niederlassung in Wolgograd gehabt hatte.

Überall Hinweise auf das unsägliche Leid, das der Zweite Weltkrieg der Stadt gebracht hatte. Wir waren sehr nachdenklich.

Natürlich führte man uns auch zu dem großen Heldendenkmal, das sich über den meistumkämpften Hügel der Stadt erstreckt. Und wir erkannten, dass sich ein Mahnmal, das an zigtausend Soldaten erinnert, die allein auf dieser Anhöhe verblutet waren, in seiner monumentalen Dramatik zwangsläufig jedem Vorwurf von Kitsch entzieht. An der Spitze des Hügels eine an die 200 Meter hohe Jeanne d'Arc aus Beton mit dem Schwert in der Rechten.

Nach dem Essen hielt Minister Michalek seine Rede, die freundlich beklatscht wurde. Hätte er einen Vortrag über das Maikäfersterben im Tullnerfeld gehalten, wäre er genauso akklamiert worden. Denn die „Breschnjews" gehorchten offensichtlich wie an Schnüren hängende Marionetten einer übergeordneten Regie, die sie aus vergangenen Zeiten gewöhnt waren …

Als ich vor der Abreise mein Zimmer betrat, um das Gepäck zu holen, fand ich das Gastgeschenk vor und erbleichte. Die Statue der Jeanne d'Arc auf einem hässlichen Holzsockel, insgesamt etwa einen Meter hoch und von exzeptioneller Scheußlichkeit. Jedenfalls des Originals auf dem Hügel absolut unwürdig. Ich beschloss, die Statue im Zimmer zu vergessen …

Bei der Abfahrt zum Flughafen stellte sich heraus, dass alle Delegationsmitglieder diese Statue erhalten hatten und wir Probleme haben würden, die großen Trümmer im engen Gepäckraum der kleinen Chartermaschine unterzubringen.

Über der Stadt, die wir im Eiltempo durchquerten, lag eine bedrohliche Stimmung. Überall Polizei, kaum Zivilisten auf den Straßen. Wir waren froh, zum Flugzeug zu kommen und Wolgograd verlassen zu können.

Plötzlich rief ein Kollege im Fond des Wagens: „Da fährt uns ein Polizeiwagen mit Blaulicht nach und nähert sich rasch!" Kurz darauf wurden wir überholt und gestoppt. Ein Polizist sprang mit grimmiger Miene aus dem Wagen, holte einen großen Gegenstand aus dem Kofferraum. Ich stieg voll dumpfer Ahnung aus dem Auto. Der Polizist kam auf mich zu und legte den Gegenstand in meine Arme. Und ein breites Lächeln überzog wie plötzlicher Sonnenschein sein Gesicht. Ich hatte sie wieder, meine Jeanne d'Arc!

Durch diesen Zwischenfall kam unser Wagen verspätet zum Flughafen. Der Laderaum des Fliegers war schon vollgepackt, sodass ich meine Dame in die Passagierkabine mitnehmen musste. Ich stellte sie zwischen die Beine und hatte während des Flugs das beständige Angstgefühl, sie könnte mich aus Rache über ihre Zurücklassung mit dem Schwert entmannen …

COBRA GEGEN ISLAMISTEN

Anfang Juli 1994 trat ich eine „Abenteuerreise" nach Algier an, um das dort eingesetzte Kontingent des Gendarmerieeinsatzkommandos zu besuchen. Eine Gruppe von Beamten dieser Sondereinheit beschützte die österreichische Botschaft in dem vom Bürgerkrieg geschüttelten Land. Eine gefährliche Aufgabe in einem fremden Land, dessen Bewohner nicht erkennen ließen, auf welcher Seite sie standen. Jeder, der einem begegnete, konnte feindselige Gedanken hegen, ein Islamist, ja ein Mörder sein …

Ich war in Begleitung des Kommandanten des Einsatzkommandos, Oberst Pechter. Er hatte die Aktion „Algier" in wenigen Tagen auf die Beine gestellt.

Die strategische Lage des Botschaftsgebäudes im Stadtteil Birkhadem war als extrem schlecht einzustufen. Das wenig komfortable Haus stand in der Sohle eines Kessels und konnte von jeder Seite voll eingesehen werden. Unsere Gendarmen hatten sich auf dem Dach des Gebäudes hinter Sandsäcken verschanzt. Vor dem Haus hielt ein algerischer Polizist als allererste Zielscheibe Wache.

Zur ungünstigen strategischen Lage des Botschaftsgebäudes kam, dass Birkhadem als ein Zentrum der extrem-islamistischen Untergrundbewegung GIA galt. Wenn man hinter Sandsäcken hervorlugend die gesichtslosen, weißen Häuserzeilen betrachtete, die sich die umliegenden Hügel hinaufzogen, hatte man das Gefühl, von hunderten feindlichen Augenpaaren beobachtet zu werden.

Der Oberst und ich waren in einem Gästehaus der Regierung untergebracht und bestens bewacht. Von unseren Fenstern hatten wir einen schönen Blick auf die unter uns liegende Stadt, den Hafen und das Meer.

Die Gastgeber bemühten sich sehr um uns. Das algerische Innenministerium war an dem österreichischen Anti-Terror-Know-how der Cobra höchst interessiert und an einer Beschaffung der Glockpistole zur besseren Bewaffnung ihrer Polizeieinheiten.

Erstmals lernte ich den islamistischen Terror aus erster Hand kennen. Die Zeitungen waren voll von Gräueltaten, die Bevölkerung verängstigt. Man konnte niemandem trauen. Sogar Polizeisperren entpuppten sich immer wieder als Hinterhalte der GIA und waren Ausgangspunkte schrecklicher Massaker.

Die algerischen Spitzenbeamten, mit denen wir zusammentrafen, waren äußerst besorgt über die Situation. Sie deuteten an, dass Militär und Polizei fundamentalistisch unterwandert seien und man daher bei den meisten Einheiten die Loyalitätsfrage stellen müsse. Dies erlaube keinen übertriebenen Optimismus, die Lage – zumindest mittelfristig – verbessern zu können.

Wir hatten ein dichtes Besuchsprogramm zu absolvieren. So sausten wir unter großem Polizeischutz in einem stattlichen Konvoi im Höllentempo kreuz und quer durch die Stadt, um ja keine Angriffsfläche zu bieten.

Unter anderem besichtigten wir das Camp einer Sondereinheit und machten einen Abstecher nach Sidi Fredj, dem Küstenort, an dessen Gestade im Jahre 1830 die Franzosen in Algerien gelandet waren, um sich das Land zu unterwerfen. An sich eine touristische Attraktion – nun allerdings fehlten die Touristen …

Der letzte Nachmittag war einem Besuch im Haus des österreichischen Handelsdelegierten Dr. Tschabrun gewidmet, der außerhalb Algiers auf dem Land wohnte.

Wieder setzte sich der Konvoi unter großem Polizeischutz in Bewegung. Hinaus aus der Stadt. Durch staubige Dörfer, begleitet von misstrauischen Blicken aus dunklen Augen.

Das Haus, in welchem der Handelsdelegierte wohnte, hatte einen paradiesischen Garten, der von einer hohen Mauer umgeben war. – Wir hätten einen geruhsamen Nachmittag unter Freunden verbringen können, wären da nicht die ernsten Gespräche gewesen, die sich um das weitere Schicksal der Botschaft und des Handelsdelegierten drehten und die Lage im Land. Der pessimistische Ausblick verdüsterte dermaßen unser Gemüt, dass wir unsere Feinde schon bald unmittelbar hinter der hohen Gartenmauer wähnten – auf uns lauernd, bis wir das Anwesen verließen. Und auf der Straße vor dem Haus der Trupp der algerischen Polizisten, der uns begleitete. Nervös beisammenstehend und argwöhnisch die Umgebung beobachtend …

Der Hausherr servierte im Garten gegrilltes Fleisch. Wir fühlten uns geborgen im friedlichen Augenblick. Langsam brach die Dämmerung herein.

Mit Fortschreiten der Dunkelheit wurde das Wachpersonal immer unruhiger. Der Sergeant drängte zum Aufbruch. Als die charmante Frau des Hauses gerade die Nachspeise, ein köstliches Eisdessert, auftragen wollte, trieb er uns geradezu zum Abmarsch. Er könne sonst unsere Sicherheit nicht mehr gewährleisten. Ob er das jemals konnte? Ob er vielleicht nicht doch eher an seine eigene Sicherheit dachte? Aber ich will dem guten Mann keineswegs Unrecht tun … Im Hinausgehen warf ich einen wehmütigen Blick auf die Eisherrlichkeit, die auf dem Tablett hinschmolz wie unsere Hoffnung auf eine bessere Zukunft.

Tatsächlich musste die Botschaft bald darauf geschlossen und der Wohnsitz des Handelsdelegierten im ländlichen Gebiet aufgegeben werden. Botschafter Berlakovics verließ Algerien. Und mit ihm kehrten die Beamten des Einsatzkommandos in die Heimat zurück. Die Lage in Birkhadem war zu gefährlich geworden. Zuletzt hatten die Islamisten einer alten Frau den Kopf abgeschnitten und den Schädel auf eine Stange gesteckt, die sie – als eindringliches Zeichen – nahe dem Botschaftsgebäude in den Boden rammten.

Im Andenken an das Grillessen im algerischen Garten der Tschabruns anno 1994 pflegen die Hauptpersonen des damaligen Anlasses alle Jahre einmal im wahrhaft friedlichen, ebenfalls wunderschönen und von einer Mauer umgebenen Garten des nunmehrigen Generals Pechter zusammenzutreffen. Da hat das traditionell gereichte Eisdessert keine Chance zu schmelzen …

WEITBLICK BIS ZUR NASENSPITZE

Viele Politiker scheinen der Ansicht zu sein, „Weitsicht“ sei eine Augenkrankheit. Daher tunlichst zu vermeiden. Schon Mitte der Neunzigerjahre zeigte sich in nordafrikanischen Mittelmeerländern, wohin religiöser Fanatismus auch in unserer Zeit führen kann. Welche Gefahren der Islamismus in seiner extremen Ausformung für die westliche Welt bereithält. Doch alle Warnungen durch Polizei und Nachrichtendienste verhallten mehr oder weniger ungehört. So konnte sich ungestört ein Netzwerk von schlafenden Aktivisten und Helfern weltweit ausbilden, bereit, jederzeit und an jedem Ort – auch unter Hingabe des eigenen Lebens – zuzuschlagen. – Erst der 11. September 2001 hat viele Augen geöffnet. Und die zumeist stumme Einsicht gebracht, dass die Wurzeln des nunmehr erkannten Übels viele Jahre zurückreichen und durch politischen Unverstand gewachsen sind.

MELKER ERLEUCHTUNG

Einmal war der chinesische Oberbefehlshaber über die uniformierte Polizei bei mir in Wien zu Gast; er war der Chef von 700.000 Polizisten! Ich musste ihm ein anständiges Programm bieten, hatte er mir doch ein Jahr zuvor in Peking einen wahren Staatsempfang bereitet.

So fuhren wir an einem Vormittag in die schöne Wachau, die wie kaum eine andere Region eine vollendete Symbiose zwischen Kultur und wunderbarer Landschaft bietet. Leider schüttete es ununterbrochen.

In Melk war eine Besichtigung des Stiftes vorgesehen. Ein freundlicher Pater führte uns durch das weitläufige Gebäude und zuletzt auch in die prachtvolle Kirche, die in ihrer Wirkung leider nicht so zur Geltung kam, weil das Licht von außen fehlte. Der Pater fragte, ob es uns gefiele, wenn er ein paar Takte auf der Orgel spiele. Wir bejahten freudig und nahmen auf den Kirchenbänken Platz. Die Gäste schauten fast ehrfürchtig auf die sie umgebende Prunkentfaltung. Dann erschallten die ersten Orgeltöne, und plötzlich brach die Sonne durch die dunkle Wolkendecke und tauchte die Kirche in gleißendes Licht. Die Gäste starrten wie vom Donner gerührt auf die glitzernde Pracht. – Als der letzte Orgelton ausklang, verschwand die Sonne wieder hinter den Wolken und ward den Rest des Tages nicht mehr gesehen.

Als wir zu den Autos gingen, sagte ich zu einem Mitarbeiter: „Es ist kindisch – aber es freut mich, den Andersgläubigen gezeigt zu haben, was unser Gott vermag!“ Der Kollege blickte mich zweifelnd an und erwiderte: „Diese unreligiösen, an die umfassende Allmacht der Partei und des Zentralismus glaubenden Apparatschiks schreiben die ‘Melker Erleuchtung’ eher Ihrem Einfluss zu und rätseln jetzt, wie Sie das bewerkstelligt haben …“

VEGETARIER ÖSTERREICHISCHER PRÄGUNG

Zwischen China und Österreich gab es auf der Ebene der Polizei immer schon enge Kontakte. Delegationen fuhren hin und her, tauschten Erfahrungen aus. Manche sahen diese Ein- und Gegeneinladungen wegen der Menschenrechtssituation und der Rolle, welche die Exekutive dabei im Reich der Mitte spielte, höchst ungern und forderten, diese Kontakte einzustellen. Zumindest bis zu einer Normalisierung der politischen Situation. Dies tat der Reisebegeisterung aber keinen Abbruch.

So reiste einmal auch eine Delegation von Kriminalisten nach Peking. Der Leiter der Abordnung, ein guter Freund und Weggefährte von mir, hatte das Problem, weder Huhn noch Fisch zu essen, was in China besonders schwer wiegt, weil man dort beides in allen möglichen Variationen vorgesetzt bekommt und zudem bei den meisten Speisen gar nicht erkennt, was man da eigentlich zu sich nimmt. Um allen Eventualitäten vorzubeugen, deponierte mein Freund rechtzeitig, er sei strenger Vegetarier und esse ausschließlich Gemüse …

Die freundlichen Gastgeber hielten sich daran und setzten dem armen Teufel von früh bis spät nur verschiedenartigste Blätter vor, die er mit Todesverachtung in sich hineinstopfte.

Das Vertrauen der Chinesen in die Aufrichtigkeit österreichischer Kriminalisten und im Speziellen der von der vegetarischen Sorte wurde allerdings schwer erschüttert, als sie eines Morgens in den Speisesaal des Hotels marschierten, um eine Programmänderung zu verkünden, und den Herrn Delegationsleiter dabei ertappten, wie er mit leuchtenden Augen eine riesige Portion Ham and Eggs in sich hinein schaufelte.

„STILLER ORT“ SPRICHT DEUTSCH

Mit zwei Kollegen unternahm ich nach einer Tagung einen Ausflug in eine uruguayanische Grenzstadt zu Brasilien. Unser Flug nach Europa ging erst am folgenden Tag, so schnappten wir uns einen Leihwagen, und ich kutschierte das „österreichische Team“ zur Grenze. Wir besichtigten zwei interessante Forts und trieben uns anschließend in dem staubigen Städtchen herum, das vom „kleinen Grenzverkehr“ lebte. Wir waren uns darin einig, hier am „Arsch der Welt“ zu sein, wie der Wiener sagt.

Ein unaufschiebbares Bedürfnis trennte mich von meinen Freunden. Während sie sich weiter auf der Hauptstraße durch die bunte Menge schoben, suchte ich – dem Drange folgend – ein windschiefes Hotel auf und dort den gewissen Ort. Entschlossen zog ich an der Schnalle der klapprigen Tür. Sagte von innen eine Stimme: „Besetzt!" Und das in akzentfreiem Deutsch. Als ich die Geschichte meinen Freunden erzählte, lachten sie, und einer von ihnen sagte:

„Wenigstens antworten hier die Häusl'n auf Deutsch – sonst kommst' in diesem Kaff nicht einmal mit Englisch weiter …"

„STEHTERMIN" IN MEXIKO

Eine ähnliche Geschichte erlebte ich einmal im tiefsten Mexiko. Ich fühlte mich frei. Procul negotiis. Niemand kannte mich, niemand wollte etwas von mir …

Als ich in einem Souvenirladen am Rande einer antiken heiligen Stätte nach einem Andenken suchte, musste ich erkennen, wie klein die Welt geworden ist und dass nicht nur im hintersten Uruguay die Toiletten deutschsprachig besetzt sein können. Plötzlich nämlich drangen österreichische Laute an mein Ohr, und eine Reisegruppe aus der Heimat stürmte das Geschäft. Leider haben mexikanische Andenkenläden keinen Notausgang. Ahnungsvoll krümmte ich mich zusammen, als mich ein älterer Herr ansprach:

„Sie sind doch der …! Was für ein Zufall! Bevor ich diese Reise angetreten habe, wollte ich einen Termin bei Ihnen. Leider ist er nicht zustande gekommen. Ich habe nämlich ein Problem!"

Und er begann, ohne zu zaudern, mir in einem Winkel des Shops sein Problem auseinanderzusetzen. Ich war sprachlos ob so viel „Zielstrebigkeit" und ließ die Suada schweigend über mich ergehen. – Als der Mann geendet und ich ihm versprochen hatte, mich der Sache in Wien anzunehmen, wandte er sich abrupt ab und sagte zu einem seiner Begleiter im Klageton:

„Da muss man bis nach Mexiko fahren, dass man von dem einen 'Stehtermin' kriegt."

„GEHEIM"DIENST AM KUNDEN

Der 11. September 2001 hat am Image der Geheimdienste gerüttelt, ihre Kompetenz in Frage gestellt. Und das nicht nur in den USA, in der ein wahres Labyrinth von Diensten bestand – in welchem sich praktisch niemand zurechtfinden konnte, schon gar nicht der Kunde Staat.

Je geheimer Dienste arbeiten, desto geheimer bleibt zumeist auch ihr Nutzen – nicht nur für die Öffentlichkeit. Und je mehr Dienste in einem Land neben- oder manchmal auch gegeneinander Informationen sammeln, desto unüberschaubarer und undifferenzierbarer wird das zur Verfügung stehende Material. Denn welche Informationen sind wichtig? Welche vernachlässigbar? Sodass sich letztlich ein Überangebot an Informationen ungünstiger auswirken kann als ein Nachrichtenmanko.

Zumindest die USA hat das Problem – freilich erst nach dem verhängnisvollen 11. September – erkannt und ohne große öffentliche Diskussion, wie sie bei uns unvermeidlich gewesen wäre, Koordinierungs- und Reorganisationsschritte im Bereich der Dienste gesetzt.

Ende der Neunzigerjahre, als die Welt noch „heil" schien, begleitete ich Minister Schlögl nach Washington. Im Zuge der Informationsgespräche fuhren wir auch nach Langley, dem Sitz der CIA. Als wir uns der großen, in einer Parklandschaft gelegenen Anlage näherten, erzählte mir der Minister über das märchenhafte Budget dieses Dienstes. Meine Reaktion auf die für österreichische Ohren unglaubliche Summe gibt Karl Schlögl heute noch gern als Anekdote zum Besten.

„Wenn du mir, Herr Minister, ein Zehntel dieses Betrages für meine Staatspolizei gibst, melde ich dir nicht nur täglich, was Milosevic tut – sondern auch, was er gerade denkt!“

Die CIA-Anekdote sollte ursprünglich schon in meinem ersten Buch erzählt werden, doch der Verlag scheute sich, eine – wenn auch humoristisch umschriebene – Kritik an einem US-Dienst zu drucken. Daran sieht man, was der 11. September – auch im Kleinen – verändert hat …

DER KOMISCHE VOGEL

Wie wir überhaupt in einem Zeitalter rasanter Veränderungen leben. Wenn ich denke, dass zu der Zeit, als ich zur Polizei ging, gerade einmal der Fernschreiber modern war, Signalpfeiferln in Verwendung standen, wo heute das tragbare Funkgerät selbstverständlich ist, die Motorisierung in den Kinderschuhen stand, Uniformsorten in einer bürokratischen „Monturwirtschaft“ ausgegeben wurden, während man heute seine dienstlichen Klamotten über eine Versandfirma bezieht, um nur einige Beispiele zu nennen …

Apropos Monturwirtschaft: Maßuniformen wurden damals bei einer Vertragsfirma im sechsten Bezirk angefertigt. Als mir der „Hofrat“ ins Haus stand, ließ ich mir stolz eine „Generalsuniform“ anmessen. Mit Lampassen und viel Gold. Nach der Anprobe erlebte meine Euphorie den ersten Dämpfer. Von der Umkleidekabine aus beobachtete ich eine Kundin, die vor der Kleiderpuppe mit meinem prächtigen Uniformrock stehenblieb und sich an einen der Schneider mit der kopfschüttelnden Frage wandte:

„Was ist denn das für ein komischer Vogel?“

Meine Eitelkeit war verletzt …

ALTE ANSICHTEN

Im letzten Jahr meiner Amtszeit hatte ich den Kommandanten einer Sondereinheit einzuführen. Er war fachlich durchaus geeignet, allerdings für meine Vorstellung viel zu jung. Ich überlegte hin und her und beschloss schließlich, das Bedenken, welches ich auch im Bestellungsverfahren geäußert hatte, zumindest in meiner Rede sanft anzudeuten. Ich sagte: „Sie haben für diese Funktion ohne Zweifel das Manko der Jugend. Das ist aber nichts im Vergleich zu mir. Mir schreibt man zu Recht das Manko des Alters zu. Das ist schlimmer. Denn Ihr Manko wird mit jedem Tag kleiner, meines mit jedem Tag größer!"

Nach Ende des Festaktes kam einer der Jungen, Innovativen, Coolen zu mir und hinterfragte diese Formulierung. „Jugend" könne doch nie ein Manko sein – und wollte mir einen Vortrag über die Vorzüge des JICs halten. Ich schnitt ihm das Wort ab: „Zu Ihrer Bemerkung zweierlei, mein Lieber! Erstens kann ich ihr entnehmen, dass Sie das Manko des Alters als gegeben annehmen, ohne die Befindlichkeit der Alten und deren Vorteile gegenüber den Jungen aus eigener Erfahrung zu kennen. Zweitens sind mir die Aktiva der Jugend gegenüber den Alten durchaus bewusst. Denn ich habe sie seinerzeit selbst erlebt. Sehen Sie, das ist mein Vorteil Ihnen gegenüber: Ich kenne – leider – beide Seiten der Medaille."

So setzte ich der „besserwisserischen" Präpotenz der Jugend die „allwissende" Präpotenz des Alters entgegen.

Mit „alten Ansichten" ist es so eine Sache. Sie kommen oft aus einer halsstarrigen Überheblichkeit, aus der Unfähigkeit, mit der Zeit zu denken, aus der engstirnigen Anschauung: „Das haben wir immer so gemacht." Was dem Image der „alten Ansichten" nicht unbedingt zuträglich ist. Allein, auch die Ansichten der Alten können hin und wieder ein Körnchen Wahrheit enthalten, welches wert wäre, aufgehoben und in Überlegungen einbezogen zu werden. Aber, wer tut sich das im Zeitalter der JICs schon an?

NICHT ALLES FLIESST – DEN BACH HINUNTER ...

Reorganisationen im gesunden Unternehmen sollten der Vereinfachung, Beschleunigung von Abläufen, Kostensenkung dienen. Sie sollten von der Belegschaft mitgetragen und vor allem verstanden werden, was als Nebeneffekt die Motivation der Mitarbeiter hebt und das Gefühl der Identifikation mit dem Unternehmen stärkt. Organisationsänderungen, deren Sinn nicht nachvollziehbar ist oder die zum ausschließlichen Zweck vorgenommen werden, Personen zu ver- oder zu entsorgen, erzeugen hingegen nur Unruhe und das Gefühl in der Belegschaft, der Willkür der Chefetage ausgeliefert zu sein. Entsprechen daher keineswegs den Vorstellungen von gutem Management.

So weit ich zurückschauen kann, hatte jede Zeit ihre Reformen im Sicherheitsapparat. Zumeist waren sie vom Sparstift diktiert und heftig umstritten. Ihren Umsetzungen gingen daher auch lange Diskussionen voraus, die letztlich erst durch ein Machtwort des Ministers – in seinem Sinn natürlich – beendet wurden.

Dies löste in der Regel wieder Kritik aus. Der Minister habe autoritär entschieden, … die Reform vergewaltige die Belegschaft und werde von ihr in keiner Weise getragen, … die Mitarbeiter seien nicht oder zu wenig in den Entscheidungsfindungsprozess eingebunden gewesen …

Um dieser dem Ansehen des jeweiligen Ministers in der Öffentlichkeit abträglichen Kritik in Hinkunft zu entgehen, wurde eine Strategie entwickelt, die einerseits die Durchsetzung der vom Minister und seinen Beratern konzipierten Reform sicherte, andererseits Kritikern den Wind aus den Segeln nahm. Der Ressortchef setzte eine ihm loyal erscheinende Projektgruppe ein und schickte sie mit unverrückbaren Vorgaben auf die Reise. Sie sollte in einer festen Frist, unter möglichst „transparenter“ Einbindung der Mitarbeiter ein Konzept zur Umsetzung entwickeln, dessen Eckpunkte von vornherein der Diskussion entzogen waren. –

So wie man die Kette des Hofhundes um drei Meter verlängert und von „Auslauf“ spricht.

Diese Vorgangsweise verbesserte die Position des Ministers gegenüber der Öffentlichkeit. Kam nun Kritik auf, konnte er darauf verweisen, dass die Basis bei der Ausarbeitung der Konzeption seiner Weisung gemäß eingebunden gewesen sei. Gab es Probleme mit der Reform, lag die Verantwortung bei der Projektgruppe, schien sich nicht das gewünschte positive Ergebnis einzustellen, dann hatte sie (die Reform) eben noch nicht „gegriffen“. Wurde sie aber ein Erfolg, dann heftete ihn der Minister freudestrahlend an seine Fahne …

Ein neues Jahrhundert formt eine neue Polizei. Sie passt sich den Budgetnöten an, geänderten gesellschaftlichen und geopolitischen Verhältnissen. Es wurde in den letzten zweieinhalb Jahren vielfältiger reformiert als je zuvor. Folgerichtig gibt es auch mehr Kritik als je zuvor – vor allem aus den eigenen Reihen. Es seien zu viele Reformen gleichzeitig angegangen worden, so bleibe kein Stein auf dem anderen, … niemand kenne sich mehr aus, das Tohuwabohu sei perfekt, die Stimmung auf dem Nullpunkt … und das bei einem zeitgleich verstärkt auftretenden Kriminalitätsdruck … Dazu die teilweise unverständlichen Personalrochaden und dergleichen mehr.

Als spätberufener Ministerialbeamter habe ich die Tricks und Kniffe nicht mit der Kantinenmilch aufgesogen und lerne noch immer. So halte ich den Kritikern aufgeweckt bei Diskussionen entgegen: „Lasst die Projektgruppen arbeiten, sie holen sich die Ezzes von der Basis und sollten sie fehlen oder gefehlt haben, dann liegt es in ihrer Verantwortung. – Aber Fehler kann man korrigieren. Im Übrigen: wartet ab – bis die Reformen greifen!“ Zu der einen oder anderen Personalrochade setze ich das Lächeln der Mona Lisa auf, das so eindeutig vieldeutig ist, dass es aus dem Repertoire eines Ministerialen nicht weggedacht werden kann. Und ich schließe gewöhnlich mit dem beruhigenden Satz: „Es ist alles im Fließen – und nicht alles fließt den Bach hinunter!“

POLIZEI WIRD'S IMMER GEBEN

In den Sechzigerjahren gab es politische Träumer, die sich der Vorstellung hingaben, in einer „gefängnislosen Gesellschaft" eines Tages die Polizei abzuschaffen oder zumindest in einen palmwedelschwingenden Verein von Parkwächtern umzuwandeln. Ein Kollege sagte damals:

„Keine Angst, solange es G'fraster gibt, wird's auch Polizisten geben. Und G'fraster wird's immer geben!"

Der Sturz des Kommunismus in den osteuropäischen Ländern und der Fall des Eisernen Vorhangs lockten die G'fraster in ungeahnter Zahl aus den Löchern und weckten die Clique der Blauäugigen unsanft aus ihren Träumen. Der Ruf nach Polizei und noch mehr Polizei wurde unüberhörbar. Die bisher schamhaft unter dem Uniformrock versteckten Pistolen konnten wieder offen getragen werden, das Image der „Grünröcke" stieg – wie immer, wenn die Bevölkerung überzeugt ist, die Exekutive zu brauchen – steil an. Die Neunzigerjahre schließlich brachten eine Sicherheitsmilliarde für den Sicherheitsapparat und im Kampf gegen die ausufernde organisierte Kriminalität ein erweitertes rechtliches Instrumentarium – wie Lauschangriff, Rasterfahndung, verdeckte Ermittlung. Die Abschaffer der Polizei hatten sich mittlerweile in ihre warmen Löcher zurückgezogen, um auf „bessere Zeiten" zu warten.

Im neuen Jahrhundert wird die Polizei mehr gebraucht denn je. Und doch geht in Exekutivkreisen die Furcht um, die „Polizei" werde kaputtgespart, zu Tode reformiert. Missmutig und mit eingezogenen Köpfen verfolgen die meisten die Reorganisationsmaßnahmen. Viele von ihnen werden durch Rückreihungen und Neubewertungen ihrer Posten in geänderten Strukturen finanzielle Nachteile erleiden, andere blicken sorgenvoll kommenden Reformen entgegen und sind beunruhigt über eventuelle Folgen für ihre Karriere. Und immer wieder hört man zu dieser Thematik im Ressort und außerhalb den berühmten Satz: „Bei der Sicherheit darf nicht gespart werden!"

In Wahrheit meinen die Menschen damit: „Im Sicherheitsapparat darf nichts geändert werden. – Und schon gar nicht gespart." Mit dieser Forderung kann ich mich nicht so ohne weiteres anfreunden. Denn wenn der Sicherheitsapparat gestrafft, effizienter gemacht wird, dann könnte im Endeffekt sogar mehr Sicherheit bei weniger Aufwand erreicht werden. Das Idealbild einer Reform! Sich diesem Ideal anzunähern, ist wohl das Motiv der Reformmaßnahmen. Über Mittel und Wege, die zu dem angepeilten Ziel führen sollen, lässt sich – wie bei allem – streiten. Sollte am Ende des Reformprozesses der Erfolg stehen, werden die Kritiker und alle jene verstummen, die im Laufe der Strukturänderungen auf der Strecke geblieben sind …

Sicherheit ist ein zerbrechlich Gut. Sie duldet weder Fehler noch Nachlässigkeit. An ihr verpufft auch der Lavendelschmäh der Politiker. Sie ist unbestechlich und misst sich nicht an freundlich erstellten Statistiken, sondern an der Befindlichkeit der Bürger. Fühlen sich die Menschen sicher, kann der Innenminister ruhig schlafen. Ist das Gegenteil der Fall, nützt ihm auch der Hinweis auf ein gutes Ranking in einer internationalen Sicherheitsskala nichts.

Nach dem explosionsartigen Anstieg der Straftaten nach dem Fall des Eisernen Vorhangs hat sich die Kriminalität auf relativ hohem Niveau eingependelt. Nun ist sie wieder im Steigen begriffen. Speziell aus den Ballungsräumen mehren sich die Stimmen besorgter Bürger, die sich nicht mehr so sicher fühlen wie noch vor einem Jahr. Kaufleute klagen über organisierte Diebstähle, Raubüberfälle nehmen zu. Es fehlt nicht viel, und der Mythos vom „sicheren Land" platzt eines Tages wie ein Luftballon. Sicherheit ist ein zerbrechlich Gut …

Als 1973 in Wien das Dienstsystem (Dreierradel) der Sicherheitswache gegen den Willen der Beamten geändert wurde, sagte ein erbitterter Polizist: „Bald werden s' die Polizei überhaupt abschaffen!" Worauf sein Vorgesetzter antwortete: „Die Polizei bringt niemand um, die wird's immer geben!"

Der Bezirksinspektor sollte – zumindest bis heute – Recht behalten. Alle Versuche von Sozialträumern, extremen Linkssympathisanten, Dilettanten, Technokraten – über Jahrzehnte hinweg –, die Polizei zu kastrieren, zu Parkwächtern zu machen, bis auf ein Gerippe wegzurationalisieren, sind gescheitert und werden auch in Zukunft – wie auch immer das Gesicht der Sicherheitsexekutive am Ende aussehen wird – substanziell nichts am Wesen dieser Institution ändern – denn „Polizei wird's immer geben“ …

INHALT

Ibera

DER BROKER

Alex Weiss, 27, sieht in einer Annonce die Chance seines Lebens. In Aussicht: ein Top-Job als Broker. Er bewirbt sich bei der IBB, einem internationalen Investmenthaus, und wird zum Profi-Verkäufer ausgebildet. Einer Karriere als Börsenguru scheint nichts mehr im Weg zu stehen. Doch etwas läuft gewaltig schief in dieser Wiener Firma. Die Mitarbeiter werden sektenhaft indoktriniert, die Kunden systematisch abgezockt. Als Alex erkennt, in was er da hineingeraten ist, ist er längst Teil des Systems geworden. Getrieben von Raffgier, gründet er sein eigenes Unternehmen. Und gerät in einen Teufelskreis aus Drogensucht, Wahnsinn und organisiertem Verbrechen. Dann geschieht ein Mord. Und der Killer hat es auch auf Alex abgesehen …

Mit Anlagebetrug werden im deutschsprachigen Raum geschätzte 500 Milliarden Schilling erbeutet. Die Täter: smarte Hochstapler, die sich am Telefon als Börseninsider ausgeben. Die Opfer: private Anleger, denen Traum-Renditen versprochen werden. Wer darauf einsteigt, ist so gut wie ruiniert.

»Der Broker« – basierend auf einer wahren Geschichte – ist Roman und Sachbuch zugleich. Aufgezeigt werden alle Tricks der Telefonhaie, die sich als Börsenprofis ausgeben und ahnungslose Sparer um ihr Geld bringen – eine neue Art des Verbrechens, die derzeit im deutschsprachigen Raum ausgeübt wird. Jährlicher Schaden: 60 Milliarden Mark in Deutschland, 40 Milliarden Schilling in Österreich, 5 Milliarden Franken in der Schweiz.

»Der Broker« ist ein Tatsachen-Thriller, der die dubiosen Geschäfte im *Grauen Kapitalmarkt* aufdeckt – und Sie davor bewahrt, über Nacht pleite zu sein.

Thomas Köpf / Harald Gschweidl
DER BROKER
Spannende aufklärende Lektüre!

248 Seiten, ISBN 3-85052-101-X, Ibera

Ibera

WIEN STIRBT ANDERS

Ein Buch für alle Wiener, die zeit ihres Lebens mit Gott, der Welt, der Bundesregierung und der Gemeinde Wien gehadert haben, sich aber nie entschließen konnten, deshalb auf die Fidschi-Inseln auszuwandern.
Ein Buch für die Bürger dieser Stadt, die angesichts einer Fernsehübertragung aus dem Gemeinderat die Faust ballen, weil sie ganz genau wissen, daß die hier Gezeigten, egal welchen Fraktionen sie angehören mögen, durch die Bank unfähig sind, etwas gegen die verheerenden Zustände in dieser Stadt zu unternehmen, – die aber schon in der nächsten Sekunde jeden „Zuagrasten", der ihnen zustimmen würde, mit lebenslanger Verachtung bestrafen.
Ein Buch, das von sanfter Ironie bis zum beißenden Spott die Wiener Mentalität aufrollt und sich dabei aller nur möglichen Querverbindungen und Beweisführungen der großen Mehrheit der Bevölkerung bedient: nämlich jener drei Millionen Wiener, die bereits auf den Zentralfriedhof übersiedelt sind.
Ein Buch, das sich dieser bereits Heimgegangenen nicht nur mit dem geheuchelten guten Nachruf, sondern gelegentlich auch mit einem schweren Seufzer erinnert.
Ein Buch, das sich unter anderem auch als eine Art Einführung in eine Welt versteht, die „erst wanns aus ist wird sein" endlich beginnen wird.
Ein Buch, das zuletzt den Gemeindevätern eindringlich zuruft, die vielzitierte Bürgernähe auch den toten Genossen und Genossinnen nicht vorzuenthalten. Ein Buch, das man historisch, politisch, anekdotisch, spekulativ, ja sogar pseudophilosophisch nennen könnte, im Grunde aber nur eines sein will: amüsant.